村镇建筑垃圾的资源化利用

刘　军　李　瑶　刘润清　徐长伟　著

中国建筑工业出版社

图书在版编目（CIP）数据

村镇建筑垃圾的资源化利用/刘军等著. —北京：中国建筑工业出版社，2018.12
ISBN 978-7-112-23180-5

Ⅰ.①村… Ⅱ.①刘… Ⅲ.①农村-建筑垃圾-固体废物利用-研究 Ⅳ.①X799.105

中国版本图书馆 CIP 数据核字（2018）第 301117 号

责任编辑：付 娇 王 磊
责任校对：姜小莲

村镇建筑垃圾的资源化利用

刘 军 李 瑶 刘润清 徐长伟 著

*

中国建筑工业出版社出版、发行（北京海淀三里河路9号）
各地新华书店、建筑书店经销
北京佳捷真科技发展有限公司制版
北京建筑工业印刷厂印刷

*

开本：787×1092毫米 1/16 印张：11¼ 字数：279千字
2018 年 12 月第一版 2018 年 12 月第一次印刷
定价：**50.00** 元
ISBN 978-7-112-23180-5
（33261）

前　言

　　村镇建筑垃圾大部分未经处理直接运往郊外或乡村采用露天堆放或填埋的方式进行处理，占用大量的土地、垃圾清运等建设经费。清运和堆放过程中的遗洒和粉尘、灰砂飞扬等问题造成了环境污染，严重破坏生态环境。同时村镇建筑垃圾的种类繁多，成分复杂，筛分困难，村镇位置距离大型建筑垃圾处理厂较远，将建筑垃圾运输集中处理的成本较高。而现代新农村建设需要充分考虑建筑垃圾资源化处理时经济性、兼容性和可行性三方面的问题，实现村镇建筑垃圾的再生利用，对建设资源节约型、友好型社会及资源的可持续发展具有重要意义。

　　因此，作者对我国村镇建筑垃圾资源化利用情况进行了调研，从建筑垃圾的分类入手，注重解决建筑垃圾再生利用率低、界面粘结力差、结构薄弱等问题，对村镇建筑垃圾再生利用开展的相关工作进行了研究。本书共计7章，第1章主要介绍了村镇建筑垃圾与普通建筑垃圾的区别、特点、研究现状及循环利用的必要性；第2章～第4章主要内容是村镇建筑垃圾再生利用方面的相关技术，包括村镇建筑垃圾制备再生骨料、再生混凝土、再生砌块、再生三孔砖、再生双通孔抗震砖、抗震砌体的技术问题；第5章～第7章介绍了建筑垃圾的应用情况及相关的政策法规等。本书全面介绍了村镇建筑垃圾作为一种可再生资源循环利用的情况。

　　本书相关内容研究获得了国家科技部"十一五"科技支撑计划重大项目、辽宁省教育厅创新团队项目、辽宁省百千万人才资助项目和辽宁省教育厅创新团队项目的大力资助，在此表示衷心的感谢。同时，感谢在攻读硕士期间参与本书相关内容课题研究的孙宝建、张冰、姜淼和于艳萍等，他们为本书相关内容做出了贡献。

　　由于作者水平所限，书中不足之处在所难免，衷心希望读者批评指正。

目　录

第1章 村镇建筑垃圾的概述

1.1 建筑垃圾的定义及分类

1.1.1 建筑垃圾的定义

不同国家和地区对建筑垃圾有不同的定义和解释，例如：

(1) 日本对建筑垃圾的定义为"伴随拆迁构筑物产生的混凝土破碎块和其他类似的废弃物"，是稳定性产业废弃物的一种，木制品、玻璃制品、塑料制品等废材并不包括在"建筑废材"中。

(2) 美国环境保护局对建筑垃圾的定义是"建筑垃圾是在建筑物新建、扩建和拆除过程中产生的废弃物质"。这里的建筑物包括各种形态和用途的建筑物和构筑物。根据生成建筑垃圾的建筑活动的性质，通常将其分为五类，即交通工程垃圾、挖掘工程垃圾、拆卸工程垃圾、清理工程垃圾和扩建翻新工程垃圾。

(3) 原建设部颁布的《生活垃圾产生源分类及其排放》CJ/T 368—2011 将城市垃圾按其产生源分为九大类，这些产生源包括垃圾产生场所、清扫垃圾产生场所、商业单位、行政事业单位、医疗卫生单位、交通运输垃圾产生场所、建筑装修场所、工业企业单位和其他垃圾产生场所。建筑垃圾即为在建筑装修场所产生的城市垃圾，建筑垃圾通常与工程渣土归为一类。根据原建设部 2003 年颁布的《城市建筑垃圾和工程渣土管理规定》，建筑垃圾、工程渣土是指建设、施工单位或个人对各类建筑物、构筑物等进行建设、拆迁、修缮及居民装饰房屋过程中所产生的淤泥、淤渣、泥浆及其他废弃物。建筑垃圾按照来源可分为土地开挖、道路开挖、旧建筑物拆除、建筑施工和建材生产垃圾五类。

香港环保署将建筑垃圾分为两类：新建过程中的垃圾和拆除过程中的垃圾。新建过程中的垃圾包括报废的建筑材料、多余的材料、使用后抛弃的材料等。根据经验，建设项目新建过程中产生的垃圾数量大约为建筑项目原材料总量的 10%～20%。

本书所称的建筑垃圾包括建筑项目建设、施工单位或个人对各类建筑物、构筑物、建筑配套管网、电线等进行建设、铺设修缮过程中所产生的土、木、沙、石、玻璃、金属、废旧混凝土及液体废弃物的统称，也是人类生产生活过程中所产生的固体废弃物的重要来源。

1.1.2 建筑垃圾的分类

建筑垃圾所包含的内容极为广泛，在不能一一举例的情况下，对其进行适当分类，有利于其回收与利用。表 1-1 给出了建筑垃圾中各部分材料所占的大致比例。

建筑垃圾成分及各部分比例   表 1-1

废弃物成分	废弃物组成比例（%）	
	拆毁建筑废弃物	施工建筑废弃物
沥青	1.61	0.13
混凝土	53	18.42
渣土	11.91	30.56
石块、碎石	11.78	23.87
竹子、木料	7.46	10.83
砖	6.33	5.00
玻璃	0.20	0.56
塑料管	0.61	1.13
砂	1.44	1.70
金属	3.41	4.36
其他杂物	0.95	1.17
其他有机物	1.3	2.97
合计	100.00	100.00

对建筑垃圾可以从不同的角度进行分类，例如，按照来源分类，按照物理组成分类，按照再利用性能分类。传统上习惯将建筑垃圾分为土地开挖、道路开挖、旧建筑物拆除、建筑施工和建材生产垃圾五类，主要由渣土、碎石块、废砂浆、砖瓦碎块、混凝土块、沥青块、废塑料、废金属料、废竹木等组成。

（1）按照建筑垃圾的来源分。这种分类方法是根据建筑垃圾的产源地进行分类，主要用于建筑垃圾的管理与研究。

1）土地开挖垃圾

土地开挖垃圾分为表层土和深层土。前者可用于种植，后者主要用于回填、造景等。这种类型的建筑垃圾所具有的特点是产生量大，物理组成相对简单，产生时间集中，污染性较小。

建筑基础工程施工过程中经常伴随大量的基坑开挖、场地平整、换填回填土甚至爆破工序。不同土质或者不同地区对地基开挖的要求不尽相同，道路桥梁以及隧道等结构对基础施工的要求通常更高，所以这一施工过程产生的垃圾以渣土和淤泥为主。例如北京市旧城改造拆除的建筑垃圾含土量高达 30%。

泥炭土和含有较多腐殖质的土属于工程中的不良地质土，通常的做法是对其进行换填，换填过程中需将原位土开挖并堆放，但是堆放场地如果离主体施工场地较远，会增加运输成本，但是如果离主体施工场地过近，也会引起一系列问题。例如，2009 年 6 月 27 日清晨，上海市闵行区莲花南路一栋 13 层在建楼盘发生楼体倾覆事件，并由此上榜 2009 房地产十大新闻，在业内造成了极其恶劣的影响。事故调查组最终认定为施工单位在基坑附近大量堆土引起土体一侧挤压变形过大，最终导致整栋楼体倾覆。因此，土地开挖过程中产生的土质垃圾虽不会造成过大的环境影响，但要注意土体不得就近堆放于主体施工场地附近。

2）道路开挖垃圾

道路开挖垃圾分为混凝土道路开挖和沥青道路开挖。包括废混凝土块、沥青混凝土块。这部分垃圾的物理组成较为复杂，具有可利用性，但同时也有较强的污染性。废弃的混凝土块，沥青混凝土块可以在回收之后进行处理，分离出可再利用的碎石等。但如果堆放不管，由于其本身耐分解，会造成土地污染而且占用土地资源，降低了土地利用率。如表 1-2 所示。

《公路土工试验规程》JTG E40—2007　　　　　　　　　　　表 1-2

粒组统称	粒组名称		粒径范围(mm)
巨粒组	漂石(块石)		>200
	卵石(小块石)		60～200
	砾(角砾)	粗	20～60
		中	5～20
		细	2～5
	砂	粗	0.5～2
		中	0.25～0.5
		细	0.074～0.25
细粒组	粉粒		0.002～0.074
	黏粒		<0.002

3）旧建筑物拆除垃圾

旧建筑物一旦被拆除，建筑物的任何部分都可能成为垃圾，这是城市建筑垃圾最主要的来源，见图 1-1。旧建筑拆除手段通常为破坏式拆除，如爆破或推土机、挖掘机挖掘等。旧建筑物拆除垃圾主要分为砖和石头、混凝土、木材、塑料、石膏和灰浆、屋面废料、钢铁和非铁金属等几类，数量巨大。主体结构中的梁、板、柱、砌体等被破坏，形成了大量的废砖和废混凝土，限于技术层面的原因，对于这类建筑垃圾的回收利用率也不是很高，而其运输成本则是巨大的。大量的垃圾被运往周边农村地区就地倾倒，或者少量用于路基路床施工，也有一部分被制备成再生混凝土骨料。关于此类建筑垃圾回收利用问题，将在本书后续章节作详细介绍。

除了拆建改建工程外，灾后重建中的建筑垃圾问题尤为突出。例如 2008 年四川汶川大地震灾害带来了建筑垃圾处理方面的巨大难题：大量房屋倒塌，公路、桥梁损毁，使得建筑垃圾堆积如山，经震后初步估计，产生的建筑垃圾达 6 亿 t，以建筑垃圾堆积密度 1.5t/m³ 估算，其堆积体积达 4 亿 m³。这些建筑垃圾对周围河流、水源、植被、耕地危害很大，也严重阻碍了震后重建的进程。第二次世界大战后的德国重建过程中，直接从废墟中清理出大量砖块和石块进行重新砌筑，节约了成本，也加快了重建进程，这种方法值得借鉴。

4）建筑施工垃圾

建筑施工垃圾分为剩余混凝土、建筑碎料以及房屋装饰装修产生的废料。剩余混凝土是指工程中没有使用掉而多余出来的混凝土，也包括由于某种原因（如天气变化）暂停施工而未及时使用的混凝土。建筑碎料包括凿除、抹灰等产生的旧混凝土、砂浆等矿物材

图 1-1　旧建筑物拆除垃圾

料，以及木材、纸、金属和其他废料等类型。房屋装饰装修产生的废料主要有废钢筋、废铁丝和各种废钢配件、金属管线废料、废竹木、木屑、刨花、各种装饰材料的包装箱、包装袋，散落的砂浆和混凝土、碎砖和碎混凝土块、搬运过程中散落的黄砂、石子和块石等。其中，主要成分为碎砖、混凝土、砂浆、桩头、包装材料等，约占建筑施工垃圾总量的80%。

　　不同结构类型建筑物所产生的建筑施工垃圾各种成分的含量不同，主要由土、渣土、散落的砂浆和混凝土、剔凿产生的砖石和混凝土碎块、打桩截下的钢筋混凝土桩头、废金属料、竹材、木材、装饰装修产生的废料、各种包装材料和其他废弃物等组成，如图 1-2所示。

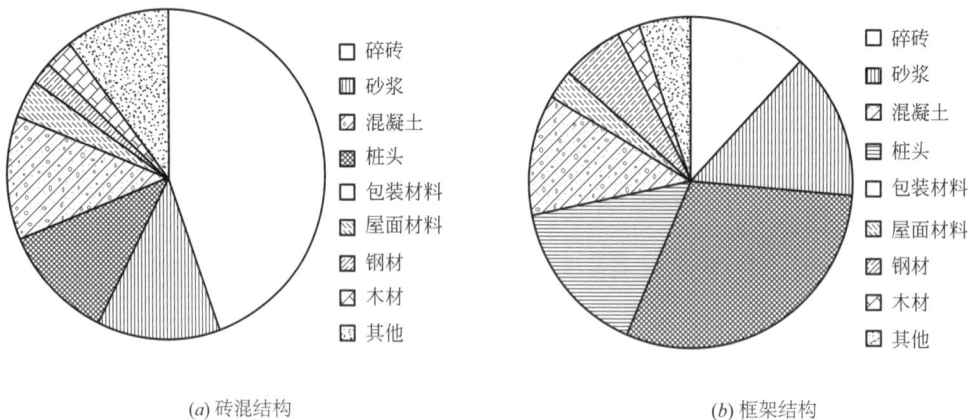

| □ 碎砖 |
| ▥ 砂浆 |
| ▨ 混凝土 |
| ▧ 桩头 |
| □ 包装材料 |
| ▨ 屋面材料 |
| ▨ 钢材 |
| ▨ 木材 |
| ▨ 其他 |

(a) 砖混结构　　　　　　　　　　(b) 框架结构

图 1-2　不同结构类型建筑物所产生的建筑施工垃圾

5）建材垃圾

建材生产垃圾主要是指为生产各种建筑材料所产生的废料、废渣，也包括建材成品在加工和搬运过程中所产生的碎块、碎片等。如在生产混凝土过程中难免产生的多余混凝土以及因质量问题不能使用的废弃混凝土，长期以来一直是困扰着商品混凝土厂家的棘手问题。经测算，平均每生产 $100m^3$ 的混凝土，将产生 $1\sim1.5m^3$ 的废弃混凝土。这些垃圾的产生主要是由于生产工具、生产方式或者生产条件的不完善导致的。虽然几乎不可能实现资源的百分之百利用，但是改进生产方式，发明创造新的生产工具会大大减少此类垃圾的产生。详见下表 1-3。

建筑垃圾来源及其分类　　　　表 1-3

类别	特征物质	特点	管理研究重点
基坑弃土	弃土分为表层土和深层土	产生量大,物理组成相对简单,产生时间集中,污染性小	工地和运输的组织,防扬尘、防抛撒和防污染路面等
道路及建筑等拆除物	沥青混凝土、混凝土、旧砖瓦及水泥制品、破碎砌块、瓷砖、石材、废钢筋、废旧装饰材料、建筑构件、废弃管线、塑料、碎木、废电线、灰土等	其物理组成与拆除物的类别有关,成分复杂,具有可利用性和污染性强双重属性	如何利用市场机制,做好源头废旧物资的回收利用和建筑固废的再生利用
建筑弃物	主要为建材弃料,有废砂石、废砂浆、废混凝土、破碎砌块、碎木、废金属、废弃建材包装等	建材弃料的产生伴随整个施工过程,其产生量与施工管理和工程规模有关	如何科学合理地组织建筑施工,最大限度地减少建材弃料的产生及开展废旧物质的回收和再生利用
装修弃物	拆除的旧装饰材料、旧建筑拆除物及弃土、建材弃料、装饰弃料、废弃包装等	成分复杂、可回收和再生利用物较多,污染性相对较强	需合理组织施工,做好工地管理,积极开展废旧物质的回收和再生利用、减少排放
建材废品废料	建材生产及配送过程中生产的废弃物料,不合格产品	其物理组成与产品相关,可通过优化生产工艺和提高生产管理水平、减少产生量	需分类收集、处理、再生利用

（2）按照物理成分分

这种分类方式是参照建筑垃圾的物理性质，物理组成成分来划分的，整理成下表 1-4。

建筑垃圾类别及其处置利用方法　　　　表 1-4

类别	污染特性	处置及利用
弃土	产生扬尘,占用大量土地,影响市容	可采用直接填埋处置法,多用于填坑、覆盖、造景等
混凝土碎块	有一定的化学污染,影响市容	不可用直接填埋法处置,可再生利用
废混凝土	有一定的化学污染,有扬尘,影响市容	不可用直接填埋法处置,可再生利用
废砂浆	有一定的化学污染	不可用直接填埋法处置
沥青混凝土碎块	有一定的化学污染,有扬尘,影响市容	不可用直接填埋法处置,可再生利用
废砖	扬尘,占用土地,影响市容	不可用直接填埋法处置,可再生利用

类别	污染特性	处置及利用
废砂石	扬尘,占用土地,影响市容	不可用直接填埋法处置,也可集中存放,作为适用工程备料
塑料、纸	混入农田影响耕作和作物生长,影响市容	焚烧处理,可再生利用
石膏、废灰浆	化学污染严重,影响市容	不可用直接填埋法处置
废钢筋等金属	有一定的化学污染性	可再生金属
废旧包装	有一定的化学污染性	可回收利用和再生利用
木材	有一定的生物污染,影响市容	焚烧处理或利用

（3）按照能否再生利用分:

1）可直接利用的材料。

2）可作为再生材料或可用于回收的材料。

3）没有利用价值的废料。

1.2 村镇建筑垃圾的特点

1.2.1 村镇建筑垃圾的定义

广大农村和乡镇,砖木结构、砖混结构建筑大量存在,这些建筑结束寿命以后又产生大量的建筑垃圾,成分普遍为废弃的黏土烧结砖、瓦片及少量的混凝土等,这些建筑垃圾绝大部分未经处理,直接运往郊外或乡村,采用露天堆放或填埋的方式进行处理。

经调查,建筑垃圾中的主要成分是废弃混凝土,其次是废砖、瓦,利用建筑垃圾制备再生骨料的原材料主要是废弃混凝土。目前国内外的废弃混凝土再生骨料制备过程和天然碎石骨料相似,即把破碎、筛分、输送等设备尽可能合理地组合在一起,并在适当环节上设置人工或机械设备除杂。

1.2.2 村镇建筑垃圾的特点

村镇建筑垃圾绝大部分未经处理直接运往郊外或乡村采用露天堆放或填埋的方式进行处理,耗用大量的土地征用、垃圾清运等建设经费。同时,清运和堆放过程中的遗撒和粉尘、灰砂飞扬等问题又造成了环境污染,严重破坏生态环境。

然而,新农村建设点比较分散,建立全套的资源化工艺流程成本又很高。考虑运输成本,从综合经济效益来看,新农村建设建筑垃圾资源化处理可采用在新农村建设点比较集中的地区或者中心地带建立小型资源化工厂。主要处理含杂质较少、比较集中的废弃混凝土块和废砖、瓦,其基本思想是尽量简化工艺流程,尽量利用成本较低的设备,对废弃混凝土进行破碎、筛分后得到的较小粒径的骨料留着备用,其余的半成品等则运往较大的处理中心做进一步集中处理。这样,既充分实现了建筑垃圾的资源化利用,又降低了基础投入,节约了运输成本,使综合经济效益得到提高。同时,要结合不同地区建筑垃圾排放的具体情况，选取合适的破碎设备和技术参数，提高再生骨料的品质和回收利用率。

新农村建设建筑垃圾资源化处理需要同时考虑经济性、兼容性和可行性三方面的问题，可采用在新农村建设点比较集中的地区或者中心地带建立小型资源化工厂，尽量简化工艺流程，尽量利用成本较低、用途普遍的设备，对含杂质较少、比较集中的废弃混凝土进行破碎、筛分，将得到的较小粒径的骨料留着备用，其余的则运往较大的处理中心做进一步集中处理。这样既可以降低基础投入和运输费用，又可以实现建筑垃圾的初步再利用。同时考虑到各建设点情况不同，应因地制宜，设计符合当地特色的建筑垃圾资源化流程，并实施全过程管理，才是新农村建设建筑垃圾资源化的可行之路。

（1）村镇建筑垃圾的种类繁多，成分复杂，筛分困难。村镇位置距离大型建筑垃圾处理厂较远，将建筑垃圾运输集中处理的成本较高。

（2）相对于混凝土再生粗骨料，村镇建筑垃圾中的废弃黏土砖作为再生粗骨料强度低、吸水率大、表面缺陷多、改性比较困难。

（3）国内对由村镇建筑垃圾再生粗骨料制备的再生混凝土的力学性能和耐久性能研究很少，缺乏相应的理论指导，限制了其在实际工程中的应用。

建筑垃圾类别及其性质一览表 表 1-5

类别	特点	污染特性	可利用性
废弃混凝土、碎块及破碎砌块	含大量水化硅酸钙和氢氧化钙，直接填埋污染地下水	有一定的化学污染、扬尘，影响村容村貌	不可直接填埋，可再生利用
废砖、瓦	多为天然黏土构成，少数含有水化硅酸钙，体积较大	扬尘和占用土地，影响村容村貌	可直接填埋，可再生利用
沥青混凝土碎块	沥青可能含苯并芘，扬尘，有刺激性	有一定的化学污染，有扬尘，影响村容村貌	不可直接填埋，可再生利用
废砂石	颗粒较轻，有风时可污染空气	扬尘和占用土地，影响村容村貌	不可直接填埋处置
废砂浆	含有水化硅酸钙和氢氧化钙等，直接填埋污染地下水	有一定化学污染	不可直接填埋处置
碎木及木材	着火点低，易腐蚀，具有湿性强，易虫蛀	有一定的生物污染，影响村容村貌	焚烧处理及利用
弃土	量大、物理组成简单、产生时间集中、污染性小	扬尘和占用土地，影响村容村貌	可直接填埋、多填坑、覆盖等
石膏和废灰浆	含大量 SO_4^{2-} 离子，厌氧条件下会转化成 H_2S 气体	化学污染严重，影响村容村貌	不可直接填埋处置
废金属构件等金属	潮湿空气中易被氧化析出金属离子	有一定化学污染	可回收利用及再生利用
废瓷砖、玻璃等	成分稳定，多有尖锐棱角	占用土地影响村容村貌	不可直接填埋，可再生利用

类别	特点	污染特性	可利用性
塑料、纸等	含有难以降解的高分子聚合物材料,较轻,容易转移	混入农田影响耕种及作物生长,影响村容村貌	焚烧处理及利用
废气管线、门窗、废电器等	成分复杂	有一定的化学污染,占用土地,影响村容村貌	可回收利用及再生利用
涂料、油漆等	含有难以降解的高分子聚合物材料及重金属元素	有一定的化学污染	不可回收利用
装修产生的废料、废旧包装	成分复杂	有一定的化学污染	可回收利用及再生利用

对建筑垃圾的重新利用,已经有人做过不少的工作,主要是城市建筑垃圾做再生骨料以及胶凝材料的研究。但是由于村镇建设建筑用材相对城市而言,种类比较繁杂,村镇改造中的建筑垃圾与城市建筑垃圾无论在建筑垃圾数量、成分及材料材性上都存在明显不同,村镇建筑垃圾其主要成分黏土烧结砖本身具有吸水率大、力学性能低等缺点,很难作为再生粗骨料应用于混凝土制品中,需要特殊的、完善的预处理方法对村镇建筑垃圾再生粗骨料进行强化和改性,这是利用村镇建筑垃圾制备再生混凝土研究的关键问题。

由于某些有机物具有良好的黏附性并可以在较短的时间内固化成型,将再生粗骨料浸润其中,能够在填充粗骨料裂缝和微细孔隙的同时在其外表面形成一层致密的薄膜,从而克服粗骨料吸水率大、容易劈裂和混凝土成型后可能产生干缩裂缝等缺点。有机浆液浸润预处理的方法通过改善粗骨料的表面结构使其基本物理力学性能接近天然骨料,是一种简单易行的再生粗骨料预处理方法。

1.3 村镇建筑垃圾循环利用的必要性

1.3.1 村镇建筑垃圾循环利用的必要性

建设社会主义新农村是我国现代化进程中的重大历史任务。全面建设小康社会,最艰巨最繁重的任务在农村。新农村建设中,农房的建设相当重要,没有房子就不能安居乐业。社会主义新农村建设中建材的选用是大问题:黏土砖因其破坏环境不能再用,混凝土制品在新农村建设中将是大有前途的材料。届时,无论在乡村还是在小城镇建设中,使用钢筋混凝土或预应力混凝土制作墙体、管道、电杆、道路、桥梁等能够得到推广。

混凝土原材料中用量最大的砂石长期以来被认为是取之不尽、用之不竭的,对其随意开采,甚至滥采滥用。结果造成山体滑坡、河床改道,严重破坏自然环境,有碍于骨料原产地生态环境的可持续发展,产生巨大的社会负面效应。并且在一定意义上天然砂石属于不可再生资源,它们的形成需要经过漫长的地质年代。如果不加限制的采集,不久我们将面临天然骨料短缺,就像目前面临煤炭、石油、天然气短缺一样。因此,利用村镇建筑垃圾制备再生骨料混凝土建筑材料,这是随着社会发展人们所要必须面对并解决的问题。

1.3.2　传统的建筑垃圾处理方法

传统的建筑垃圾处理方法主要是运往郊外堆放或填埋，这不仅占用大量的耕地，而且造成环境污染。另一方面，生产混凝土需要大量的天然砂石骨料，全世界每年混凝土的使用量为 20 亿 m³，砂石骨料约为 30～40 亿吨。如此巨大的砂石骨料需求必然导致大量的开采，最终结果会导致生态环境的破坏。为解决这些问题，可以利用巨量的建筑垃圾将其破碎、分级、清洗并按一定比例配合作为新拌混凝土的骨料（再生骨料），这样不仅节省了天然骨料资源，而且还可以减少废弃混凝土对城市的环境污染。将利用再生骨料作为部分或全部骨料的混凝土称为再生骨料混凝土。

目前建筑垃圾的治理和再利用工作正日益受到人们的重视。利用建筑垃圾和生活垃圾等废弃物制备再生混凝土墙体材料拥有广阔的发展空间。对我国广大村镇而言，如果能有效地将村镇建筑垃圾回收利用，破碎加工处理成骨料用来制备再生混凝土等制品用于建筑工程中，不但能够解决村镇建筑垃圾的处置问题，变废为宝，而且可以保护生态环境，节省天然砂石资源，对减少能源和资源浪费都起到积极的作用。

（1）村镇建筑垃圾再生

村镇建筑垃圾成分较为复杂，有砖石碎块、钢筋混凝土、铁件、木料、塑料、玻璃、泥沙等多种成分，其中砖石砌体碎块占大多数，也是可资源化循环再生骨料的材料。研究一套经济适用的分选、破碎、筛分、洁净的处理方法显得尤为重要。其中研究如何根据再生骨料的成分、构造进行改性的强化处理，提高再生骨料的强度，是必须解决的关键问题。

再生骨料的强化处理，即采用机械活化或化学浆液浸泡等方法对骨料的物理力学性能进行改性增强。通过改善再生骨料孔隙结构来提高骨料强度已经被证明是可行的，关键是要通过试验选定成本较低且可以进入工业应用的化学浆液和处理方法。

（2）村镇建筑垃圾再生骨料的生产工艺设计

国外发达国家对再生骨料的加工处理通常分为四部分：废料接收部分、准备材料部分、再加工部分、成品仓库。它们注意保护生态环境，并能有高的收入，其生产量按其加工厂的规模的不同从十几万吨到上百万吨不等。

我国对再生骨料的研究开发晚于工业发达国家，特别在研究村镇建筑垃圾的回收利用方面接近空白。因此我们可以在结合本国村镇实际情况的基础上借鉴发达国家的先进经验，设计村镇建筑垃圾制备再生骨料处理的工艺流程。其中建筑垃圾物料采用传送带输送，由依次连接的粗破碎机、一级筛分机、二次破碎机、二级筛分机进行多次破碎和分离。在村镇建筑垃圾中的黏土砖经过破碎和筛分得到合适粒径的骨料后，可以对其进行强化改性，从而得到高品质的再生骨料并加以利用。

同城市建筑垃圾相比，村镇建筑垃圾的种类繁多、成分复杂、规模相对较小。适宜采用先进移动式破碎设备作业，环保性好不易造成二次污染，而且相对投资较少，易于管理。当然，这种处理模式需要政府各部门制定相关的配套政策，如制定建筑垃圾所生产骨料的材料评定标准、施工单位、制砖厂、混凝土搅拌站等企业优先选用建筑垃圾骨料的优惠政策等。

将建筑垃圾作为再生资源，经加工后当作骨料生产再生混凝土，是"变废为宝、化害为利、节约资源、保护环境"的新举措。在村镇建筑废弃垃圾的处理上，非承重填充墙材料综合利用建筑固体废弃物具有天然优势。希望我国在处理建筑垃圾这项事业上能少走些弯路，多借鉴国外的先进经验，因地制宜。相信根据目前我国的现状，将村镇建筑垃圾合理利用，在建筑产业上推动新农村建设的又好又快发展指日可待。

若能对填埋的建筑垃圾再次利用，作为再生资源，不失为节约资源、保护生态的有效途径。从生态经济系统的意义上说，废弃物是"放错了位置的资源"。如砖、瓦、混凝土等废料可作为再生骨料重新利用；废金属经分拣、集中、重新回炉后，可再加工制造成各种规格的钢材；废木材则可用于制造人造木材。

随着社会主义新农村的建设，农村房屋新建、改建迅猛展开，产生大量建筑垃圾，占用了大量耕地，造成严重的环境污染。同时，为了减少对砂石等自然资源的开采，倡导节能减排与绿色建筑，如何有效的处理与利用建筑垃圾成为新农村建设中不可回避的问题。

村镇建筑垃圾主要为废弃黏土砖，废弃黏土砖作为再生骨料与天然岩石骨料相比差别很大，其表面粗糙，棱角多，吸水率大，强度低，再生利用困难。此外，目前村镇应用的混凝土砖、空心砖强度低，其砌筑墙体易开裂，承载力差，抗震性差，有待开发适合农村多层房屋的高性能抗震砖。

1.3.3 村镇建筑垃圾再利用进展缓慢的原因

综合村镇建筑垃圾再生利用企业的生产和运行情况以及村镇建筑垃圾再生砂性能的分析，可知现如今造成建筑垃圾循环再利用受阻有以下几方面原因：

（1）建厂初期难；

（2）技术不成熟；

（3）再处理成本高、销路窄；

（4）再生材料利用认识不足；

（5）政府管理职能不到位；但是也有一些地方政府、科研院所、高等院校的科研人员和一些具有远见卓识的企业，对建筑垃圾的再利用进行了许多探索性研究和一些有益的实践。

1.3.4 采取的建议措施

1. 加强源头控制

源头控制即实现建筑垃圾的减量化。

（1）源头控制

从工程设计、材料选用等源头上控制和减少现场建筑垃圾的产生；

（2）保证质量

加强施工质量，提高建筑物的耐久性；减少不必要的返工、维修、加固甚至重建工作；

（3）现场利用

尽可能在现场自产自销建筑垃圾；

（4）发展建筑工业化

扩大使用标准化的预制构配件、全面推广应用预拌混凝土和预拌砂浆等；

（5）采用先进工艺

倡导整体浇筑、整体脱模，以减少施工期间建筑垃圾的产生。

2. 协调政府管理机制

设置独立的建筑垃圾综合管理机构，通过建筑垃圾综合管理机构把发改委、建设部和环境卫生联系起来。

对村镇建筑垃圾的处理利用是经济发展的必然趋势。建筑垃圾在理论上是一种再生利用率很高的资源，是建筑行业的"第二资源"，目前我国对建筑垃圾的再利用主要表现为制备再生骨料和直接回收利用两种。而在新农村建设过程中，一方面人们对建筑垃圾资源化意识不强，对建筑垃圾分类收集的程度和水平都不高，绝大部分采用混合收集，加大了垃圾资源化、无害化处理的难度。另一方面，各新农村建设点相对比较分散，而建筑垃圾处理及资源化利用设备昂贵，即使在各建设点中心区建立了小型资源化工艺设备，考虑到运输成本和基础投入，建筑垃圾资源化经济效益不高，大多数只停留在试验阶段。

1.3.5　国内建筑垃圾的再生利用技术研究

建筑垃圾的再生用途广泛，对旧木材、木屑、旧砖、瓦、旧沥青、旧混凝土的再生利用情况进行介绍：

（1）对旧木材、木屑进行再生利用

有一部分拆卸产生的废旧木材可以直接重新利用。不降低在施工中产生多余木条的使用等级，先清除表面污染物，然后加工成室内地板、栏杆等，或者加入胶粘剂用来支撑复合板材。碎木、木屑可用作燃料堆肥原料或侵蚀防护工程中的覆盖物。

（2）对旧砖、瓦进行再生利用

首先对陶瓦材料和废旧黏土砖进行粗分，充分破碎后成为轻型砌块骨料。也可做水泥原料或地面砖材料，在道路路基工程中可将石灰加入到黏土砖中使用。

（3）对旧沥青进行再生利用

沥青往往在屋面拆除后会和混凝土形成混合物，需要对沥青材料分选分离进行循环使用。由于其含有高级的矿质填料，能对热拌、冷拌沥青一部分骨料进行替换，应用于路面施工。

（4）对旧混凝土进行再生利用

旧混凝土块约占建筑垃圾总量的 1/3，在回收利用方面是属于价值较大的部分，在破碎后可用来生产再生水泥或再生混凝土，还能混合石灰、碎砖成为路基材料或用于夯扩桩。

1）用来生产再生水泥

要使废弃混凝土成为生产水泥的原料，需要将其进行充分磨细。目前广州引入废弃混凝土生产再生水泥的技术，这样可以代替逐渐减少的原材料天然矿物。按照不同比例将废弃的混凝土和石灰石混合，磨细烧制后可得到不同强度等级的再生水泥。用废弃混凝土生产水泥的原料，需要进行分拣以去除其中的杂物。可节省大量的资源，还可以减少煤炭的使用。

2）用来生产再生混凝土

对废弃混凝土块先进行破碎，充分清洗，分级后，再按一定比例进行混合，用形成再生骨料代替天然骨料的新技术即为再生混凝土技术。按粒径大小可将再生骨料分为再生粗骨料（粒径 5～25mm）和再生细骨料（粒径 0.15～5mm）。

在建筑垃圾再生骨料改性研究方面有三个方向：去除再生骨料表面附着的砂浆、强化骨料和表面改性。目前国内对于建筑垃圾再生骨料的改性研究主要集中在表面改性和去除再生骨料表面附着的水泥砂浆方面。再生骨料的表面砂浆去除方法主要用机械研磨法。

1.3.6 建筑垃圾回收利用的主要途径

（1）基础和道路垫层

目前，最常见的再利用方法是将废弃混凝土破碎后作为建筑物基础垫层或者道路基层。再生利用时，废弃混凝土再生骨料自身已经具备了基本性能，只要使用普通颚式粉碎机进行轧制，超限的粒径筛出后重新加工，这样就可以得到符合要求的再生骨料，操作简单，备料方便，经济效果显著。

（2）新型墙体材料

可以将废弃混凝土破碎后生产混凝土空心砌块等新型墙体材料，通过研究再生骨料的含量、外加剂掺入量和空心砌块的形状对混凝土空心砌块物理力学性能的影响，并与天然骨料混凝土砌块进行对比，寻找能作为墙体材料的合理配合比和空心砌块的体型，通过相应的力学性能和物理性能的研究，确定再生混凝土空心砌块的最佳配合比。

（3）再生混凝土

再生混凝土又叫再生骨料混凝土，是指将废弃混凝土经过清洗、破碎、筛分和按一定比例与级配混合，形成"循环再生骨料"，部分或者全部代替砂石等天然骨料配制成的再生骨料混凝土，用在钢筋混凝土结构工程中。

建筑垃圾再生利用途径可以分为两类：一是新建工程的建筑余土、废混凝土、砂浆、废砖瓦再生利用途径。二是拆迁工程惰性及非惰性废弃物再生利用途径，新建工程及拆迁工程建筑垃圾再生利用途径见图 1-3 和图 1-4 所示。

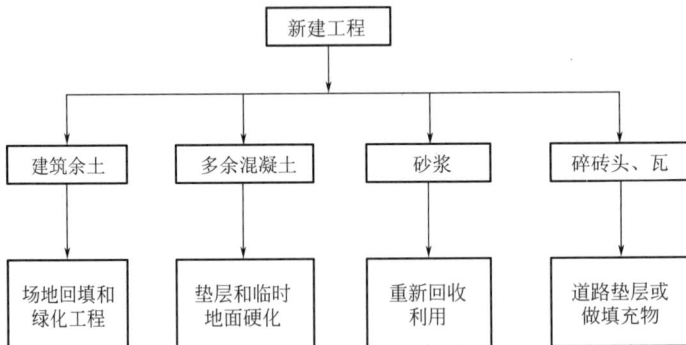

图 1-3 新建工程

随着我国城镇化建设的快速发展，产生的建筑垃圾已成为一个严重的社会问题，建筑垃圾的再生利用是建筑业重要的研究课题，可以从加强立法和研究两方面着手，再生混凝土的利用要解决好经济适用的加工方法和再生混凝土的强度两个问题。建筑垃圾的再生利

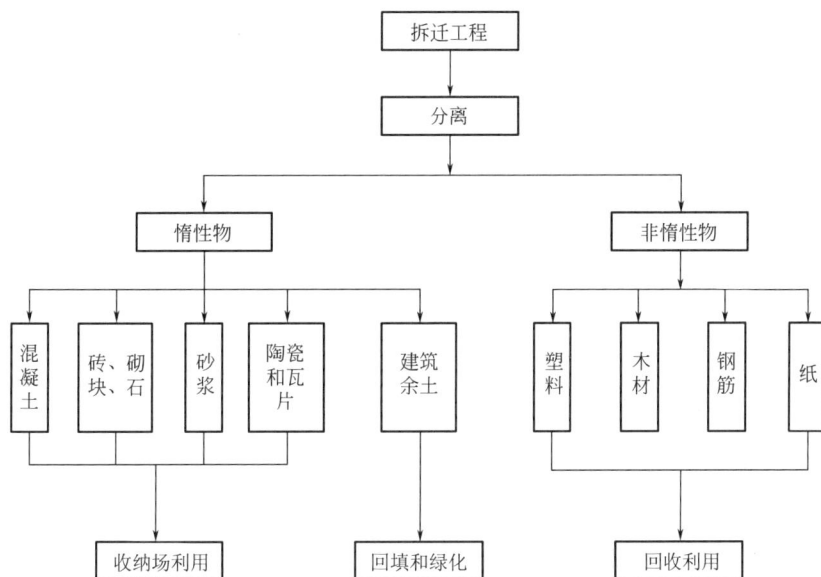

图 1-4　拆迁工程建筑垃圾再生利用途径

用，可以减少废料堆积所占空间、减少环境污染，节省大量的清理运费，是一种节约资源、保护环境、经济可行的可持续发展处理方式，经济效益和环境效益显著。

1.4　国内村镇建筑垃圾研究现状

目前，在基于我国国情下采用的建筑垃圾处理模式显得规模过小，大规模资源化实现推动力不足，虽然取得了很明显的成绩，但是与发达国家的处理技术水平和规模化的程度相比，我国的发展现状就显得比较滞后，我国仍存在许多亟待解决的基本问题。就目前而言我国尚面临着以下几点较为常见的问题：

（1）缺乏先进的施工工艺，而且设备落后，功能欠缺。目前，填埋处理仍然是主要处理方案，甚至是随意倾倒，对环境和社会的统一协调造成了极大的不利影响，制约力过小会对环境污染问题和资源的浪费问题造成更深远的影响。

（2）国家支持建筑垃圾资源化相关的法律法规较少，法律体系仍不完善，另外对建筑垃圾资源化提供的资金支持较少。普通市民对建筑垃圾利用方面的意识相对淡薄，无法最大程度上刺激该产业的发展。

（3）由于建筑施工中的施工方法不当和技术管理等方面的欠缺，再加上许多建筑工程的机械化程度较低，导致建筑垃圾的产生量超过了预期的标准。

国内外镇建筑垃圾研究现状对比

（1）国外发展现状

最早进行建筑垃圾综合处理的国家是美国，美国在 20 世纪初就提出要对修筑公路而产生的废旧沥青进行回收利用；在一百年左右的时间里，美国通过政府支持的科学研究，使得这项可持续发展的项目越来越完善，形成了完善的政策和管理体系，甚至出台相关法律法规来支持，使得建筑垃圾再生利用几乎完美，同时美国也开发了非常先进的废旧沥青混凝土回收利用技术。例如美国 CYCLEAN 公司的微波技术，通过对道路开挖的建筑垃圾的利用，达到 100％回收再利用。在质量保证的情况下，节约了 33％的成本。

还有比较重视资源再利用的国家就是日本。日本是个岛国，国土面积非常小，这两点对于日本的自然资源来说限制非常大，尤其是稀缺资源。日本现在也是建成了非常完善的资源再利用体系的国家之一。早在 20 世纪，资源稀缺的日本就很重视建筑垃圾的回收再利用，开始建立相关建筑垃圾处理的法律。由于日本非常重视建筑垃圾资源回收再利用，这项措施使得日本在短期内就在资源回收再利用方面取得了非常显著的效果。

德国也比较重视建筑垃圾的回收再利用，在德国，混凝土再利用率有希望在近期突破 80％。还有就是德国的西门子公司，该公司开发了一项能将垃圾中的各种可再生材料几乎完全再分离出来的技术，该技术就是干馏燃烧垃圾处理工艺。在新加坡，Semb Corp 公司通过电脑化和输送带的模式，把拆除建筑物得到的建筑垃圾循环，然后处理成各种资源，如铁、木材、纸皮等，建成了日处理能力 3000 吨的建筑垃圾处理厂。

（2）国内发展现状

相对于外国建筑垃圾的资源利用率和处理方法来看，我国的建筑垃圾资源化只是处于萌芽发展阶段，既没有科学的处理方法也没有合理的法律保障，以至于某些城市周围出现了大量垃圾堆积的现象。

目前我国在建筑垃圾回收应用方面做的工作还比较少，并且没有实现真正意义上的规模化和正规化。我国建筑垃圾的首次规模化回收利用是在 2007 年的一次商务区工程建设中将建筑垃圾回收利用于基础建设，此次回收的建筑垃圾超过 15 万吨，对于我国建筑垃圾回收利用的工作起到巨大的推动意义。另外，北京一家城建公司也对建筑废渣进行了回收，回收后的废渣经过特殊处理可以用于砂浆抹面和替代混凝土垫层，废渣重新利用后使用的工作面积约 3 万平方米大大节约了建筑成本。

在国家政策上，我国中央部门都努力投身于建筑垃圾资源化的工作当中，国家发改委在出台的相关文件中提出，我国的建筑垃圾要在 2015 年之后实现 30％以上的利用率。为了执行和响应国家的相关政策，我国各地区也为实现建筑垃圾的资源化付出巨大努力，例如深圳和北京就较早出台了建筑垃圾地方管理法规和生活垃圾管理条例，并将其作为政府的首要工作。

根据以上情况可以看出，我国建筑垃圾资源化再生利用处在方兴未艾的状态，虽然我们要向西方国家学习有效的处理方案和措施，但是不能生搬硬套，我国应该根据我国的实情制定符合我国发展现状的再生利用政策。

1.5 村镇建筑垃圾的处理与应用简介

1.5.1 村镇建筑垃圾应用

我国对建筑垃圾的研究主要集中在城市，而对村镇建筑垃圾的研究较少。村镇的建筑垃圾不同于城市，其种类繁多，筛分复杂。村镇建筑垃圾的主要成分为黏土砖、表面粗糙、棱角多、吸水率大、强度低，较城市废弃混凝土相比再生利用困难。同时，目前建筑常用的砖多为实心烧结砖。实心烧结砖不仅消耗大量天然原材料、耗费大量的能源，而且造成环境污染、增加 CO_2 的排放。现在建筑中也常使用混凝土多孔砖和混凝土小型空心砌块，但这些多孔砖和空心砌块的孔型不同，体积较大，施工操作复杂，对施工人员的实际技能要求较高；而且利用混凝土小型空心砌块、混凝土多孔砖砌筑的墙体承载力差，抗震能力差，墙体容易裂、渗水，防潮能力差，影响建筑工程质量。

经调查，建筑垃圾中的主要成分是废弃混凝土，其次是废砖、瓦，利用建筑垃圾制备再生骨料的原材料主要是废弃混凝土。目前国内外的废弃混凝土再生骨料制备过程和天然碎石骨料相似，即把破碎、筛分、输送等设备尽可能合理地组合在一起，并在适当环节上设置人工或机械设备除杂。

然而，新农村建设点比较分散，建立全套的资源化工艺流程成本又很高，考虑运输成本，从综合经济效益来看，新农村建设建筑垃圾资源化处理可采用在新农村建设点比较集中的地区或者中心地带建立小型资源化工厂。主要处理含杂质较少，比较集中的废弃混凝土块和废砖、瓦，其基本思想是尽量简化工艺流程，尽量利用成本较低的设备，对废弃混凝土进行破碎、筛分后得到的较小粒径的骨料留着备用，其余的半成品等则运往较大的处理中心做进一步集中处理。这样，既充分实现了建筑垃圾的资源化利用，又降低了基础投入，节约了运输成本，使综合经济效益得到提高。同时，要结合不同地区建筑垃圾排放的具体情况，选取合适的破碎设备和技术参数，提高再生骨料的品质和回收利用率。

（1）沥青综合利用

我国高速公路里程数位居世界第二，预计到"十二五"后期，我国高速公路网将基本建成，即将进入大规模维修养护期。目前全国二级以上公路的高等级路面中，沥青路面所占的比例约为80%，我国每年约产生1700万吨回收沥青路面的材料，公路改造过程中的大量废旧沥青混合料严重加剧了能源危机和环境压力。对路面废旧沥青材料进行回收利用迫在眉睫。

根据我国2008年施行的《公路沥青路面再生技术规范》JTG F41—2008，沥青路面再生利用技术包括就地冷再生、就地热再生、厂办冷再生、厂办热再生4种。我国《公路工程沥青及沥青混合料试验规程》JTG E20—2011中规定了两种沥青回收方法——阿布森法与旋蒸发法，除此之外还有超负压旋转蒸发器法等。鉴于沥青回收的经济性和可操作性，阿布森法最为常用，此处简要介绍，其他回收沥青法可参考同类文献。

（2）阿布森法回收沥青

阿布森法回收沥青是目前采用的最为广泛的沥青回收方法，该方法是以二氧化碳做保护气，在130～160℃常压下蒸馏，除去三氯乙烯等溶剂从而获得回收沥青。使用的主要设备有离心式沥青混合料抽提仪，低速大容量多管离心机、蒸馏装置、恒温油浴加热器、减压过滤器。主要流程有：

1）用三氯乙烯等溶剂溶解废旧沥青。

2）用离心法将沥青混合料抽提出来。

3）用高速离心法除去抽提液中的矿粉。

4）对抽提液进行蒸馏回收。

这种方法的关键在于合理选择溶剂，控制蒸馏温度和操作时间，防止沥青在回收过程中二次老化。使用较多的溶剂主要有三氯乙烯、二氯甲烷、甲苯、甲苯与乙醇混合溶液等，由于三氯乙烯有很好的溶解性，并且毒性低，工业上优先采用。经过这种方法回收的沥青混合料其针入度、软化点、15℃延度等指标能符合要求。但是这种方法也存在矿粉和溶剂残留的缺点。

随着再生混凝土的技术的发展，各种新型高效回收方法被应用于工程实践，例如美国的 CYCLEAN 公司采用微波技术，可以 100％回收利用废弃沥青，其质量与新拌沥青路面料基本相同，而成本可降低约 1/3。

（3）混凝土类综合利用

混凝土类建筑垃圾是目前城市建筑垃圾所占比量最大的一类，也是再生骨料最为广泛的来源。目前混凝土类再生骨料主要用于以下几个方面：

1）制备再生微粉。再生微粉是使用洁净的建筑垃圾颗粒，按照不同的比例，经粉磨筛分后制备的具有较高活性的粉状材料。成分以 SiO_2、Al_2O_3、Fe_2O_3、CaO 和 MgO 为主。生产过程中加入其他不同性质的辅料如沥青、工业废渣等可以改善其性质，制备出不同性质的活性微粉。

2）制备再生砌块。利用混凝土类建筑垃圾掺入少量胶结材料制备的免烧砌块，力学性能较好，具有孔隙率高、重量轻、保温隔热性能好的优点，而且制备过程清洁无污染。

3）制备再生砂浆。将破碎分选后的再生骨料按照不同粒径掺加水泥、石膏等胶结材料，制备成混合砂浆，被广泛应用于抹面，砌筑等施工程序中。

（4）玻璃陶瓷类综合利用

玻璃陶瓷类垃圾占城市建筑垃圾的总量的 3％，玻璃建筑垃圾中玻璃的主要成分为无定型的 SiO_2。这类垃圾所占比例小，易于分拣和清洗，属于较为洁净的再生骨料。玻璃质废料主要来源于废旧门窗中。研究表明，利用再生玻璃取代天然砂制备水泥砂浆，具有较好的力学性能。

1.5.2 建筑垃圾的处理

我国大规模的城市建设，带动了建筑建材行业的飞速发展，但随之而来的能源危机日益增加。建筑建材行业是目前为止对不可再生资源消耗最大的产业，我国城市化发展要走可持续发展的道路，就必须采取措施遏制能源消耗速度，大力推动建筑垃圾资源化。

（1）填埋法

对于建筑垃圾中的天然渣土、混凝土材料、天然石材或者人工石材，其中有毒有害部分被剔除后，原则上可以用填埋处理，在实际操作中也通常是这样处理的。虽然这种处理方式不会造成较大的环境污染，但却违背了垃圾资源化的基本理念，即尽量穷尽现代化技术，经济合理地处理建筑垃圾，使之实现最大限度上的再利用，以达到节约资源并收到较好的经济效益的目的。对于确实无法利用的部分，再用非资源化处理方法对待。工程实践经常采用这种处理方法，是为了减少运输、分选等过程的处理费用。在建筑垃圾的运输方面，工程渣土建议采用载重量大于 10t 的渣土运输车，装修和拆建垃圾建议采用载重量为 5～10t 的运输车。

（2）焚烧法

对于一部分生活垃圾可以采取焚烧法杀死细菌和病毒，以消灭传染源但是对于建筑垃圾，其中大部分是不可燃材料，况且可燃材料如泡沫橡胶等容易产生有毒有害气体，造成严重的大气污染。因此建筑垃圾不建议采用焚烧法。

（3）自然堆放

在城市建设的初期阶段，由于缺乏资源再生理念和环保意识，较多采用自然堆放法，将其弃置于河流、洼地、荒地甚至海洋中，而不加任何防护措施使之自然腐化发酵，但是这种处理方法带来了极大的生态破坏，现在已被许多国家禁止，而我国目前还有少数偏远城市沿用这一方法。

（4）新型处理方法

1）发酵堆化肥

建筑垃圾通常和一般生活垃圾混杂在一起，在有效控制的条件下，利用微生物将其中的有机质分解，使之转化为具有稳定腐殖质的有机肥料，既可以消灭垃圾中的病菌和寄生虫，又可以得到绿色有机化肥。经过堆化肥过程，垃圾的体积可以减小至原来体积的50％～70％。但是目前由于缺乏必要的控制措施和发酵技术，仅对一部分污染较小的生活垃圾应用这种处理方式，况且堆化肥成本较高、销路不畅，也制约了这种技术的发展，这种新型的垃圾处理技术值得推广。

2）热解

建筑垃圾在缺氧的条件下，其中的有机物受热分解，转化为液体或气体燃料，并残留少量惰性固体废渣，这种新型无害化处理方式非常适用于城市建筑垃圾中的有机质部分处理。热解减容量达到60％～80％，污染小，能充分回收利用资源。但热解技术于工程起步阶段，处理过程费用高，处理量较小，这种技术利用并不广泛，但无疑是未来较有前途的建筑垃圾资源化处理方式。

随着化学工艺和生物工程技术的发展，固体废物的生物降解和厌氧发酵以及有色金属和重金属的回收处理技术得到了长足发展。应该在发现新技术的基础上显著降低成本，提高经济效益以及缩短资源化处理周期，建筑垃圾资源化的观念才能被广泛接纳。

1.5.3　村镇建筑垃圾制备再生骨料的技术方法

世界各国建筑废料的再加工通常采用两种形式：一是在建筑工地对所形成的废料进行加工，它不能采用生产效率较高的设备，也不能得到洁净分级的产品。由于在居民区附近有环保要求，破碎机也不能连续工作；二是在专门的综合加工厂对废料进行再加工，要配备运输工具，厂内配有大功率的破碎、筛分设备，可以进行深加工，清除杂质，可组织后勤服务和销售，相对容易解决生态问题。结合国内外建筑垃圾处理形式，找到一个便捷的、经济适用的分选、破碎、筛分、洁净的处理方法，适合村镇实际情况的骨料制备方式将是一项有益的尝试。

村镇建筑垃圾与城市建筑垃圾相比种类繁多、成分复杂、规模相对较小，有砖瓦碎块、混凝土、铁件、木料、塑料、泥砂等多种成分，其中废弃黏土砖占大多数，适宜采用先进移动式破碎设备作业，环保性好，不易造成二次污染，而且相对投资较少，易于管理。结合本国村镇实际情况，借鉴发达国家的先进经验，设计村镇建筑垃圾制备再生骨料处理工艺流程。其中垃圾物料采用传送带输送，由依次连接的粗破碎机、一级筛分机、二次破碎机、二级筛分机进行多次破碎和分离。在村镇建筑垃圾中的黏土砖经过破碎和筛分得到合适粒径的骨料后，通过试验选定成本较低且可以进入工业应用的处理方法，根据再生骨料的成分、构造进行改性的强化处理，提高再生骨料的强度，从而得到高品质的再生骨料加以利用。

1.5.4 废砖瓦替代骨料配制再生轻集料混凝土

将废砖瓦破碎、筛分、粉磨所得的废砖粉，在石灰、石膏或硅酸盐水泥熟料激发条件下，所得到的轻集料混凝土构件具有一定的强度活性。小于3cm的青砖颗粒和红砖颗粒的容重分别为752kg/m³和900kg/m³，基本具备作轻集料的条件，再辅以密度较小的细集料或粉体，用其制作成具有承重、保温功能的结构轻集料混凝土构件（板、砌块）、透气性便道砖以及花格、小品等水泥制品。

根据《轻骨料混凝土技术规程》JGJ 51—2002，结构保温轻集料混凝土的强度等级为CL15～CL50，密度等级为1400～1900kg/m³，本构件或制品强度等级达CL30，平均容重2070kg/m³。若经过努力，将容重降至1900kg/m³以下，将这种构件用作建筑砌块代砖、隔墙板、低档保温隔热材料是大有前途的，不失为经济效益较高的一种建筑材料。

1.5.5 破碎废砖块作骨料生产耐热混凝土

用废红砖作粗骨料配制耐热混凝土是理想的，其原因是：用废红砖作粗骨料配制的混凝土，其强度主要取决于骨料与水泥石之间的界面连接，在一定的条件下（如蒸养、标养等），有一定活性的碎红砖的表面与水泥的某种或数种水化产物有可能发生化学反应或物理化学反应，生成稳定的化合物，形成一定的强度。这种具有一定强度的结构体，在300℃高温条件下，骨料与水泥石界面之间的化学结合或理化学结合，得到进一步的强化，表现出更高的物理力学性能。另外，在试验过程中还发现，用普通砂石、耐火骨料等作粗骨料的耐火混凝土试件，经高温灼烧后，表面均有较多的龟裂纹，而砸碎废红砖作粗骨料制成的试件，经高温灼烧后，表面并无裂纹出现，产生这种现象的主要原因可能与粗骨料的弹性模量及热胀性有关，碎红砖的弹性模量较小，胀缩性也接近于水泥石，所以用碎红砖作粗骨料制成的混凝土，经高温灼烧后表面不产生龟裂。

参考文献

[1] 谢斌，李国辉，贾彬.再生混凝土应用于预制中空隔墙的试验研究 [J].混凝土，2011（8）：150-151.

[2] 缪正坤，刘伟，林丽娟，等.建筑垃圾作骨料生产保温砌块的研究 [J].新型建筑材料，2010，37（3）：26-29.

[3] 许光辉，马小娥.赤泥、粉煤灰免烧砖的性能研究 [J].砖瓦，2007（6）：50-51.

[4] Maultzsch M，Mellmann G.Properties of Large Scale Processed Building Rubble with Respect to the Reuse as Aggregate in Concrete [J].Thomas Telford，2002.

[5] 杨薇薇.再生混凝土多孔砖的配合比及其物理力学性能的研究 [D].郑州大学，2007.

[6] 邢振贤，刘利军，赵玉青，等.碎砖骨料再生混凝土配合比研究 [J].再生资源与循环经济，2006（02）：39-41.

[7] Noushini A，Vessalas K，Arabian G，等.Drying Shrinkage Behavior of Fiber Reinforced Concrete Incorporating Polyvinyl Alcohol Fibers and Fly Ash [J].Advances in Civil Engineering，2014，2014（2014）：1-10.

[8] 任庆旺，邱茂智，薛梅，等.再生混凝土的研究现状及其基本性能 [J].建筑技术开发，2005，32

（2）：44-45.

[9] 李清海，孙蓓，陈日高.建筑垃圾、粉煤灰双掺对压制成型水泥基材料性能影响的研究［J］.混凝土，2010（1）：66-69.

[10] 范小平，徐银芳，等.再生骨料混凝土的开发利用［J］.建筑技术开发，2003（10）：9-10.

[11] 王雪，孙可伟.废砖制备新型轻质墙体材料的试验研究［J］.砖瓦，2008，21（11）：55-58.

[12] 孙跃东，周德源.我国再生混凝土的研究现状和需要解决的问题［J］.混凝土，2006（4）：25-28.

[13] 沈建生，徐亦冬，周士琼，等.再生混凝土配合比试验研究［J］.新型建筑材料，2007，34（8）：18-20.

[14] 何春林，龚成中，邢静忠.混凝土空心砌块力学性能研究进展［J］.新型建筑材料，2007，34（1）：23-25.

[15] 周贤文.再生骨料混凝土空心砌块的试验研究［J］.混凝土，2007（5）：89-91.

[16] 安昱峰，张锋剑，李晓文，等.再生混凝土砌块抗折强度影响因素分析［J］.砖瓦，2009（5）：26-29.

[17] 范飞飞，尚建丽，杜军.混凝土小型空心砌块抗压强度的试验研究［J］.建筑，2009（6）：47-48.

[18] 王广才，张景吉，朱聘儒，等.浮石混凝土小型空心砌块砌体轴心受压性能的试验研究［J］.哈尔滨建筑大学学报，1985（1）：36-42.

[19] 徐建华.遥控装载机电液操纵系统的设计与研究［D］.中南大学，2003.

[20] 徐伟.以人为原型的机电产品概念设计自动化技术与机器人实例研究［D］.山东大学，2007.

[21] 霍志璞.机电系统虚实一体化的创新设计自动化理论与技术研究［D］.山东大学，2007.

[22] 张继红.包装机械的创新设计必须面向机电一体化技术［C］//2004 国际现代包装学术研讨会.2004：126-127-128.

[23] Topçu, I. B. Physical and mechanical properties of concretes produced with waste concrete［J］. Cement & Concrete Research，1997，27（12）：1817-1823.

[24] 董晶，孔德乾.我国城市建筑垃圾处理现状及对策分析［J］.建设科技，2012（22）：78-80.

[25] 侯景鹏，史巍，宋玉普.再生混凝土技术的研究开发与应用推广［J］.建筑技术，2002，33（1）：15-17.

[26] 杜婷，李惠强，覃亚伟，等.再生混凝土未来发展的探讨［J］.混凝土，2002（4）：49-50.

[27] 国家发展和改革委员会.节能中长期专项规划［J］.宁波节能，2005（1）：3-6.

第2章 村镇建筑垃圾再生骨料

2.1 再生骨料的相关法规

2.1.1 国外再生骨料主要标准概述

（1）国际材料与结构研究实验联合会（RILEM）再生骨料标准

欧洲国家由于自身国土面积相对狭小，自然资源有限，十分注重资源的再生循环利用。在现行的欧盟标准《混凝土骨料》EN12620：2002 中将回收再生骨料作为骨料的来源之一，并明确规定了"再生骨料"的定义。该标准对再生骨料与其他骨料的相关技术指标作出统一规定。据悉，欧盟标准化委员会（CEN）已经计划制定针对再生骨料的欧盟（EN）标准。

RILEM 从 20 世纪 80 年代起先后提出了三项专项工作：TC 37-DRC "混凝土的拆除与回收利用"、TC 121-DRG "混凝土和灰浆的拆除和再利用指南" 和 TC 198-URM "再生材料的使用"。其中 TC 121-DRG 在 1993 年 10 月召开的 RILEM 第三届混凝土与灰浆拆除与再利用研讨会上讨论修订了《使用再生骨料的混凝土标准》的草案，于 1994 年发布为 RILEM 的推荐性标准。该标准至今仍为欧洲乃至世界在该领域最有影响力的标准之一，也是欧洲各国制定相关标准的主要参考依据。

（2）德国再生骨料技术标准

第二次世界大战之后，德国已经有了将废砖经破碎后作为混凝土材料使用的经验，是较早开始对废混凝土进行再生利用研究的国家之一。但在 20 世纪 80 年代中期以前，在德国是不允许使用再生骨料制备普通混凝土的。随着相关研究的不断深入、技术的进步，更重要的是相关标准规范的出台，目前这一屏障已被突破。直接针对建筑垃圾资源化的关键标准包括：德国钢筋委员会 1998 年 8 月提出的《在混凝土中采用再生骨料的应用指南》和德国国家标准《砂浆和混凝土用骨料 第 100 部分：再生骨料》DIN 4226-100：2002-02。后者作为专门针对再生骨料的技术标准，其科学性和先进性在世界范围内获得了广泛认可，并成为欧盟标准化委员会（CEN）拟制定再生骨料相关欧盟标准的主要参考。

（3）日本再生骨料技术标准

日本很早就开始着手关于建筑垃圾再生骨料标准的制定工作。早在 1977 年就由日本建筑业协会（BCSJ）提出建议标准《再生骨料和再生混凝土的使用标准》，并在第 4 章中定义了部分重要术语，包括：原混凝土、再生骨料和再生骨料混凝土。尽管标准中的大部分内容与其他国家的混凝土标准差异不大，但其中有一定数量专门针对再生骨料的详细规定。例如规定了再生骨料的物理性能要求与分类，并对采用再生骨料制备混凝土的水灰比和水泥用量有所限制。

现行的针对再生骨料的技术标准有《混凝土用再生骨料（高品质）》JIS A5021：2005、《使用再生骨料的再生混凝土（中等品质）》JIS A5022：2007 和《使用再生骨料的再生混凝土（低品质）》JIS A5023：2006。这三部全面涵盖了再生骨料的具体技术要求，成为支持日本实现接近 100％ 的建筑垃圾处理利用率的有力支撑。

2.1.2　国外标准关于再生骨料等级与品质的规定

（1）RILEM 标准：《使用再生骨料的混凝土标准》

在 RILEM 标准中，明确规定标准规范的对象为粒径不小于 4mm 的混凝土用再生粗骨料，并将其分为Ⅰ类、Ⅱ类和Ⅲ类。其中Ⅰ类主要来源于碎砖石；Ⅱ类主要来源于废混凝土块；Ⅲ类为再生骨料与天然骨料的混合物，且天然骨料须占骨料总质量的 80％ 以上，同时，Ⅰ类再生骨料占骨料总质量百分比不得超过 10％。并在标准中进一步提出混凝土用再生粗骨料等级分类，具体要求如表 2-1 所示。

《使用再生骨料的混凝土标准》　　　　　　　　　　　表 2-1

规定要求	Ⅰ类	Ⅱ类	Ⅲ类	试验方法
最小干表观密度/kg·m^{-3}	1500	2000	2400	ISO 6783 与 7033
最大吸水量（质量比）/％	20	10	3	ISO 6783 与 7033
饱和面干密度小于 2200kg/立方米物质最大含量（质量比）/％	—	10	10	ASTM C123
饱和面干密度小于 1800kg/立方米物质最大含量（质量比）/％	10	1	1	ASTM C123
饱和面干密度小于 1000kg/立方米物质最大含量（质量比与体积比）/％	1	0.5	0.5	ASTM C123
杂质（金属、玻璃、软物质、沥青）最大含量（质量比）/％	5	1	1	目测
金属最大含量（质量比）/％	1	1	1	目测
有机物最大含量（质量比）/％	1	0.5	0.5	NEN 5933
填料（＜0.063mm）最大含量（质量比）/％	3	2	2	prEN 933-1
砂（＜4mm）最大含量（质量比）/％	5	5	5	prEN 933-1
硫酸盐最大含量（质量比）/％	1	1	1	BS 812,118 部分

在满足表 2-1 要求的基础上，再生粗骨料满足级配、静强度、耐磨系数、氯离子含量等相关性能要求与环境条件要求的前提下，三类再生粗骨料可用于制备相应强度等级的素混凝土和钢筋混凝土，具体应用要求见表 2-2。

RILEM 标准中再生骨料配制混凝土强度等级规定　　　表 2-2

再生粗骨料类型	Ⅰ类	Ⅱ类	Ⅲ类
配制混凝土允许最大强度等级	C20	C60	无限制

（2）德国标准：《砂浆和混凝土用骨料第 100 部分：再生骨料》DIN 4226-100：2002-02

该标准针对颗粒密度不低于 1500kg/m³ 的用于混凝土和砂浆的再生骨料提出了一系列专门规定。首先，按照来源形式将再生骨料分为四类：1 类来源于废混凝土块；2 类来源于拆除物块体；3 类来源于废砖石；4 类来源于废瓦砾。分别对这四类骨料的组成、密度、酸溶氯盐含量、抗干缩性能等相关性能进行了全面详尽的规定，其中关于组成的部分性能见表 2-3。

《砂浆和混凝土用骨料第 100 部分：再生骨料》　　　　　　　　　　　表 2-3

规定要求项目	再生骨料			
	1 类	2 类	3 类	4 类
混凝土和骨料含量（质量比）/%	≥90	≥70	≤20	≥80
砖、非多孔砌块含量（质量比）/%	≤10	≤30	≥80	≥80
石灰石含量（质量比）/%	≤10	≤30	≤5	≥80
矿物成分（质量比）/%	≤2	≤3	≤5	≤20
沥青含量（质量比）/%	≤1	≤1	≤1	≤20
杂质含量（质量比）/%	≤0.2	≤0.5	≤0.5	≤1
饱和面干表观密度最小值/kg·m⁻³	2000	2000	1800	1500
饱和面干表观密度的变动范围/kg·m⁻³	±150	±150	±150	无规定
（10min 后）最大吸水率（质量比）/%	10	15	20	无规定

（3）日本混凝土用再生骨料系列标准：JIS A 5021：2005，JIS A 5022：2007，JIS A 5023：2006

在日本 JIS A 5021～ A 5023 系列标准中，针对高品质再生骨料（再生骨料 H）、中等品质再生骨料（再生骨料 M）与低品质再生骨料（再生骨料 L）分别制定独立标准，提出具体要求。这三种品质的再生骨料同样来源于建（构）筑物拆除、施工、改造等过程，根据最终再生骨料的具体用途，配合不同技术水平的处理生产工艺设备制成。在标准中明确说明：高品质再生骨料可用于制备普通混凝土；中等品质再生骨料用于生产桩、耐压板、基础梁、钢管混凝土等；低品质再生骨料用于生产垫层混凝土和对强度、耐久性不作要求的制品。与此同时，在日本标准《商品混凝土》JIS A 5308—2009 中规定仅有高品质再生骨料可用于制备商品混凝土，作为普通混凝土和道路铺装混凝土使用，而高强混凝土等则不能采用高品质再生骨料。

日本标准中明确将再生粗骨料与再生细骨料区分开来，并针对性提出具体的品质、性能等相关要求（表 2-4）。

日本标准中再生骨料干表观密度、吸水率与杂质含量规定　　　　　表 2-4

再生骨料	高品质（再生骨料 H）		中等品质（再生骨料 M）		低品质（再生骨料 L）	
	粗骨料	细骨料	粗骨料	细骨料	粗骨料	细骨料
干表观密度/kg·m⁻³	≥2500	≥2500	≥2300	≥2200	—	—
吸水率/%	≤3.0	≤3.5	≤5.0	≤7.0	≤7.0	≤13.0
杂质含量/%	合计≤3.0	—	合计≤3.0	—	—	—

纵观上述三部标准，德国标准和日本标准规定的对象包含粗细再生骨料，日本标准更是分别针对再生骨料与再生细骨料制定要求，而 RILEM 标准则明确规定的对象为再生粗骨料。这也反映出当前世界范围内采用建筑垃圾再生骨料的普遍情况，即对采用再生粗骨料制备相应混凝土已形成共识。

2.1.3　我国再生骨料研究情况及现行国家标准

目前，国内有数十家大学和研究机构开展了再生混凝土的研究，而且研究工作正在逐渐深入。为了解决再生骨料混凝土高吸水和高收缩的问题，研究人员研究了再生骨料的结构特性、水分迁移特性和再生混凝土界面过渡区的微观结构，为采取合理有效的解决措施奠定了基础。一些高校、科研院所如东南大学、华中科技大学、北京建筑大学、沈阳建筑大学等已经开展了利用城市垃圾制取烧结砖和再生混凝土技术的研发，并已形成了成套技术。该技术是将解体混凝土和废弃砖瓦进行再生资源化处理后，作为混凝土骨料、轻骨料，生产普通混凝土或高性能混凝土砌块这种再生混凝土的强度达 C30。

在应用方面，北京的一家城建企业将回收的 800 多吨各种建筑垃圾，成功地用于砌筑砂浆、内墙和顶棚抹灰、细石混凝土楼面及混凝土垫层。湖北省襄樊市的公路建设中，在水稳基层中采用了 30% 左右的再生骨料，使水稳基层的性能得到改善，降低了成本，取得了良好的经济效益和社会效益。1990 年上海市第二建筑有限公司在市中心的"华亭"和"霍兰"两项工程中就使用了其结构施工阶段产生的建筑垃圾。上海市建筑构件制品有限公司于 1997 年开始利用废弃混凝土制作混凝土空心砌块。

我国在 20 世纪 90 年代初期就已开始进行建筑垃圾处理和利用的相关研究，在再生骨料的生产与应用方面取得了一定的成果。但由于诸多客观原因的限制，我国的建筑垃圾处理利用水平长年维持在很低的水平。纵观其中的原因，建筑垃圾处理利用相关技术标准匮乏就是一个重要影响因素。为此，我国近年来陆续编制出了一系列有关建筑垃圾资源化的规范。

从 2010 年起，中国建筑科学研究院有限公司等单位编制的国家产品标准《混凝土用再生粗骨料》GB/T 25177—2010、《混凝土和砂浆用再生细骨料》GB/T 25176—2010，以及行业工程标准《再生骨料应用技术规程》JGJ/T 240—2011 陆续发布，填补了我国长期以来在再生骨料利用方面的技术标准空白，为再生粗骨料和再生细骨料的生产、应用提供了科学合理的技术支撑，从而保证了再生粗骨料和再生细骨料的产品质量与实际应用，为我国建筑垃圾资源化事业的发展奠定了技术基础。

(1) 国家标准《混凝土用再生粗骨料》GB/T 25177—2010

制定国家标准《混凝土用再生粗骨料》GB/T 25177—2010 主要参考了《建筑用卵石、碎石》GB/T 14685—2001。相比于 GB/T 14685—2001，标准中首先有针对性地增加了相关术语，包括混凝土用再生粗骨料、微粉含量、吸水率、杂物等。标准首次定义了"混凝土用再生粗骨料"和再生骨料中特有的成分"微粉含量"。

混凝土用再生粗骨料是指由建（构）筑废物中的混凝土、砂浆、石、砖瓦等加工而成，用于配制混凝土的、粒径大于 4.75mm 的颗粒。

微粉含量是指混凝土用再生粗骨料中粒径小于 $75\mu m$ 的颗粒含量。再生粗骨料中微粉主要由石粉、水泥石粉和泥土组成，为非黏性无机物。

标准提出了再生粗骨料的等级划分要求，将再生粗骨料按性能要求分为Ⅰ类、Ⅱ类和Ⅲ类，并针对不同等级的再生粗骨料提出相应具体的性能指标要求。与 GB/T 14685—2001 相比，标准除对粗骨料的颗粒级配、泥块含量、针片状颗粒含量、有害物质、坚固性、压碎指标、表观密度、堆积密度、空隙率、碱骨料反应性能等提出技术指标要求外，还根据再生粗骨料的特点增加了再生粗骨料的吸水率、氯离子含量和杂物含量等指标要求。同时，在该标准中以微粉含量来代替 GB/T 14685—2001 中的含泥量，主要性能指标见表 2-5 规定。

GB/T 14685—2001 再生粗骨料相关主要性能指标 表 2-5

规定要求	Ⅰ类	Ⅱ类	Ⅲ类
表观密度/kg·m^{-3}	>2450	>2350	>2250
空隙率/%	<47	<50	<53
微粉含量(按质量计)/%	<1.0	<2.0	<3.0
泥块含量(按质量计)/%	<0.5	<0.7	<1.0
针片状颗粒(按质量计)/%	<10	<10	<10
吸水率(按质量计)/%	<3.0	<5.0	<7.0
压碎指标/%	<12	<20	<30
有机物	合格		
硫化物及硫酸盐(折算成 SO$_3$)/%	<2.0		
氯化物(以氯离子质量计)/%	<0.06		
杂物(按质量计)/%	<1.0		
硫酸盐试验(5 次循环)质量损失/%	<5.0	<9.0	<15.0

（2）国家标准《混凝土和砂浆用再生细骨料》GB/T 25176—2010

制定《混凝土和砂浆用再生细骨料》GB/T 25176—2010 主要参考了《建筑用砂》GB/T 14684—2001。标准中对混凝土和砂浆用再生细骨料、微粉含量等关键术语进行了定义：（1）混凝土和砂浆用再生细骨料：由建（构）筑废物中的混凝土、砂浆、石、砖瓦等加工而成，用于配制混凝土和砂浆的粒径不大于 4.75mm 的颗粒；（2）微粉含量：再生细骨料中粒径小于 75μm 的颗粒含量。与（GB/T 14684—2001）相比，标准除了对细骨料的颗粒级配、泥块含量、有害物质、坚固性、表观密度、堆积密度、空隙率、碱骨料反应性能等提出技术指标要求外，以微粉含量来代替 GB/T 14684—2001 中的含泥量和石粉含量。

2.2 再生骨料的定义与分类

2.2.1 再生骨料的概念

从一般意义上讲，再生混凝土骨料是将废弃混凝土块经破碎、分级并按一定的比例混合后形成的骨料称为再生骨料或再生混凝土骨料（recycled aggregate or recycled concrete aggregate）。而将利用再生骨料作为部分或全部骨料配制的混凝土，称为再生骨料混凝土

（recycled aggregate concrete），简称再生混凝土（re-cycled concrete）。相对于再生混凝土而言，将用来生产再生骨料的原始混凝土称为基体混凝土（original concrete），有人也称之为原生混凝土。

随着人们环境保护、再生资源利用和可持续发展观念的增强，越来越多的固体废料被重复循环利用，其中绝大部分用作混凝土骨料。从广义上讲，再生混凝土骨料是指经过特定处理、破碎、分级并按一定的比例混合后形成的，满足配置不同性能和使用要求混凝土的骨料称为再生骨料。这些用于生产再生骨料的材料有碎砖、瓦、玻璃、陶瓷、炉渣、矿物废料、石膏，此外还有废弃塑料、废弃橡胶、轮胎、木材、废纸等。如用碎砖骨料（recycled brick aggregate）配置的强度较低的混凝土（recycled brick aggregate concrete）已经用于承重和非承重结构中。

德国用标准混凝土砌块的生产程序来生产木质骨料的轻质混凝土砌块，并对这种试块进行了抗压强度和干湿循环作用的试验。试验结果表明，再生木质骨料混凝土砌块的重量、强度和耐久性满足 ASTM C129 中非承重混凝土砌体的要求。人们已用废弃的塑料、玻璃、玻璃纤维等颗粒状材料，在混凝土构件中部分代替细骨料，并通过抗压、抗弯、和劈裂试验来研究这种混凝土的抗压强度、劈裂抗拉强度、混凝土的抗折强度和弹性模量。用电子显微镜分析混凝土的机械性能、微观结构和断裂界面的相互关系。研究成果表明，三种废料可以替代部分砂用于混凝土构件。因此，从某种意义上讲，再生骨料不再仅仅指传统上的用废弃混凝土块破碎和分级得到的再生混凝土骨料。但目前研究和应用最多的还是再生混凝土骨料。

2.2.2　再生骨料的分类

再生混凝土目前还没有独立的分类方法，多数参考普通混凝土骨料的分类方法进行分类。此外可以把由木材、塑料、橡胶等轻质再生骨料生产的混凝土骨料称之为轻质再生骨料（Light Recycled Aggregate），用这种骨料配制的混凝土称之为轻质再生骨料混凝土（Light Recycled Aggregate Concrete）。

（1）再生骨料的来源及按来源分类

再生骨料多来源于建筑垃圾。表 2-6 则是香港某地建筑垃圾的组成一览表。

建筑废料的组成　　　　　　　　　　　　　　　　　　表 2-6

废料成分		废料组成比例/%	
		拆除废料	施工废料
无机物	钢筋混凝土	32.11	8.25
	混凝土	19.89	9.27
	泥土	11.91	30.56
	岩石	6.83	9.74
	砖	6.33	5.00
	碎石	4.95	14.13
	砂	1.44	1.70
	块状混凝土	1.11	0.90

续表

废料成分		废料组成比例/%	
		拆除废料	施工废料
有机物	沥青	1.61	0.13
	木料	7.15	10.53
	塑料管	1.73	1.13
	竹子	0.31	0.30
	树木	0.00	0.12
	缆绳	0.06	0.24
	其他有机物	1.30	3.05
其他	金属	3.42	4.36
	玻璃	0.20	0.56
	固定装置	0.04	0.03
合计		100.00	100.00

由表 2-6 可见，废弃混凝土和废砖石块是建筑垃圾的主要组分，共约占建筑垃圾的 80%（以质量计）以上。因此，可按来源把再生骨料分为三大类：废弃混凝土骨料、碎砖骨料和其他骨料（主要指轻质再生骨料）。

1）废弃混凝土骨料。废弃混凝土骨料是废弃的混凝土块经破碎、分级并按一定的比例混合后形成的骨料。废弃混凝土骨料是目前研究和应用最多的再生骨料，主要用于再生混凝土制备。

2）碎砖骨料。过烧砖、坏砖和建筑物建造或拆除中产生的碎砖块，可以作为地基处理、地坪垫层等的材料，也可制备粗骨料用以拌制混凝土。试验表明，当用人工破碎、质量良好的碎砖块作为粗骨料，砖的平均抗压强度为 36.7MPa。水灰比 $W/C = 0.54 \sim 0.88$ 时，碎砖混凝土的抗压强度达 $22 \sim 42$MPa；与相同强度等级的普通混凝土相比，其抗拉强度约大于 11%，密度约小于 17%，弹性模量约小于 30%。碎砖骨料（recycled brick aggregate）配制强度较低的混凝土（recycled brick aggregate concrete）已经用于承重和非承重结构中。

3）其他再生骨料。竹木材、塑料、橡胶等物质经处理后，可以在混凝土构件中部分代替细骨料使用。人们已用废弃的塑料、玻璃、玻璃纤维等颗粒状材料替代部分砂用于混凝土构件。

（2）再生骨料的粒度及按粒度分类

利用建筑垃圾制备再生骨料的关键在于再生骨料的粒度特征。粒度不同的再生骨料有着不同的性质，也有着不同的用途。参照普通混凝土骨料的分类方法，根据《普通混凝土用砂、石质量及检验方法标准》JGJ 52—2006 规定，可以把再生骨料分为粗骨料、细骨料和微粉。

1）再生粗骨料。粒径大于 5mm 的颗粒为再生粗骨料，一般为表面包裹着部分水泥砂浆的石子，小部分是与砂浆完全脱离的石子，还有极少一部分为水泥石颗粒。

2）再生细骨料。再生细骨料的粒径尺寸范围为 0.08～5mm，主要包括砂浆体破碎后形成的表面附着水泥浆的砂粒、表面无水泥浆的砂粒、水泥石颗粒及少量破碎石块。

3）再生微粉。即粒度小于 0.08mm 的再生微细颗粒（也有人认为小于 0.15mm 的微细颗粒为微粉），主要是在破碎过程中，由水泥浆等易粉碎物料所产生。

（3）再生骨料按用途分类

按照再生骨料的用途可分为制备混凝土再生骨料、制备砖和砌块等墙材再生骨料、制备水泥再生骨料。

1）制备混凝土再生骨料：这是目前再生骨料应用研究最深入的方面。美国、日本和欧洲等发达国家在利用废弃混凝土制备再生骨料和再生混凝土研究方面走在世界的前列，并取得一些成功的应用。而且，还对再生混凝土的性能做了系统性的研究和试验。

2）制备砖和砌块等墙材再生骨料：目前，我国已研究出利用再生骨料制备了新型高利废墙体砖，其合理配合比为：建筑垃圾粉料 20%～30%、再生骨料 45%～55%、电石渣 10%～15%、石灰 5%、改性剂 5%。其中，建筑垃圾粉料、再生骨料总用量可达到 70%～80%，具有较好的实际效益。

3）制备水泥再生骨料：韩国已成功开发出从废弃混凝土中分离水泥，并使这种水泥能再生利用的技术。据称每 100t 废弃混凝土就能够获得 30t 左右的再生水泥，这种再生水泥的强度与普通水泥几乎一样，有些甚至更好，符合施工标准。

（4）再生骨料按质量等级分类

日本以吸水率和坚固性作为再生骨料的指标，把再生粗骨料分为 3 类，再生细骨料分为 2 类（不考虑冻融耐久性），见表 2-7。

再生骨料质量等级

表 2-7

再生粗骨料			再生细骨料		
等级	吸水率	坚固性指标	等级	吸水率	坚固性指标
Ⅰ	<3%	<12%	Ⅰ	<5%	<10%
Ⅱ	<3%或<5%	<40%或<12%	Ⅱ	<10%	—
Ⅲ	<3%	—	—	—	—

随着国内研究的逐渐深入，同时也为了适应经济发展的需求，我国也制定了相关的国家和行业标准对再生骨料进行分类和分级：再生骨料粒径大于 4.75mm 的为再生粗骨料，再生骨料粒径小于 4.75mm 的为再生细骨料。此外，为了充分保证结构的安全，在利用再生骨料配置再生混凝土时，不同级别的再生骨料也有不同的适用范围。

2.3　再生骨料的制备及性能指标

2.3.1　再生骨料的制备工艺

目前，国内外再生骨料的破碎工艺大同小异，主要是将不同的破碎设备、传送机械、筛分设备和清除杂质的设备有机地组合在一起，共同完成分拣、破碎和筛分等工序。首先采用人工分拣的方式，将到场废弃建筑原料中的大块木材、废旧塑料、废纸、钢筋等杂物分拣出来，实行分类管理、储存、集中销售；然后进行原料破碎，将建筑垃圾（废弃红砖类、废弃混凝土类)从拆迁现场运达厂区后分别经颚式破碎机进行初破,产生的建筑垃圾粗骨料由皮带输送至锤式破碎机进行进一步破碎,得到具有一定粒级的红砖再生骨料和混凝土再生骨料;最后把破碎后的红砖类再生骨料、混凝土类再生骨料经滚动筛进行筛分,筛分出 5mm~20mm,0.15mm~4.75mm 和粉尘 0~0.15mm 三种不同粒级的骨料,进行分别储存,超出规格大小的骨料返回锤式破碎机,再一次破碎。

(1)日本再生骨料生产工艺

高效的再生混凝土骨料生产工艺是建筑废弃混凝土回收利用的前提。目前,国内外关于再生骨料生产工艺的研究已取得了部分成果其主要流程基本相似:一般为采用不同的破碎设备、传送机械、筛分设备以及除杂装置,完成破碎、筛分和除杂工序,最后得到符合要求的再生骨料。然而,有效分离废弃混凝土表面黏附的水泥砂浆仍是大部分生产工艺的难点。再生骨料密度低、吸水率大、空隙率较高,进而影响再生混凝土的强度、收缩、徐变和耐久性,解决这些问题对于再生骨料的推广利用至关重要。

日本在再生骨料生产工艺的研究上取得了较大突破,在该工艺下生产的再生骨料基本达到了天然集料的品质。其主要生产流程为:①预处理阶段,主要是除去废弃混凝土中其他杂质,采用颚式破碎机将其破碎成直径约为 40mm 的混凝土块;②碾磨阶段,将破碎后的混凝土块放入旋转偏心筒中,使其碰撞、摩擦、碾磨,以除去附着于再生骨料表面的硬化水泥砂浆;③筛分阶段,将碾磨后的颗粒筛分,除去水泥砂浆等细小颗粒,最后得到高质量的再生骨料。在日本采用的生产工艺中,碾磨这一工序对于除去再生骨料表面黏附的水泥砂浆、降低吸水率、提高骨料强度具有重要意义。

(2)俄罗斯再生骨料生产工艺

鉴于废混凝土中往往混有金属、玻璃及木材等杂质,因此俄罗斯的再生骨料生产工艺流程中,特别设置了磁铁分离器与分离台等装置以便于去除铁质成分。

该处理过程配备了两台转子破碎机,分别对混凝土颗粒进行预破碎与二次破碎。预破碎完毕的骨料经第一台双筛网筛分机处理,被分为 0~5mm、5~40mm 及 40mm 以上的三种粒径。在普通配合比的结构混凝土中,骨料粒径一般不大于 40mm。因此,为了充分利用废混凝土资源,该工艺将 40mm 以上的碎石再次破碎,使粒径控制在 0~40mm之间。

(3)德国再生骨料生产工艺

德国的再生骨料破碎生产工艺流程如图 2-1 所示。通过颚式破碎机的加工,再生骨料被分为 0~4mm、4~16mm、16~45mm 及 45mm 以上等颗粒级配。

(4)国内再生骨料生产工艺

国内对建筑垃圾的处理一般采用破碎、筛分、分选、洁净等程序,结合村镇实际情况,以及考虑废弃黏土砖再利用的成本,刘军团队设计了一套废弃黏土砖的预处理工艺,以达到再生粗骨料使用要求。

2.3.2 再生骨料的性能指标

经过服役的再生骨料与天然骨料性能差异很大。尤其根据对未经预处理村镇建筑垃圾再生骨料的研究,在相同粒径下再生骨料与天然骨料部分物料性能的对比如表 2-8所示。

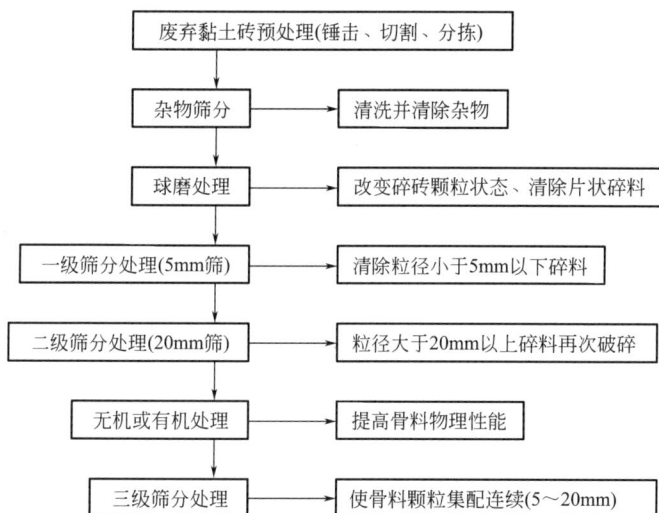

图 2-1　废弃黏土砖预处理工艺

再生骨料的性能指标　表 2-8

骨料类型	表观密度 （kg·m^{-3}）	堆积密度 （kg·m^{-3}）	吸水率 （%）	压碎指标 （%）
天然骨料	2781	1412	1.05	7.13
再生骨料	2411	1346	7.93	38.5

（1）粒径与级配

经过振动筛分试验测得再生骨料的级配如表 2-9 所示。可以看出，再生骨料颗粒级配可以连续，粒径为 5～31.5mm，平均粒径在 12～16mm 之间，符合标准要求。再生骨料级配的好坏对节约水泥和保证良好的和易性有很大关系，尤其在配制高强再生混凝土时尤为重要。

再生粗骨料的筛分试验　表 2-9

粒径/mm	筛余量/g	分计筛余/%	累计筛余/%
31.50	67	1.03	1.03
26.50	134	2.06	3.09
19.00	1010	15.54	18.63
16.00	1579	24.29	42.92
9.50	2602	40.03	82.95
4.75	687	10.57	93.52
2.36	265	4.08	97.60
筛底	156	2.40	100.00

（2）表观密度与堆积密度

未经预处理再生骨料与天然骨料的表观密度和堆积密度测试结果见表 2-8。由表 2-8

可以看出,与天然骨料比较,再生骨料的表观密度和堆积密度均有所降低,主要原因是受原废弃黏土砖密度影响,孔隙率较大。若再生骨料表观密度太小,则能反映出再生骨料密实度低、孔隙率大、吸水率高、质量差,严重影响再生骨料强度与耐久性,表观密度可以作为对再生骨料进行分级的重要依据。

（3）吸水率

由表 2-8 可知,未经预处理再生骨料的吸水率约为天然骨料的 7 倍。主要原因为再生骨料主要为废弃黏土砖,孔隙率大,易吸水,导致其吸水率相对较大,这就要求在配制再生混凝土时需要额外增加用水量。由于吸水率能够反映再生骨料孔隙率大小与质量情况,吸水率较大会对再生混凝土的配置、耐久性方面造成不利影响,所以可通过对吸水率进行控制以保证再生骨料的质量。再生骨料的高吸水率通常被认为是其相对于天然骨料最重要的特征。

（4）压碎指标值

压碎指标值反映的是骨料抵抗压碎的能力。研究中对天然骨料和再生骨料经过压碎试验证明,再生骨料的压碎指标值明显高于天然骨料,表明再生骨料的强度较低,这主要是因为再生骨料表面水泥砂浆含量较高且粘结较弱,导致再生骨料较天然骨料易破碎。此外再生骨料旧水泥砂浆中存在较多裂缝与孔隙,降低了再生骨料的强度,这会对再生混凝土的抗压强度带来不利影响。

（5）粒形与表面构造

再生骨料的外观略为扁平,同时带有若干棱角。再生骨料的这种外形将会降低新拌再生混凝土的工作性。通过对试验中再生骨料的观察可以发现,再生骨料相对天然骨料具有表面粗糙、孔隙率大、棱角较多等特点,而天然骨料的表面则相对比较光滑。在混凝土中,天然骨料与水泥砂浆的界面是薄弱环节,而再生骨料中旧水泥砂浆与新水泥砂浆有相对较密实的界面。

2.4 建筑垃圾预处理及性能

村镇建筑垃圾不同于城市建筑垃圾,其种类繁多,筛分复杂,主要构成不是废弃混凝土而是废弃黏土砖,直接使用其作为再生骨料存在吸水率大、压碎指标大、再生利用难度大等一系列问题,因此刘军团队为了解决这些问题,进行了相关研究。

本节内容为刘军团队的研究成果,主要介绍了无机预处理方法对废弃黏土砖再生骨料进行表面预处理,有机浆液对再生骨料进行有机浸润预处理,研究有机及无机预处理方式对村镇建筑垃圾制备再生骨料性能的影响。

2.4.1 无机预处理对再生骨料性能影响

无机预处理技术包括水泥净浆预处理法、水泥砂浆预处理法和石灰预处理法,由于石灰的吸水率较大,不适用于再生粗骨料的表面预处理。因此选用了水泥净浆和水泥砂浆两种无机预处理技术对村镇建筑垃圾——废弃黏土砖进行表面预处理,通过正交试验优化配合比设计,测试预处理后再生粗骨料的吸水率和压碎指标等,研究水泥净浆和水泥砂浆预处理技术对再生粗骨料性能的影响。

（1）试验原料

水泥：采用唐山冀东水泥厂生产的 32.5 级普通硅酸盐水泥，水泥主要性能指标如表 2-10 所示。

冀东 P.O32.5 水泥技术指标　　　　　　表 2-10

品种	细度（0.08mm 方孔筛筛余/%）	安定性	凝结时间（min）		抗压强度（MPa）		抗折强度（MPa）	
			初凝	终凝	3d	28d	3d	28d
P.O32.5	3.4	合格	185	237	20.8	41.5	3.5	5.1

粗集料：采用石灰岩碎石 5～20mm，即最大粒径为 20mm。连续颗粒级配，如表 2-11 所示。压碎指标为 2.1%，含泥量低于 0.1%。表观密度约为 2454kg·m^{-3}。

细集料：选用河砂，属中砂，细度模数约为 2.65。级配良好，属 Ⅱ 区，颗粒级配见表 2-11 所示。坚固性指标为 4.1%，含泥量低于 2.1%。表观密度约为 2727kg·m^{-3}。

集料颗粒级配　　　　　　表 2-11

通过量（%）	筛孔尺寸（mm）								
	0.08	0.16	0.315	0.63	1.25	2.5	5.0	10.0	20.0
碎石	—	—	—	—	—	—	2	60	100
河砂	1	10	20	29	65	95	100	—	—

黏土砖：试验使用的建筑垃圾取自沈阳市所辖村镇的建筑垃圾，主要成分为废弃黏土砖，其物理指标见表 2-12。

废弃黏土砖的物理性能指标　　　　　　表 2-12

表观密度/kg·m^{-3}	堆积密度/kg·m^{-3}	吸水率（%）	压碎指标（%）
2214	1295	7.93	38.5

粉煤灰：粉煤灰是从烧煤灰的锅炉煤气中收集的粉状颗粒，属于人工火山灰质混合料，其本身没有或极少有凝胶性，但其粉末状态在有水存在时，能与 Ca(OH)$_2$ 在常温下发生化学反应，生成具有凝胶性的组分。

此次试验选用沈海热电厂 Ⅱ 级粉煤灰，密度 2.20g·cm^{-3}，需水量比 97%，45μm 方孔筛筛余 15%，粉煤灰的化学成分见表 2-13 所示。

粉煤灰化学成分（%）　　　　　　表 2-13

SiO$_2$	Al$_2$O$_3$	CaO	MgO	Fe$_2$O$_3$	K$_2$O	Na$_2$O	LOSS
56.26	26.18	2.75	1.20	3.57	3.05	0.30	6.69

按国家 GB/T 1596—2017 检测其性能如表 2-14 所示。

粉煤灰性能指标及检验标准　　　　　　表 2-14

测试项目	细度（45μm 筛余量）/%	需水量比/%	烧失量/%	SO$_3$/%
标准规定值	20	105	8	3
实测值	15	97	7	0.45

从表 2-14 中可知：细度、需水量比、烧矢量及 SO_3 等各项指标均符合国家对 Ⅱ 级粉煤灰的相应标准。

外加剂：早强剂为无水硫酸钠，减水剂为萘系高效减水剂，其选用均符合国家标准。

水：原材料所用的水为饮用水。主要用于水泥水化，其次用于调节料浆的稠度及制品的性能。

（2）水泥净浆预处理再生粗骨料的性能研究

① 水泥净浆预处理法的正交试验

通过大量的前期试验，考虑水泥净浆的可包裹性和再生粗骨料预处理后的即时利用性，调整水灰比、涂浆量和早强剂掺量，并测试水泥净浆预处理后的再生粗骨料的压碎指标，最后确定了以下试验的水灰比、涂浆量和早强剂的选取范围。

水泥净浆预处理法的正交试验的因素、水平的选取见表 2-15（每组都加入 0.5% 的减水剂），正交试验的考核指标为经过水泥净浆预处理后再生粗骨料的压碎指标，考虑到各因素之间的交互作用，L9（3^4）的表设计格式及再生粗骨料的压碎指标如表 2-16 所示，压碎指标的方差分析结果见表 2-17。

水泥净浆预处理法的正交设计因素水平表 表 2-15

因素 水平	A 水灰比	B 涂浆量（%）	C 早强剂（%）
1	0.4	25	1
2	0.45	30	1.5
3	0.5	35	2

水泥净浆预处理法的正交试验结果与分析 表 2-16

	A 水灰比	B 涂浆量 （%）	C 早强剂 （%）	空白	压碎指标 （%）
1	1	1	1	1	28.7
2	1	2	2	2	25.9
3	1	3	3	3	23.8
4	2	1	2	3	21.2
5	2	2	3	1	19.7
6	2	3	1	2	20.5
7	3	1	3	2	23.6
8	3	2	1	3	25.3
9	3	3	2	1	22.6
R_1	26.133	24.500	24.833	23.667	
R_2	20.467	23.633	23.233	23.333	因素主→次
R_3	23.833	22.300	22.367	23.433	
ΔK	5.666	2.200	2.466	0.334	最优方案： $A_2B_3C_3$

水泥净浆预处理的再生粗骨料压碎指标方差分析 表 2-17

方差来源	平方和 S	自由度 f	均方和 $S:f$	F 临界值	显著性
水灰比 A	48.736	2	276.909	99.000	＊＊
涂浆量 B	7.369	2	41.869	99.000	—
早强剂 C	9.396	2	53.386	99.000	—
误差 e	0.18	2	0.090		
总和	65.681	8			

通过采用综合平衡法以确定最优方案。从表 2-17 的方差分析结果来看，因素 A 为再生粗骨料压碎指标的主要影响因素，当水灰比为 0.45 时裹浆后的再生粗骨料的压碎指标最低，强度最高，因此因素 A 取 A_2 最好；因素 B 为次要影响因素，虽然涂浆量对压碎指标的影响效果不是很明显，但是提高涂浆量会在一定程度上减小压碎指标，因此因素 B 取 B_3 最好；因素 C 也为次要影响因素，尽管加入早强剂对压碎指标影响不大，但是对于再生粗骨料处理后的快速硬化，提高早期强度及时应用于混凝土中比较有益，因此因素 C 取 C_3 最好。

综合分析结果，水泥净浆预处理再生粗骨料的最优组成为：水灰比 0.45；涂浆量为 35%；早强剂掺量为 2%。

② 水泥净浆配合比对再生粗骨料压碎指标的影响

通过以上试验可以看出对再生粗骨料性能影响最大的因素为水灰比，因此试验选取 4 组不同配合比（表 2-18）的水泥净浆预处理法处理后的再生粗骨料进行压碎指标分析，其试验结果见图 2-2（以下 B～D 组均采用一次涂浆法，每组都加入 0.5% 减水剂和 2% 早强剂）。

水泥净浆配合比 表 2-18

名称	A	B	C	D
水灰比	素砖	0.4	0.45	0.5

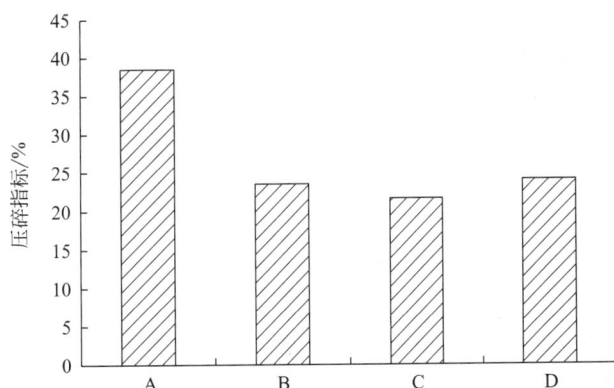

图 2-2 水泥净浆配合比与再生粗骨料压碎指标的关系
A 素砖；B 净浆水灰比为 0.4；C 净浆水灰比为 0.45；D 净浆水灰比为 0.5

从图 2-2 可以看出涂浆后的再生粗骨料的压碎指标比涂浆前的要小，当水灰比在 0.4～0.45 之间时，随着水灰比的增加，水泥浆的流动性增大，包裹在砖面的水泥浆相对越密实，压碎指标越小。当水灰比大于 0.5 时，D 组的压碎指标没有降低反而提高了，这是由于水泥浆的流动性过大，使水泥浆在再生粗骨料表面的覆盖率和厚度过低，留有相对较多的孔隙和裂缝而导致的。因此预处理再生粗骨料的水泥净浆的水灰比在一定范围内时，随着水灰比的增加，再生粗骨料的压碎指标降低。

③ 水泥净浆配合比对再生粗骨料吸水率的影响

对表 2-18 中所选取的 4 组不同水泥净浆配合比预处理的再生粗骨料不同时间的吸水率进行测试，其试验结果见图 2-3。

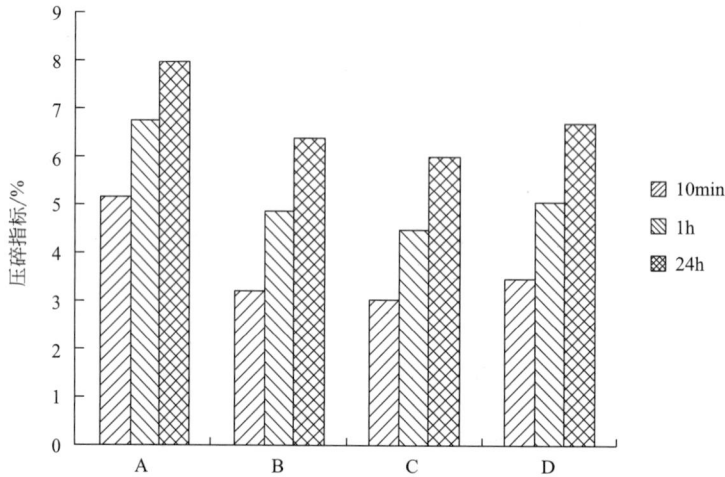

图 2-3　水泥净浆配合比与再生粗骨料吸水率的关系

A 素砖；B 净浆水灰比为 0.4；C 净浆水灰比为 0.45；D 净浆水灰比为 0.5

从图 2-3 可以看出水泥净浆预处理后的再生粗骨料的吸水率在 10 分钟时达到饱和程度的 50％ 左右，1 小时时达到饱和程度的 75％ 以上，但吸水率都比涂浆前的小，这是因为再生粗骨料的表面通过涂浆处理后，原有的孔隙和裂缝都被包裹起来，能吸水的孔隙少了，所以吸水率降低了。从图 2-3 中的曲线还可以看出，当水灰比增大时再生粗骨料的吸水率也是先降低后增加的，这与压碎指标的变化规律一致，也是由于随着水灰比的增加，水泥浆的流动性加大，包裹在再生粗骨料表面的水泥浆由 B 组的过于干涩包裹不均，到 C 组的最密实包裹，再到 D 组的流动性过大而使覆盖在再生粗骨料表面的涂浆量减少的缘故。因此水泥净浆的水灰比要控制在一定范围内，才能有效的降低再生粗骨料的吸水率。

（3）水泥砂浆预处理再生粗骨料的性能研究

① 水泥砂浆预处理法的正交试验

借鉴水泥净浆预处理时各因素水平范围的选择，并通过大量的水泥砂浆预处理法前期试验，最后确定以下试验中砂浆配合比涂浆量和早强剂的选取范围。

水泥砂浆预处理法的正交试验的因素、水平的选取见表 2-19（每组都加入 0.5％ 的减水剂），正交试验的考核指标为水泥砂浆预处理后再生粗骨料的压碎指标，见表 2-20，压碎指标的方差分析结果见表 2-21。

水泥砂浆预处理法的正交设计因素水平表　　　　表 2-19

水平 \ 因素	A 砂浆配合比	B 涂浆量（%）	C 早强剂（%）
1	1∶2∶3	25	1
2	1∶1.7∶2	30	1.5
3	1∶2∶2	35	2

水泥砂浆预处理法的正交试验结果与分析　　　　表 2-20

	A 砂浆配合比	B 涂浆量（%）	C 早强剂（%）	空白	压碎指标（%）
1	1	1	1	1	27.6
2	1	2	2	2	24.8
3	1	3	3	3	22.1
4	2	1	2	3	20.3
5	2	2	3	1	18.9
6	2	3	1	2	21.7
7	3	1	3	2	17.4
8	3	2	1	3	21.2
9	3	3	2	1	19.8
R_1	24.833	21.767	23.500	22.100	
R_2	20.300	21.633	21.633	21.300	因素主→次
R_3	19.467	21.200	19.467	21.200	
ΔK	5.366	0.567	4.033	0.900	最优方案：$A_3B_3C_3$

水泥砂浆预处理的再生粗骨料压碎指标方差分析　　　　表 2-21

方差来源	平方和 S	自由度 f	均方和 $S∶f$	F 临界值	显著性
砂浆配合比 A	50.047	2	34.279	19.000	*
涂浆量 B	0.527	2	0.361	19.000	—
早强剂 C	24.447	2	16.745	19.000	—
误差 e	1.46	2	0.730		
总和	76.481	8			

通过采用综合平衡法以确定最优方案。从表 2-21 的方差分析结果来看，因素 A 为再生粗骨料压碎指标的主要影响因素，当砂浆配合比为 1∶2∶2 时再生粗骨料的压碎指标最小，强度最大，包裹得最密实，因此因素 A 取 A_3 最好；因素 B 为次要影响因素，增加砂浆的涂浆量后，使涂浆在粗骨料表面的覆盖率有所提高，孔隙及裂纹的量减少，因此因素

B 取 B₃ 最好；因素 C 也为次要影响因素，当早强剂的掺量增加后再生粗骨料的压碎指标有所降低，使再生粗骨料的强度有少许增加，因此因素 C 取 C₃ 最好。

综合分析结果，水泥砂浆预处理再生粗骨料的最佳组成为：砂浆配合比 1：2：2；涂浆量为 35%；早强剂掺量为 2%。

② 水泥砂浆配合比对再生粗骨料压碎指标的影响

通过以上正交试验可以看出，对再生粗骨料性能影响最大的因素为水泥砂浆配合比，因此试验选取 4 组不同配合比（表 2-22）的水泥砂浆预处理法处理后的再生粗骨料进行压碎指标分析，其试验结果见图 2-4（以下 E～G 组均采用一次涂浆法，每组都加入 0.5% 减水剂和 2% 的早强剂）。

水泥砂浆配合比　　　　　　　　　　　　　　表 2-22

名称	A	E	F	G
水∶水泥∶砂	素砖	1∶2∶3	1∶1.7∶2	1∶2∶2

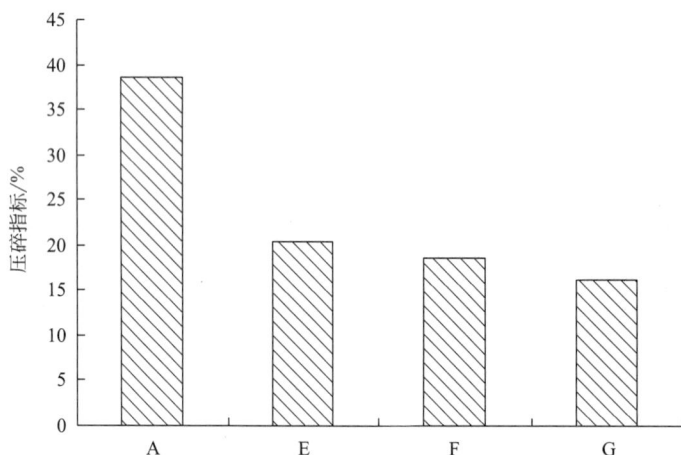

图 2-4　水泥砂浆配合比与再生粗骨料压碎指标的关系
A 素砖；E 砂浆配合比 1：2：3；F 砂浆配合比为 1：1.7：2；G 砂浆配合比为 1：2：2

从图 2-4 可以看出，相对于水泥净浆预处理法来说，水泥砂浆预处理法对再生粗骨料强度的提高更为显著，G 组的压碎指标比 C 组降低了 4%。这说明水泥砂浆中的砂子对于再生粗骨料强度的提高起到了很大作用，然而若砂子与水泥之比过大又会导致其粘结性能不好，反而不能很好地提高再生粗骨料的强度。从试验 E 组、F 组和 G 组中的对比来看，E 组的砂子与水泥之比最大其压碎指标却不是最小的，反而最大，这就是由于 E 组的砂率过大其砂浆的粘结性能不够，使再生粗骨料表面所覆盖的砂浆量较少，从而导致再生粗骨料的压碎指标降低的较少。因此水泥砂浆预处理法能更有效地降低再生粗骨料的压碎指标，但要注意控制砂子的相对用量。

③ 水泥砂浆配合比对再生粗骨料吸水率的影响

对表 2-22 中所选取的 4 组不同水泥砂浆配合比处理的再生粗骨料不同时间的吸水率进行了测试，其试验结果见图 2-5。

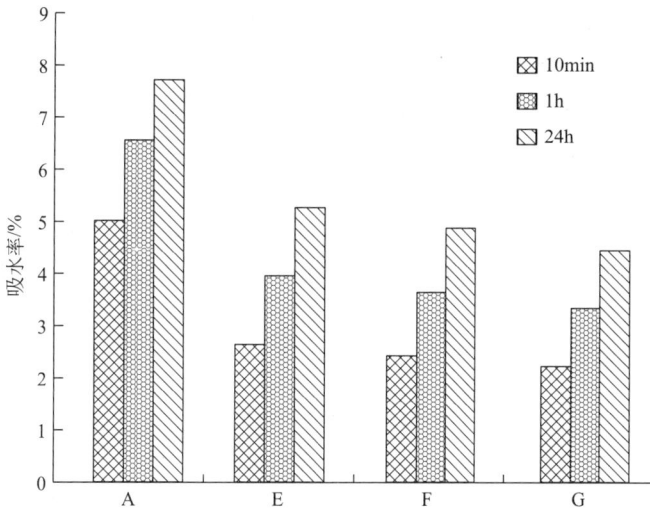

图 2-5　水泥砂浆配合比与再生粗骨料吸水率的关系

A 素砖；E 砂浆配合比 1∶2∶3；F 砂浆配合为 1∶1.7∶2；G 砂浆配合比为 1∶2∶2

从图 2-5 可以看出，水泥砂浆处理后的再生粗骨料的吸水率也是在 10 分钟时达到饱和程度的 50％左右，1 小时时达到饱和程度的 75％以上，并且水泥砂浆预处理后的再生粗骨料的吸水率相对于水泥净浆预处理时要低，效果要好，这是由于砂的加入，填补了水泥水化后的部分孔隙，增加了包裹层的密实度，但砂的加入也会吸收一定量的水分，影响砂浆的流动性，进而影响包裹效果，反而使吸水率增加（如 E 组），也就是说当配合比最佳时（为 1∶2∶2），水泥水化得最充分，包裹得最密实时，再生粗骨料的吸水率最低。因此在用水泥砂浆预处理法处理再生粗骨料时，要最大限度地降低再生粗骨料的吸水率，就要注意控制砂子的相对用量。

（4）小结

① 用无机预处理法来改善再生粗骨料的性能是可行的，处理后的再生粗骨料的吸水率和压碎指标都比未经处理的小，有利于再生粗骨料的循环利用，相同的测试条件下，水泥砂浆预处理法要好于水泥净浆预处理法。

② 采用水泥净浆预处理再生粗骨料时，当水灰比在 0.4～0.5 范围内，随着水灰比的增加，再生粗骨料的压碎指标和吸水率均减小。水泥净浆预处理的最佳组成为水灰比 0.45，涂浆量为 35％，早强剂掺量为 2％。

③ 采用水泥砂浆预处理再生粗骨料时，随着砂浆配合比中砂子相对用量的增加，再生粗骨料的压碎指标和吸水率也增加。水泥砂浆预处理的最佳组成为砂浆配合比 1∶2∶2，涂浆量为 35％；早强剂掺量为 2％。

2.4.2　有机预处理对再生骨料性能影响

传统的化学浆液对再生粗骨料进行预处理的原理是利用特定的化学浆液，通过对再生粗骨料的浸润、干燥与再生粗骨料本身的微细裂纹粘合或与再生粗骨料的某些成分反应的生成物来修复裂纹和填充孔隙以改变再生粗骨料表面的化学组成等途径，从而使再生粗骨料的基本性能得到改善。但是这种预处理方式常用于对城市中再生混凝土骨料的改性处理，对村镇建筑垃圾中的黏土烧结砖制得的再生粗骨料则极少尝试。

本节分别用白乳胶、沥青、脲醛树脂三种有机浆液浸润黏土烧结砖制得的再生粗骨料（其中白乳胶和沥青由于稠度较高，分别添加稀醋酸或信那水稀释），目的是填充密实粗骨料表面及内部的孔隙和微裂纹，降低粗骨料的吸水率和压碎值，从而达到对粗骨料物理增强的效果。

（1）试验原料

再生粗骨料：采用的再生粗骨料来源于沈阳市近郊区建筑物废弃的强度等级为 MU10 的黏土烧结砖，使用的龄期在 20 年左右，经人工破碎、筛分成粒径 5～20mm 的碎砖颗粒。其主要性能指标见表 2-23、表 2-24。

再生粗骨料的基本性能指标　　　　表 2-23

品种	粒径/mm	表观密度/(kg/m³)	堆积密度/(kg/m³)	吸水率/%	压碎指标/%
碎砖	5～20	1680	795	10.3	41.4

再生粗骨料的级配组成表　　　　表 2-24

筛孔尺寸/mm	筛余量/g	分计筛余/%	累计筛余/%
20.0	580	7.7	7.7
10.0	5110	68.1	75.8
5	1650	22	97.8
2.5	160	2.2	100

白乳胶：又名聚醋酸乙烯乳液，一般是以醋酸乙烯为主要原料，过硫酸铵为引发剂，在 80℃左右温度下将醋酸乙烯单体聚合而制得一种乳白色黏稠液体，即聚醋酸乙烯乳液，是一种用途十分广泛的胶粘剂。它能在室温固化，粘接强度高、使用方便，性能优越。本试验采用沈阳市宝斯力粘合剂制造厂生产的宝斯力牌白乳胶，基本性能指标包括：

① 固含量：30～35%；

② 外观：乳白色、均匀细腻、黏稠胶液；

③ 粘度：（mPa.s）≥30000；

④ pH 值：5～7；

⑤ 稳定性：无沉淀分层、腐败现象；

⑥ 最低成膜温度：2.9℃。

沥青：是黑色硬质可塑性物质，是极为复杂的有机物。根据来源不同，有天然沥青、石油沥青（人造沥青）和焦油沥青，不管哪一种沥青都是由石油树脂、沥青质、润滑油、沥青酸酐、沥青酸所组成。

本试验采用公路上普遍应用的石油沥青乳化液，它在常温下是黑色的黏稠液体，主要含有可溶于三氯乙烯的烃类及非烃类衍生物，它所含的挥发成分少，对环境的污染较轻。

脲醛树脂：即尿素与甲醛反应得到的聚合物。又称脲甲醛树脂。加工成型时发生交联，制品为不熔的热固性树脂。固化后的脲醛树脂颜色比酚醛树脂浅，呈半透明状，耐弱酸、弱碱，绝缘性能好，耐磨性极佳。脲醛树脂一般为水溶性树脂，较易固化，价格便宜。

本试验采用 531 脲醛树脂胶，可以在室温下固化。固化后的树脂无毒、无色、耐光性好，表面坚硬，耐刮伤，耐弱酸弱碱及油脂等介质，具有一定的韧性。

水：原材料所用的水为饮用水。主要用于水泥水化，其次用于调节料浆的稠度及制品的性能。

（2）白乳胶预处理技术对再生粗骨料物理力学性能的影响

① 白乳胶掺稀醋酸预处理技术对再生粗骨料物理力学性能的影响

向白乳胶浆液中掺入不同浓度的稀醋酸，配置成黏度较低，流动性较好的浆体。设计稀醋酸掺量与混合浆液浸润粗骨料时间见表 2-25，经白乳胶和稀醋酸浸润预处理后的再生粗骨料基本物理力学性能指标见图 2-6。

稀醋酸掺量与再生粗骨料浸润时间表　　　　　　表 2-25

序号	浆液	稀醋酸掺量（%）	浸润时间（h）
1	白乳胶	2	2
2	白乳胶	2	4
3	白乳胶	2	8
4	白乳胶	4	2
5	白乳胶	4	4
6	白乳胶	4	8
7	白乳胶	6	2
8	白乳胶	6	4
9	白乳胶	6	8

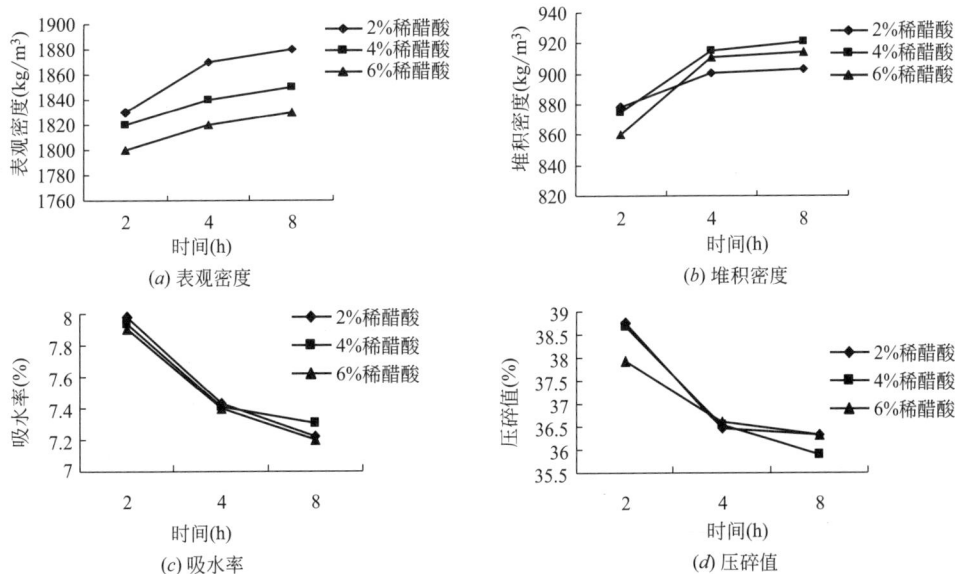

图 2-6　经白乳胶掺稀醋酸预处理后的再生粗骨料性能

从图 2-9 可以看出，对再生粗骨料的表观密度和堆积密度影响明显的因素是稀醋酸掺量。当白乳胶掺入不同浓度的稀醋酸对再生粗骨料进行浸润预处理并在粗骨料的表面固化成膜后，再生粗骨料的表观密度同未经预处理的再生粗骨料相比有一定幅度的降低，掺入稀醋酸浓度越高，降低越明显，这说明白乳胶成膜后包裹在再生粗骨料的表面，增大了粗骨料的体积，因为白乳胶的密度小于粗骨料的密度，从而等于整体降低了单位体积再生粗骨料的质量。随着浸润时间的增长，粗骨料的表观密度和堆积密度均有增大的趋势，这种趋势在浸润 4 小时和 8 小时这一区间并不明显。说明再生粗骨料的浸润时间延长使白乳胶和稀醋酸混合浆液更好地浸渍到骨料表面的孔隙中。然而这种浸渍的深度很有限，在再生骨料浸润 4 小时后，浸渍的深度便增加的很缓慢。

而再生粗骨料的吸水率和压碎指标则相应地随浸润时间增加而降低，从图 2-9 可以看到稀醋酸的掺量对此影响不大。对再生粗骨料吸水率和压碎值影响明显的因素是浸润时间，在浸润时间 2 小时到 4 小时这一区间内，再生粗骨料的吸水率和压碎值降低比 4 小时到 8 小时这一区间明显得多。说明时间的延长有利于白乳胶和稀醋酸混合浆液成膜的厚度更均匀，完整性更高。因为村镇建筑垃圾再生粗骨料的高吸水性和高压碎值是由其本身特性决定的，表面裹膜后吸水率很大程度上取决于薄膜的吸水率和完整程度。因此膜结构的吸水率和强度对再生粗骨料的吸水率和压碎指标有直接影响。

综合以上因素得出白乳胶掺稀醋酸的浸渍预处理对再生粗骨料吸水率改善效果最好的一组试验是白乳胶掺入 6% 稀醋酸，浸润 8 小时，此时再生粗骨料吸水率降至 7.20%；对再生粗骨料压碎值改善效果最好的一组试验是白乳胶掺入 6% 稀醋酸，浸润 4 小时，此时压碎指标降至 35.90%。

② 白乳胶掺信那水预处理技术对再生粗骨料物理力学性能的影响

保持表 2-25 试验设计中的稀释剂掺量和再生粗骨料浸润时间不变，用信那水替代稀醋酸浸润再生粗骨料，经白乳胶和信那水混合浆液浸润预处理后的粗骨料基本物理力学性能见图 2-7。

从图 2-7 可以看出，同白乳胶掺稀醋酸的处理方法相比，白乳胶加信那水稀释的处理方法造成了再生粗骨料的表观密度随浸润时间增加而下降的现象。这是由于信那水的稀释性较强，造成白乳胶的流动性增大，相当一部分分子颗粒能够渗入到再生粗骨料表面比较大的孔隙和微裂纹中去，增大了粗骨料的实际体积，从而降低了骨料的表观密度。堆积密度、吸水率、压碎值的变化趋势同白乳胶掺稀醋酸浸润预处理后的骨料相似。对于再生粗骨料的吸水率而言，掺入 6% 信那水的白乳胶在浸润骨料 8 小时后处理的效果最优，但也只能降低到 7.8%。而稀释剂的掺量对压碎值的变化影响很不明显，在浸润 8 小时后最低能达到 37.12%。

由于白乳胶的黏度较高，掺入信那水减稠效果要优于掺入稀醋酸，使白乳胶的流动性更强。尽管如此，当掺入信那水过多时，会使白乳胶固化成膜的时间延长，又因白乳胶经信那水稀释后成膜的强度较掺稀醋酸为低，从而对骨料的压碎值指标降低效果尚不及掺入稀醋酸的改性效果。因白乳胶自身性质所限，导致其不能完全地浸润到再生粗骨料表面缝隙中，基本上只能在粗骨料表面成膜或只浸渍到很浅的表面裂缝内，达不到密实骨料填充微小裂缝和孔隙的效果。并且风干后形成的外裹薄膜厚度不均匀，韧性不高容易开裂。实践证明利用白乳胶掺信那水处理后再生粗骨料在拌制混凝土的过程中也会有外表皮掉落破

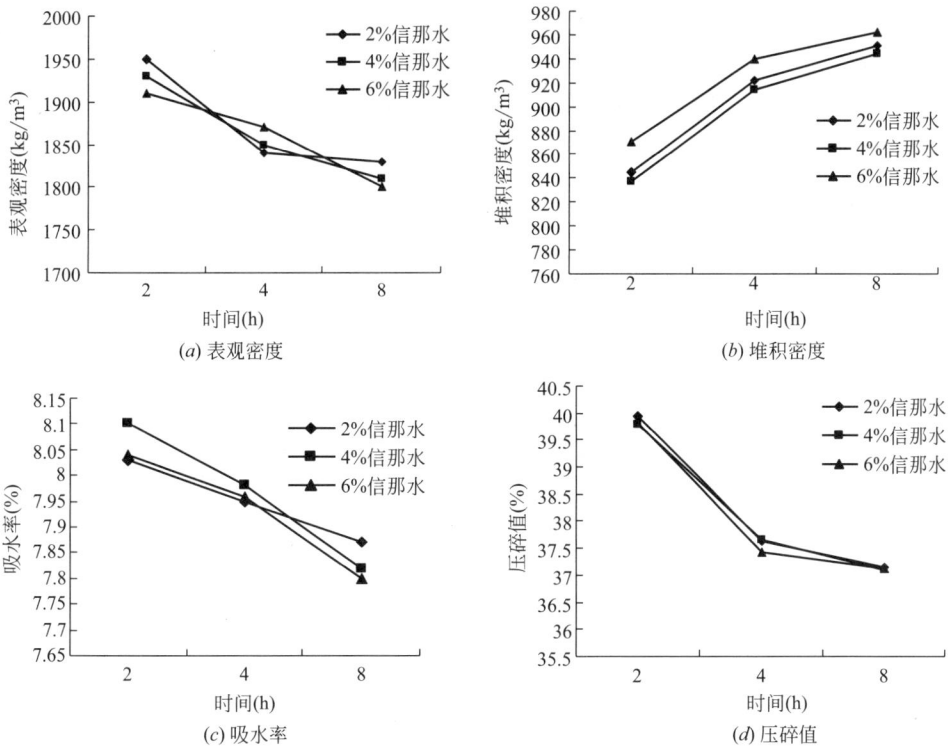

图 2-7　经白乳胶掺信那水预处理后的再生粗骨料性能

损的现象，这样在实际配制再生混凝土的时候，再生粗骨料的吸水率和压碎指标还会比白乳胶浸润预处理的试验效果要高，因此从成膜完整度和对再生骨料吸水率和压碎值的改善意义上讲，处理效果并不十分理想。

（3）沥青预处理技术对再生粗骨料物理力学性能的影响

同白乳胶预处理粗骨料的试验相同，通过改变稀释剂的种类、掺量以及浸润时间进行试验设计，经沥青预处理后的再生粗骨料基本物理力学性能见图 2-8 和图 2-9。

由图 2-8 和图 2-9 可以看出，从预处理后的再生粗骨料的基本性能随浸润时间延长的整体变化趋势来说，用沥青处理同用白乳胶处理的效果相比，从图上反映基本是一致的，但在具体指标上却有了明显的区别，表现在骨料的表观密度和堆积密度均有了一定程度的提高。这也说明了沥青浸润预处理过的再生粗骨料更加密实。这是由于沥青浆液在固化后同再生粗骨料之间的黏附性要优于白乳胶，使其与再生粗骨料的结合比较紧密。

而在吸水率方面，沥青处理后的再生粗骨料性能有了大幅度的提高，当沥青掺入 2% 信那水对再生粗骨料浸润 2 小时后，再生粗骨料的最低吸水率即可以降至 2.03%，已经接近天然骨料的吸水率。

沥青在掺入 2% 信那水对再生粗骨料浸润预处理 8 小时后，再生粗骨料的压碎值可以最低降至 34.10%。由此可见无论是白乳胶还是沥青，这两种有机浆液浸润预处理包裹成膜的方法，都不会从根本上使再生粗骨料的强度接近天然骨料的水平。

这是因为，试验所采用的再生粗骨料来源于村镇建筑垃圾中的废弃黏土烧结砖，黏土砖本身的强度要较混凝土低，加上在破碎筛分过程中产生二次破坏，使再生粗骨料表面的

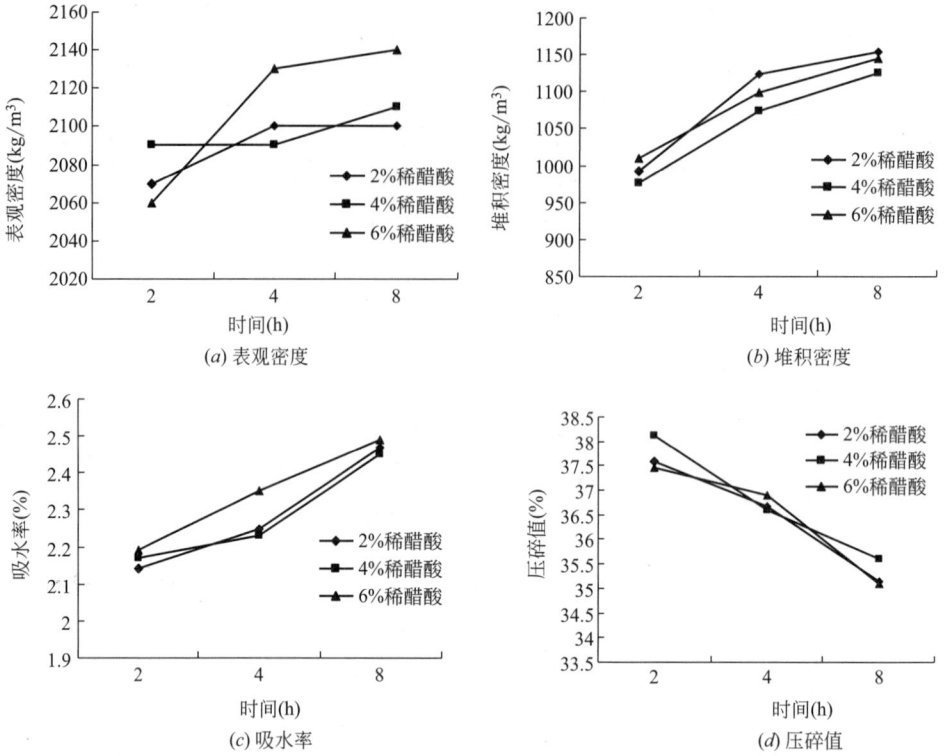

(a) 表观密度

(b) 堆积密度

(c) 吸水率

(d) 压碎值

图 2-8　经沥青掺稀醋酸预处理后的再生粗骨料性能

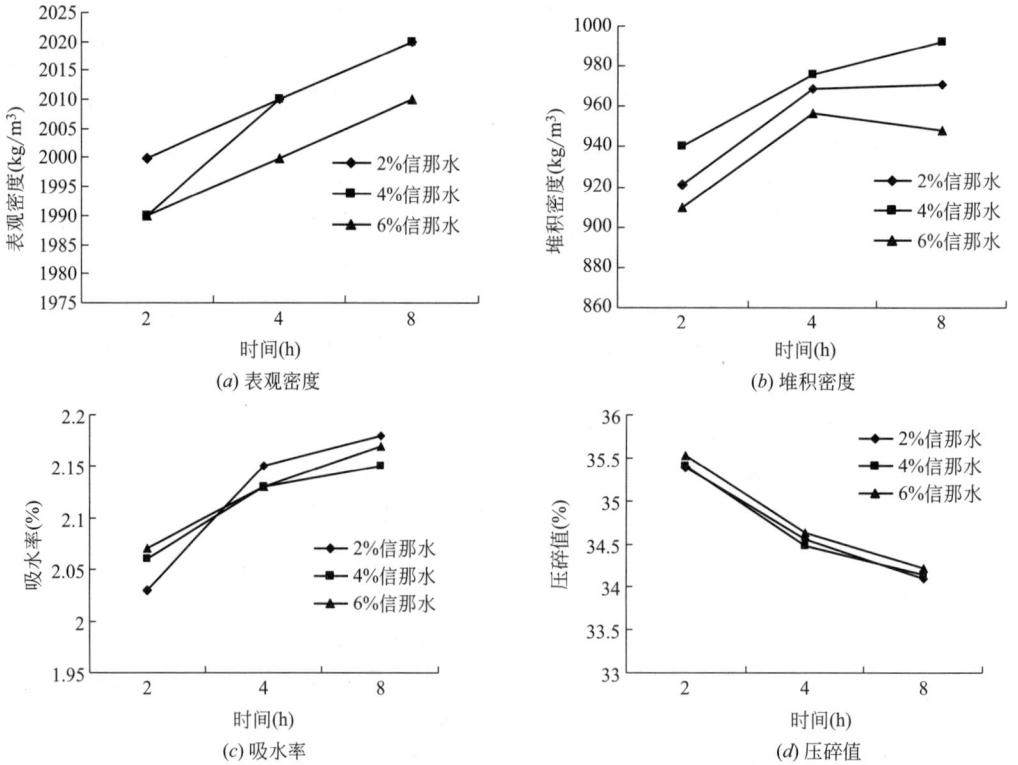

(a) 表观密度

(b) 堆积密度

(c) 吸水率

(d) 压碎值

图 2-9　经沥青掺信那水预处理后的再生粗骨料性能

裂缝和缺陷进一步增多。另外，由于黏土砖使用的年限较长，物理风化等作用使其耐久性较新黏土砖差。有机预处理的方法类似于水泥浆的裹石工艺，但由于预处理后在粗骨料表面固化的有机物薄膜强度远较水泥硬化后的强度低，因此在压碎值的改善上没有非常明显的变化。

（4）脲醛树脂预处理技术对再生粗骨料物理力学性能的影响

尽管用沥青浸润预处理后的再生粗骨料吸水率比较理想，但考虑到沥青所含的挥发性成分对人体和环境都有较强的危害性，而且沥青具有较强的感温性，冬季容易脆裂，夏季容易软化，这对有机预处理过程和后期再生混凝土的力学和耐久性能都会有不利的影响。因此考虑用更方便、污染性更小的树脂类产品替代沥青浆液对再生粗骨料进行浸润预处理试验。

因 531 脲醛树脂本身的流动性好，在室温下即可在较短的时间固化，固化后的膜结构厚度均匀，能和再生粗骨料紧密地结合，且价格较为便宜，因此可以作为一种较为合适的有机浸润预处理材料。经测试，固化后的脲醛树脂耐热性和耐寒性均很好。

脲醛树脂的浸润预处理试验操作简单，固化容易。将再生粗骨料浸泡到脲醛树脂浆液中 30 分钟，并在室温条件下经 24 小时风干后，即可进行骨料性能指标测试，试验结果见表 2-26 所示。

脲醛树脂改性后的再生粗骨料性能测试表　　　　　　　表 2-26

浸润时间/h	表观密度/(kg/m^3)	堆积密度/(kg/m^3)	吸水率/%	压碎值/%
0.5	1850	905	2.63	35.22

从表 2-26 可知，脲醛树脂固化成膜后使再生粗骨料的吸水率有明显降低。这是由于脲醛树脂能够渗透到再生粗骨料表面层的缝隙和微小孔洞中去，产生机械啮合和镶嵌作用，固化后结合牢固，使粗骨料原本粗糙的表面变得润滑。另外，同白乳胶固化后在再生粗骨料表面形成的薄膜相比，脲醛树脂薄膜本身强度更高，同骨料的粘结性好，没有发生像白乳胶成膜后的破损现象。

脲醛树脂的制作是用尿素和甲醛相互作用发生的缩聚过程，制备树脂的原材料易得，生产设备简单，价格低廉，使用性强，使用方便。粘结强度大，耐热性、耐潮湿性好。这些都是对村镇建筑垃圾再生粗骨料有机预处理有利的方面。但脲醛树脂自身也有缺点：生产控制不当时，会含有微量游离甲醛，有刺激性气味溢出。在有机预处理的过程中值得注意。

（5）有机预处理技术中浆液的优选

再生粗骨料被有机浆液包裹后，吸水率有了明显的降低。由于吸水率直接影响着再生混凝土拌合物的和易性，并对后期混凝土的干缩起决定性影响，所以吸水率的降低是评价处理效果的最重要指标。再生粗骨料的压碎指标值是衡量混凝土强度的重要质量特征，也是评价预处理试验对孔结构和微裂纹改善程度的度量。粗骨料的表观密度和堆积密度是判断其是否良好的次要标准，一般来说，密度越小的骨料大多是多孔轻质的、吸水性大、质量差、强度弱并且是不稳定的，但这种趋势并不是绝对的，因此粗骨料的密度可以作为评价的参考指标。

以吸水率为考量的首选因素从白乳胶、沥青和脲醛树脂的预处理试验中挑选出最低吸水率所在组的数据（其中白乳胶掺6％稀醋酸，浸润8小时；沥青掺2％信那水，浸润2小时），并将其同未改性前的再生粗骨料基本性能指标比较，结果如图2-10所示（将再生粗骨料性能的各项数据标定为1，经浸润预处理过的骨料性能指标分别与之对应，取比值为纵轴）。

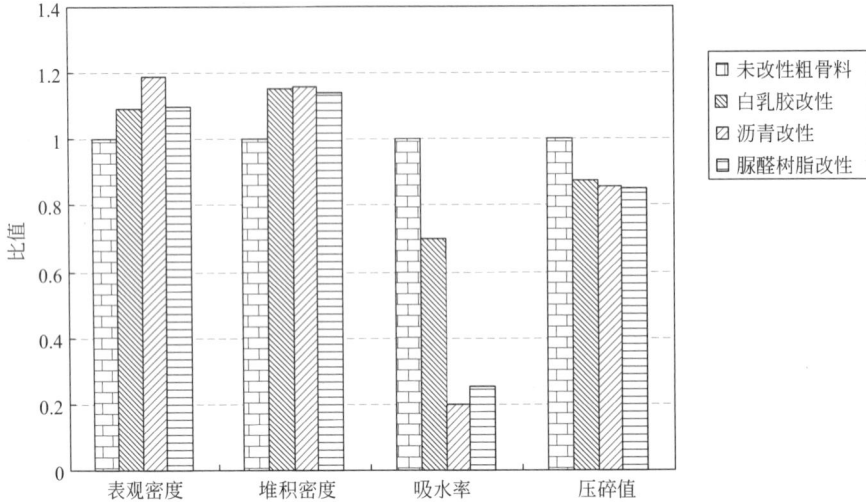

图2-10　三种有机浆液预处理对再生粗骨料改性效果比较

从图2-10可以直观地看出通过有机浸润预处理的办法，再生粗骨料的各项基本物理力学性能都有了不同程度的改变。说明通过预先对再生粗骨料浸润处理来提高其基本力学性能是可行的。在表观密度、堆积密度和压碎值这些指标上，三种有机浆液的浸润预处理均对再生粗骨料有一定程度的改善，但相互间差距不大。而在吸水率这一重要指标上通过沥青掺稀释剂和脲醛树脂浸润改性的处理效果要比用白乳胶好得多。尽管如此，三种有机物浸润预处理方式对再生粗骨料的强度改善有限，这也是三种有机浆液预处理后的再生粗骨料的压碎值指标比较接近的原因。

通过三种浆液对再生粗骨料预处理效果的综合比较，可知脲醛树脂浆液浸润预处理方法具有试验操作方便、固化成膜完整性好、处理后的再生粗骨料密实度高、吸水率和压碎指标较低的优点。可以作为配制再生混凝土的再生粗骨料有机预处理手段。

（6）小结

① 用有机预处理技术实现对村镇建筑垃圾再生粗骨料的改性是可行的，有机预处理技术能使有机浆液填充再生粗骨料表面的孔隙和微裂纹、减小粗骨料的孔隙率和孔隙中的含气量，使粗骨料表面变得致密。

② 有机预处理技术改性后的再生粗骨料压碎指标较未改性的再生粗骨料有一定程度的降低，最多降低17.63％；吸水率改善明显，最多降低至2.03％，接近天然骨料水平。从改性后再生粗骨料的力学性能、成膜完整度及预处理技术的简易性等方面综合评价三种有机预处理浆液处理效果为脲醛树脂最优，沥青次之，白乳胶较差。

2.5　再生骨料的强化机理

与国外相比，我国的再生骨料制备技术普遍相对简单、工艺落后，导致再生骨料品质较低、性能波动较大，再生混凝土品质很难保证，再生骨料主要用于强度较低的混凝土制品，限制了再生混凝土的大规模推广应用。传统的骨料制备方法是利用破碎机等机械设备对石料进行破碎和筛分处理。我国很多建筑垃圾资源化利用企业还沿用这种生产工艺制备再生骨料。但是由于村镇建筑垃圾的特殊性，沿用这种传统方法制备的再生骨料（以下简称简单破碎骨料）性能较差，很难用于结构工程。

（1）村镇建筑垃圾主要成分为废弃黏土砖，直接再生利用难度大：我国村镇建筑垃圾以红砖为主，其本身具有的缺陷在破碎过程中会被放大，直接破碎利用，无法满足再生骨料的基本要求，尤其是和混凝土的粘结性问题很难得到解决，因此需要对其进行强化处理。

（2）简单破碎再生骨料性能差：简单破碎再生骨料棱角多、表面粗糙，表面含有硬化水泥砂浆等，再加上在破碎过程中因损伤累积在内部造成大量微裂纹，导致再生骨料的孔隙率大、吸水率大、堆积密度小、堆积空隙率大和压碎指标值高。由于骨料与硬化水泥砂浆粘结界面是再生骨料中的最薄弱环节，因此再生骨料表面含有的硬化水泥砂浆数量对再生骨料品质影响显著。

（3）简单破碎再生骨料品质波动大：简单破碎再生骨料性能与废弃砖、砌块及混凝土的强度等级密切相关。通常不同建筑物或同一建筑物的不同部位所用材料种类和强度等级不同、如废弃混凝土来源复杂性和品质波动性，这样会导致简单破碎再生骨料产品品质的离散性较大，不利于用其制备产品的推广应用。

（4）再生混凝土性能差：利用简单破碎再生骨料制备的再生混凝土用水量较大、强度低、弹性模量低，而且抗渗性、抗冻性、抗碳化能力、收缩、徐变和抗氯离子渗透性等耐久性能均低于普通混凝土。

为了提高再生混凝土的性能，需对简单破碎获得的低品质再生骨料进行强化处理。国内外的学者已经对再生骨料的强化技术进行了大量研究，采用的方法可以归纳总结为物理强化方法和化学强化方法两大类。

2.5.1　物理强化方法

物理强化方法是再生骨料强化处理最常用的方法，该方法简单实用，与其他方法相比成本较低，容易实现。该方法主要是指再生骨料的机械强化，其机理在于破坏弱的再生碎石颗粒或除去黏附于再生碎石上的残留砂浆。目前该方法主要包括立式偏心轮高速研磨法、卧式强制研磨法、加热研磨法以及颗粒整形强化法等。

（1）磨机研磨法

磨机研磨法就是利用球磨机或棒磨机对初步破碎的混凝土块（粒径 5～40mm）进行研磨，以有效除掉骨料上面附着的硬化水泥石的一种生产高品质再生骨料的方法。通常球磨法可进行干式处理和湿式处理，而棒磨法多为湿式处理。以球磨机为例，工作原理如图 2-11 所示。本装置设置多个隔板，隔板之间放入钢球，通过钢球与物料以及物料之间相互作用，除去附在骨料表面的水泥浆体，从而提高再生骨料的性能。

（2）立式偏心装置研磨法

由日本竹中工务店研制开发的立式偏心装置研磨法所用设备如图 2-12 所示。该设备主要由外部筒壁、内部的高速旋转的偏心轮和驱动装置所组成。预破碎好的物料进入到内

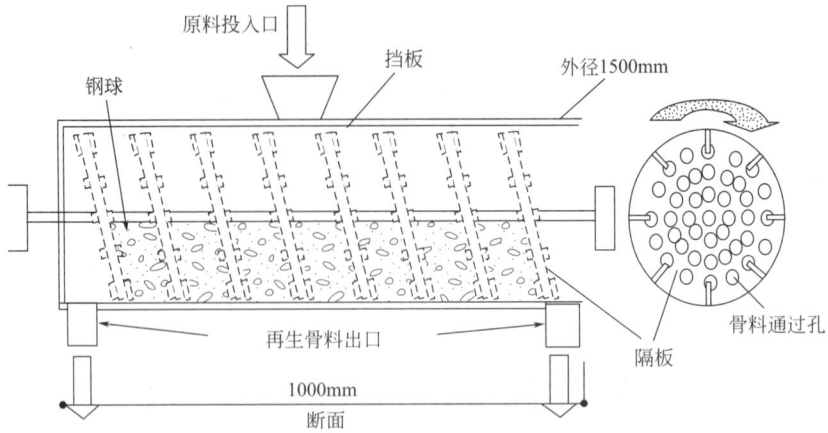

图 2-11 球磨研磨法的构造原理

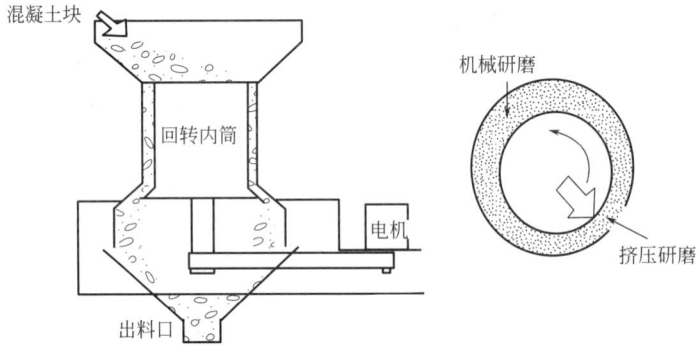

图 2-12 立式偏心装置研磨设备示意图

外装置间的空腔后，受到高速旋转的偏心轮的研磨作用，使得黏附在骨料表面的水泥浆体被磨掉。由于颗粒间的相互作用，骨料上较为突出的棱角也会被磨掉，从而使再生骨料的性能得以提高。

（3）卧式回转研磨法

由日本水泥株式会社研制开发的卧式强制研磨设备内部构造见图 2-13。该设备十分类似于倾抖布置的螺旋输送机，只是将螺旋叶片改造成带有研磨块的螺旋带，在机壳内壁上也布置着大量的耐磨衬板，并且在螺旋带的顶端装有与螺旋带相反转向的锥形体，以增加对物料的研磨作用。进入设备内部的预破碎物料，由于受到研磨块、衬板以及物料之间的相互作用而被强化。

（4）加热研磨法

日本三菱公司研制开发的加热研磨法的工作原理工艺流程见图 2-14 和图 2-15。初步破碎后的混凝土块经过 300℃～400℃加热处理，使水泥石脱水、脆化，而后在磨机内对其进行冲击和研磨处理，实现有效除去再生骨料中的水泥石残余物。

（5）颗粒整形强化法

由于上述物理强化方法存在较多缺点，比如工艺复杂、设备庞大、动力消耗大、设备磨损大，因此难以得到广泛的推广应用。所以在此基础上，学者提出了颗粒整形强化法来

图 2-13　卧式强制研磨设备内部构造

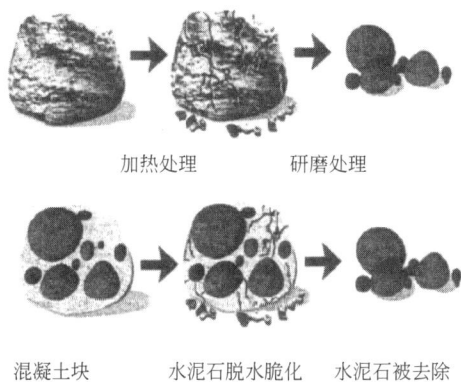

图 2-14　加热研磨法的技术原理

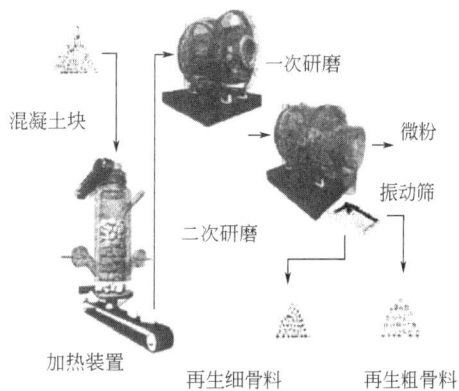

图 2-15　再生骨料的制造工艺流程

弥补这一不足。由于再生骨料强度较低，表面存在大量微裂纹和空隙，棱角效应明显，导致再生混凝土硬化后弹性模量较低，干燥收缩变形较大，因此该方法的主要目的在于改善骨料粒形，使尖角变成圆角并除去再生骨料表面所附着的硬化水泥石，从而提高骨料的性能。因而该方法主要是通过颗粒整形来实现，其机理在于，通过再生骨料高速自击与摩擦的原理及方法，去除附着在再生骨料表面的水泥砂浆或水泥石，磨损骨料颗粒上较为突出的棱角，使颗粒形状趋于球形，随着表面水泥砂浆和棱角的进一步去除而减少再生骨料表面的微裂纹等目的，最终使其成为较为洁净光圆的再生骨料。该方法也是目前国内再生骨料强化工艺的主要方法，围绕该方法设计的处理系统主要包括主机系统、除尘系统、电控系统、润滑系统和压力密封系统。

　　颗粒整形强化法的工作原理如图 2-16 所示。再生骨料由上端进料口加入，被分成两股料流，一部分骨料进入叶轮内腔，被高速抛射出，最大时速可达 100m/s，另一部分沿叶轮四周落下，并与叶轮抛射出的物料碰撞。高速旋转飞盘抛出的骨料在离心力的作用下填充死角，形成永久性骨料曲面，该曲面不仅保护腔体免受磨损，还能增加骨料间摩擦与碰撞的机率，碰撞后的骨料沿曲面下返，直至最后沿下腔体流出，骨料由此经过多次碰撞和摩擦而得到粉碎和整形。同时，在工作中，高速骨料很少与机体接触，也提高了设备的使用寿命。

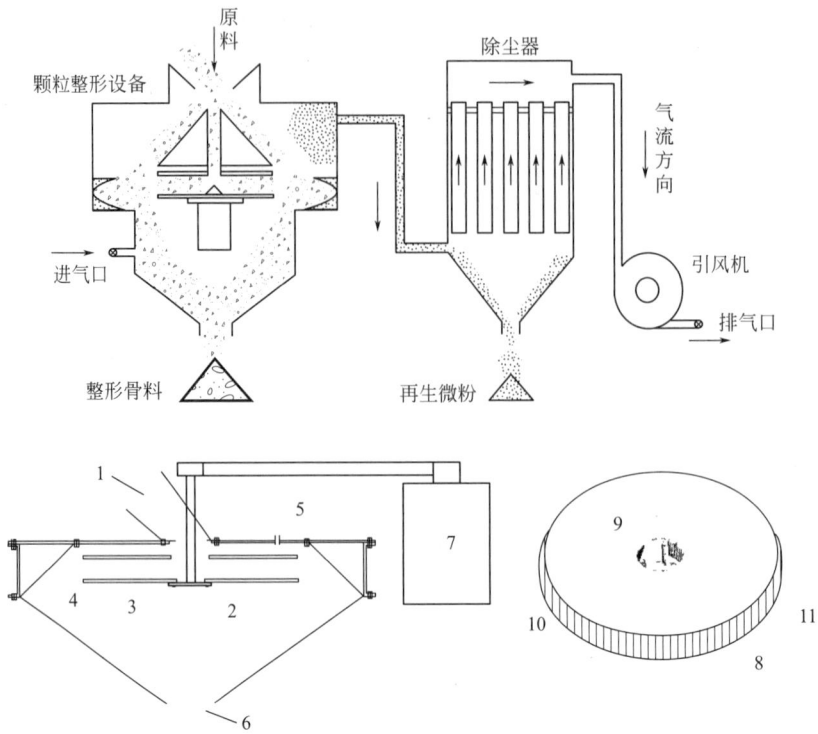

图 2-16 整形机及甩料盘构造示意图

1—进料口；2—传动轴；3—甩料盘；4—机体耐磨衬板；5—除尘口；6—出料口；

7—电机；8—上下盘面；9—侧向挡板；10—内侧耐磨衬板；11—外侧耐磨衬板

颗粒整形设备性能的特点：所加工的骨料颗粒表面较为光滑，粒形好（针状和片状颗粒含量少），提高了骨料的堆积密度；产量大，易损件及动力消耗低；设备体积小、操作简便，安装和维修方便，运转平稳，噪音低。

2.5.2 化学强化方法

化学强化方法一般是用化学浆液对再生骨料进行浸泡处理，通过改变骨料的表面活性来提高骨料的品质。该方法的主要机理是：利用化学浆液与泥浆的水化离子发生反应，使原有意义上的界面弱区强化，或原有过渡区孔隙、晶像梯度分布现象变缓或消失，又在骨料表面起伏粗糙区内形成骨料与水泥浆体的梯度分布，进而达到应力缓解的目的。目前广泛应用的有酸液浸渍处理法、水玻璃溶液强化法、水泥浆液处理法以及聚合物乳液强化法等。与上述物理强化方法相比较，化学强化方法对再生骨料的改性效果更为明显，而且不同的方法对某一特性的影响也有区别。

（1）浸渍处理法

浸渍处理法主要是利用特定的化学浆液，通过将再生骨料本身的微细裂纹黏合、与再生骨料中某些成分反应的生成物来修复裂纹和填充孔隙以及改变再生骨料表面的化学组成等途径，从而使再生骨料的性能得到改善。

（2）酸液浸渍强化法

将再生骨料置于酸液如冰醋酸、盐酸溶液中，利用酸液与再生骨料中的水泥水化产物 $Ca(OH)_2$ 反应，生成 $CaCO_3$ 起到破坏和改善再生骨料颗粒表面的作用，从而改善再生骨料的性能。经盐酸处理的再生骨料表面出现凹凸不平，孔隙率增大的现象，说明盐酸能有效破坏再生骨料表面，达到了改性目的。

（3）水玻璃溶液强化法

水玻璃溶液强化法的机理是，用液体水玻璃溶液浸渍再生骨料，利用水玻璃与再生骨料表面的水泥水化产物 $Ca(OH)_2$ 反应生成的硅酸钙胶体能填充再生骨料孔隙，使再生骨料的密实度有所改善。当用水玻璃溶液对再生骨料进行浸泡时，水玻璃硬化时析出了硅酸凝胶，同时水玻璃与原混凝土中的水泥的水化产物 $Ca(OH)_2$ 反应生成水硬性硅酸胶体，他们堵塞再生骨料的毛细孔、黏合微细裂纹并填充其孔隙，使得再生骨料的密实度和强度得到提高，从而改善了再生混凝土的力学性能。其中，水玻璃与水泥的化学反应方程式如下所示：

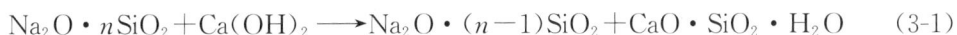

$$Na_2O \cdot nSiO_2 + Ca(OH)_2 \longrightarrow Na_2O \cdot (n-1)SiO_2 + CaO \cdot SiO_2 \cdot H_2O \qquad (3-1)$$

（4）水泥浆液强化法

水泥浆强化法一般是采用较高强度等级的水泥和水按一定比例调成素水泥浆液，将再生骨料浸泡在其中或者淋洒于表面，使水泥浆液渗入再生骨料较大的空隙中，达到填充裂缝的效果。为了改善水泥浆液的性能，常向其中掺入适量的其他物质如超细矿物质（粉煤灰、硅灰等）、防水剂（$FeCl_3$ 防水剂、硅质防水剂）或硫铝酸钙类膨胀剂，利用浆液对再生骨料浸泡、干燥等处理，以填充再生骨料的孔隙结构，修补裂纹与微细裂纹，改善其表面性质，增强颗粒内聚力等来提高再生骨料质量。目前主要有以下几种方法：

1）纯水泥浆。主要作用是渗入并填充其孔隙或者骨料中的某些成分反应的生物填充孔隙，或黏合再生骨料自身的裂纹以及微细裂纹。

2）水泥外掺 Kim 粉混合浆液。Kim 粉是一种高效的抗渗防水剂，它具有渗入混凝土内一定深度的能力，其与水凝的混合浆液能渗入再生骨料的内部，充分充填再生骨料的孔隙，黏合再生骨料自身的裂纹以及微细裂纹。

3）水泥外掺Ⅰ级粉煤灰。除去填充水泥颗粒间孔隙外，还能与原水泥水化生成的 $Ca(OH)_2$ 发生反应，增强粘结力，改善再生骨料孔隙结构，解决再生破碎过程中骨料本身因受力后存在一些微裂纹而导致骨料强度低的问题，从而提高再生骨料的性能。

本章中介绍的刘军团队对废弃黏土砖的无机预处理方式就是利用水泥净浆和水泥砂浆来改善再生骨料的性能，进而达到骨料强化的目的。

对水泥净浆和废弃黏土砖的界面过渡区进行了扫描电镜试验，其试验结果见图 2-17。

从图 2-17 的对比可以看出，在水泥净浆预处理的再生粗骨料界面过渡区内，水泥和砖的颗粒形状并没有发生改变，也就是说砖与水泥并不发生反应，只是水泥浆紧紧地包裹在砖的表面，虽然有一些水泥粒子进入到砖的缝隙中，但仍是水泥水化的产物——钙矾石。

对水泥砂浆和废弃黏土砖的界面过渡区进行了扫描电镜试验，其试验结果见图 2-18。

从图 2-18 的水泥砂浆预处理的再生粗骨料界面过渡区的电镜照片同样可以看出，水泥砂浆不与黏土砖反应，但就是有了这一层水泥砂浆的包裹使比较脆弱的废弃黏土砖有了一层坚硬的外衣，把黏土砖本身的孔隙和破碎时留有的微裂纹都包裹起来，大大降低了吸

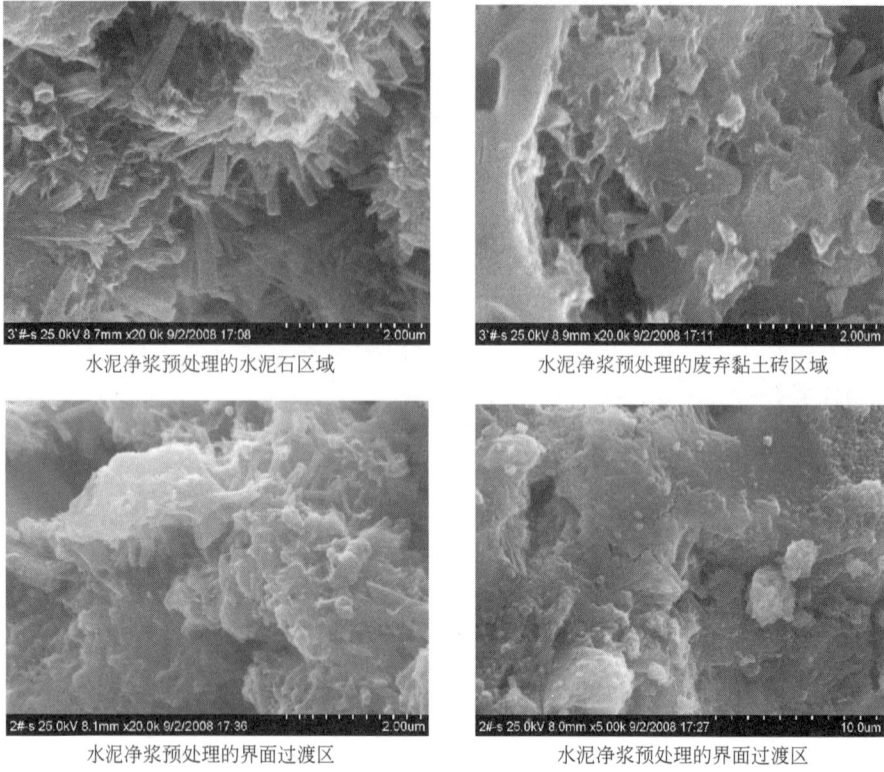

水泥净浆预处理的水泥石区域

水泥净浆预处理的废弃黏土砖区域

水泥净浆预处理的界面过渡区

水泥净浆预处理的界面过渡区

图 2-17　水泥净浆预处理废弃黏土砖 SEM 照片

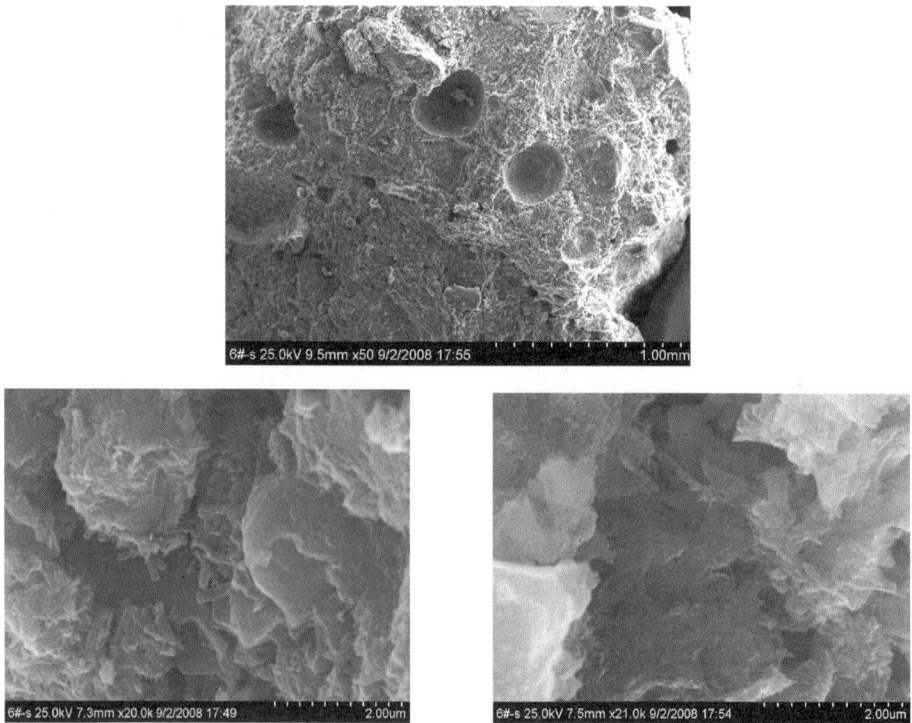

图 2-18　水泥砂浆预处理的界面过渡区

水率和压碎指标。因此水泥砂浆预处理法有效地改善了再生粗骨料的基本性能。

（5）聚合物乳液强化法

由于有机聚合物乳液具有良好的黏附性并可以在较快的时间内固化成型，将骨料浸渍其中，能够在填充骨料裂缝和微细孔的同时在再生骨料表面形成一层致密的薄膜，从而克服骨料吸水率大的缺点。目前已用到的聚合物乳液主要有 SBR、EVA、PAE 乳液等。经研究证实：以聚合物乳液浸渍再生细骨料，对细骨料进行改性处理。以改性后的再生细骨料制作砂浆试块，试块的抗弯强度能得到明显提高；试块的抗弯、抗压强度比亦显著提高，达到或超过普通砂浆的抗弯、抗压强度比。

2.5.3　湿处理强化法

再生骨料的回收与加工过程中，一般采用干处理方法，即直接对自然状态下的再生骨料进行破碎、筛分处理，该法具有工艺简单、造价低廉等特点。但是干处理法有时不能够有效分离废弃混凝土块中的杂质，当废弃混凝土中含有的杂质较多时，利用干处理法得到的再生骨料品质较差，仅能用于路面用混凝土的配制，因而采用干处理法往往只能实现低效的废弃混凝土回收利用。与之相对应的是湿处理方法。即在骨料回收与强化过程中对其进行水洗与干燥，这种方法除了能除去泥块、旧砂浆等杂质，还能改善再生骨料的表面特性。

参考文献

[1] 苗永刚，王金鑫，石运中.再生骨料改性试验研究 [J].江苏建材，2014 (2)：28-30.
[2] 张娟，刘杰胜，夏琳，等.有机硅防水剂改性水泥砂浆的性能研究 [J].中国建筑防水，2014 (12)：27-29.
[3] 邹毅松，徐亦冬，王银辉.高性能再生骨料混凝土的物理力学性能及耐久性 [J].沈阳工业大学学报，2014，36 (4)：459-463.
[4] 杜婷.高性能再生骨料混凝土的基本性能试验研究 [J].武汉理工大学学报，2006，28 (8)：34-38.
[5] 刘数华.高性能再生骨料混凝土试验研究 [J].沈阳建筑大学学报（自然科学版），2009，25 (2)：262-266.
[6] 何世钦，朱忠锋，李贺，等.建筑废弃混凝土再生利用新技术的试验研究 [J].混凝土，2013 (2)：121-123.
[7] 胡延燕，何廷树，李家辉.改性有机硅防水剂对混凝土耐久性的影响 [J].四川建筑科学研究，2010，36 (3)：214-216.
[8] 杜婷，李惠强，吴贤国.混凝土再生骨料强化试验研究 [J].新型建筑材料，2002 (3)：6-8.
[9] 水中和，玄东兴，曹蓓蓓.热-机械力分离制备高品质再生骨料的研究 [J].混凝土，2006 (12)：60-62.
[10] 杨海涛，田石柱.高强再生骨料混凝土的配制及性能研究 [J].功能材料，2013，44 (17)：2524-2527.
[11] 陈建良，倪竹萍.强化处理改善再生骨料混凝土性能试验 [J].低温建筑技术，2011，33 (2)：14-16.
[12] 王玲玲，陈彦文，潘文浩，等.湿处理工艺对再生混凝土物理力学性能影响研究 [J].混凝土，2012 (12)：24-26.

［13］卢旸. 聚合物对再生骨料及再生混凝土的改性［J］. 商品混凝土，2007，3：13.

［14］梁乃兴，曹源文，姚红云.聚合物改性水泥混凝土路用性能研究［J］.公路交通科技，2005，22（03）：24-26＋30.

［15］杜婷，李惠强.强化再生骨料混凝土的力学性能研究［J］.混凝土与水泥制品，2003（2）：19-20.

［16］肖建庄.再生混凝土［M］.中国建筑工业出版社，2008.

［17］崔正龙.关于再生骨料混凝土干燥收缩裂缝的试验研究［J］.四川大学学报：工程科学版，2010.

［18］李欣，尹健.再生骨料混凝土在路面修补中的应用［J］.中外公路，2006，26（6）：192-195.

［19］刘朝晖，张允宝.道路再生骨料混凝土试验［J］.长沙理工大学学报（自然科学版），2006，3（4）：8-13.

［20］刘朝晖，李文科，李九苏.道路再生骨料混凝土力学性能试验研究［C］//中国公路学会道路工程分会学术交流会.2008.

［21］曹永占，李盛.道路再生骨料混凝土配合比设计［J］.中外公路，2010，30（5）：273-277.

［22］朱建民，刘官.再生混凝土路面的施工技术［J］.中外公路，1989（5）：48-48.

［23］汉，托C.利用再生混凝土骨料和粉煤灰生产无水泥混凝土［J］.华北水利水电学院学报，1991（1）：64-65.

［24］薄遵彦.再生混凝土的可利用性［J］.混凝土，1993（3）：43-44.

［25］李柳林.如何减少再生混凝土的开裂［J］.市政工程国外动态，1997（2）：12-14.

［26］邢振贤，周曰农.再生混凝土的基本性能研究［J］.华北水利水电学院学报，1998（2）：30-32.

［27］李秋义，李云霞，朱崇绩，等.再生混凝土骨料强化技术研究［J］.混凝土，2006（01）：75-78.

［28］李秋义，李云霞，朱崇绩.颗粒整形对再生细骨料性能的影响［J］.新型建筑材料，2006（1）：17-19.

［29］曹万林，武海鹏，王立长，等.不同加载方向下五边形截面钢管混凝土巨型柱抗震性能试验研究［J］.建筑结构学报，2014，35（1）：69-76.

［30］曹万林，张勇波，董宏英，等.再生混凝土结构抗震性能研究进展与评述［J］.地震工程与工程振动，2013，04（6）：063-73.

第3章 村镇建筑垃圾再生混凝土

3.1 再生混凝土定义

利用村镇建筑垃圾作为再生骨料生产的混凝土称为村镇建筑垃圾再生混凝土，其与普通再生混凝土的差别主要在于制备再生混凝土的骨料是以村镇建筑垃圾—废弃黏土砖作为主要成分，所以通常需要预处理（参见本书第2章），除此之外其他的组成材料和制备工艺等均和普通混凝土的相同。

3.2 再生混凝土的配合比设计

3.2.1 试验原材料

通过上一章无机预处理方式试验结果对比表明，水泥砂浆预处理再生粗骨料的效果要优于水泥净浆的预处理效果，因此本节介绍的再生粗骨料是经过水泥砂浆预处理后的，预处理的水泥砂浆配合比为1：2：2，采用一次涂浆法，加入0.5%减水剂和2%的早强剂，处理后的再生粗骨料与天然骨料的基本性能见表3-1。

粗骨料的基本性能 表3-1

骨料类型	粒径范围（mm）	表观密度（kg·m^{-3}）	堆积密度（kg·m^{-3}）	吸水率（%）	压碎指标（%）
天然骨料	5～31.5	2781	1412	1.05	7.13
再生骨料	5～31.5	2411	1346	4.57	16.2

有机预处理方式中采用白乳胶、沥青、脲醛树脂三种有机浆液对再生粗骨料分别进行浸润预处理，从预处理后再生粗骨料的力学性能及处理方法的简易性、经济性等方面综合比较了三种有机浆液对再生粗骨料预处理的效果发现脲醛树脂固化成膜的速度快、完整度高、耐磨性强，且相对便宜，使其对再生粗骨料的预处理效果优于白乳胶和沥青，所以本章选用脲醛树脂有机浆液预处理后的再生骨料进行再生混凝土配置。

3.2.2 混凝土配合比

有机预处理再生混凝土试样共选用5组，采用相同的水灰比，其中A组再生混凝土的再生粗骨料替代率为0，即普通混凝土，按C30设计。由于再生粗骨料替代率变化范围较小时，再生混凝土的基本性能变化不大，因此试验选取再生粗骨料替代率的梯度为25%。再生粗骨料是经过水泥砂浆预处理后的，由于再生粗骨料的吸水率较大，因此在配制再生混凝土之前对再生粗骨料进行了预湿，各组再生混凝土的坍落度均能达到 30～50mm 的设计要求。各组混凝土配合比见表 3-2。

混凝土配合比　　　　　　　　　　　　　　　表 3-2

编号	替代率（%）	单位体积材料用量(kg·m⁻³)				
		水泥	砂	碎石	再生骨料	水
A	0	440	730	1095	0	185
B	25	440	730	821	274	185
C	50	440	730	547.5	547.5	185
D	75	440	730	274	821	185
E	100	440	730	0	1095	185

选用脲醛树脂对再生粗骨料进行预处理后，需要通过正交试验设计，分析水灰比、水泥、砂率、粉煤灰掺量等因素对再生混凝土强度的影响，确定再生粗骨料的合理替代率范围和不同替代率下再生混凝土的最优配合比，因此会在 4.4 节中有机预处理技术对再生混凝土力学性能影响中再一起做详细介绍。

3.3　混凝土的力学性能

3.3.1　无机预处理技术对再生混凝土力学性能的影响

（1）再生粗骨料替代率对再生混凝土的抗压强度影响

对表 3-2 中 A～E 的 5 组混凝土进行 3 天、7 天和 28 天的立方体抗压强度试验，其试验结果见图 3-1。

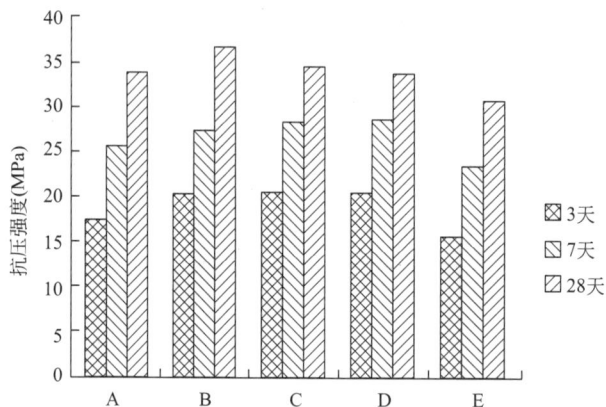

图 3-1　再生混凝土抗压强度与再生粗骨料替代率的关系

从图 3-1 可以看出再生粗骨料的替代率对混凝土的强度影响较大，当替代率小于 75% 时，再生混凝土的抗压强度高于普通混凝土，随着再生粗骨料替代率的增加，再生混凝土的早期抗压强度也随之增大，但再生混凝土的 28 天抗压强度却随着再生粗骨料替代率的增加而下降。当替代率达到 100％时，再生混凝土的抗压强度低于普通混凝土。这是因为再生粗骨料经过水泥砂浆预处理后，原有的孔隙和裂缝减少，预处理再生粗骨料的水泥砂浆为新拌砂浆，早期强度发展较快，它与混凝土中的水泥有良好的界面粘结性，减少了应力集中，所以再生粗骨料替代率小于 75％的再生混凝土抗压强度较高，但由于再生粗骨料本身的吸水率较大，强度低，当替代率达到 100％时，再生混凝土的抗压强度降低。

（2）再生粗骨料替代率对再生混凝土的劈裂抗拉强度影响

同样对 A～E 的 5 组混凝土进行 3 天、7 天和 28 天的劈裂抗拉强度试验，其试验结果见图 3-2。

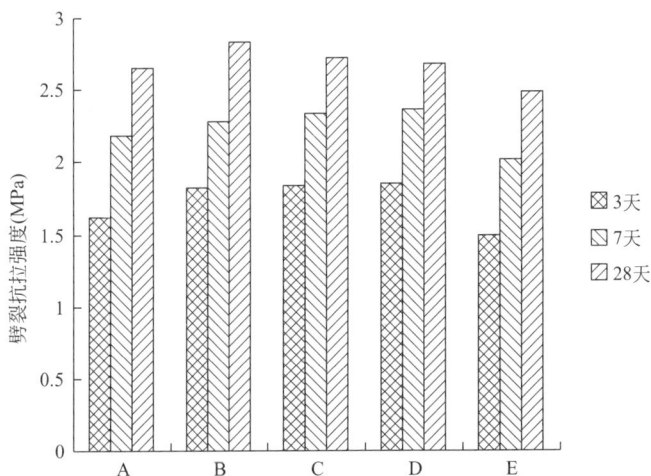

图 3-2　再生混凝土劈裂抗拉强度与再生粗骨料替代率的关系

从图 3-2 可以看出，再生粗骨料替代率对再生混凝土的劈裂抗拉强度影响与其对抗压强度影响效果相近，当再生粗骨料替代率小于 75％时，再生混凝土的劈裂抗拉强度高于普通混凝土，随着再生粗骨料替代率的增加，再生混凝土早期劈裂抗拉强度也随着增加，3d 的劈裂抗拉强度数值相差不大，7d 的效果比较明显，而再生混凝土 28d 的劈裂抗拉强度随着再生粗骨料替代率的增加而下降；当替代率达到 100％时，再生混凝土的劈裂抗拉强度低于普通混凝土。

3.3.2　有机预处理技术对再生混凝土性能的影响

（1）有机预处理技术对再生混凝土抗压强度的影响

选取有机预处理方式中的最优预处理方案脲醛树脂浆液浸润再生粗骨料，经脲醛树脂浸润预处理改性后的粗骨料分别以 30％、50％和 100％的替代率替代天然骨料配制混凝土，制得的再生混凝土与天然骨料配制的混凝土进行性能比较。运用极差分析法来分析各因素对再生混凝土抗压强度的影响，并通过计算将各因素和水平对试验结果指标的影响大小用图表加以表示，以确定最优试验方案。

① 再生粗骨料 30％替代率再生混凝土的抗压强度

经脲醛树脂有机浸润预处理后的再生粗骨料 30％替代天然骨料得到的再生混凝土的抗压强度极差分析见表 3-3。

再生粗骨料 30％替代率制备的混凝土抗压强度极差分析表　　表 3-3

试验编号	正交组合	因素				抗压强度（MPa）
		用水量 $W/$（kg/m³）	水灰比 W/C	砂率 $S_p/\%$	粉煤灰 $F/\%$	标准养护
1	$A_1B_1C_1D_1$	230(1)	0.40(1)	34(1)	15(1)	32.2
2	$A_1B_2C_2D_2$	230(1)	0.45(2)	36(2)	20(2)	29.0
3	$A_1B_3C_3D_3$	230(1)	0.50(3)	38(3)	25(3)	22.5
4	$A_2B_1C_2D_3$	220(2)	0.40(1)	36(2)	25(3)	28.0
5	$A_2B_2C_3D_1$	220(2)	0.45(2)	38(3)	15(1)	22.7
6	$A_2B_3C_1D_2$	220(2)	0.50(3)	34(1)	20(2)	19.8
7	$A_3B_1C_3D_2$	210(3)	0.40(1)	38(3)	20(2)	24.8
8	$A_3B_2C_1D_3$	210(3)	0.45(2)	34(1)	25(3)	21.1
9	$A_3B_3C_2D_1$	210(3)	0.50(3)	36(2)	15(1)	19.5
	均值 1	27.9	28.3	24.4	24.8	
	均值 2	23.5	24.3	25.5	24.5	
	均值 3	21.8	20.6	23.3	23.9	
	极差	6.1	7.7	2.2	0.9	

　　从表 3-3 的试验结果可知，因素 B 的极差最大，其次是 A 和 C，而 D 的极差最小。根据极差的顺序可知各因素的主次顺序，即 B＞A＞C＞D。故水灰比是影响抗压强度的主要因素，用水量和砂率是重要因素，而粉煤灰掺量的影响较小是次要因素。

　　现在以每个因素的三个水平代表的实际状态为横坐标，以与这三个水平值相对应的平均抗压强度为纵坐标做曲线图，如图 3-3 所示。

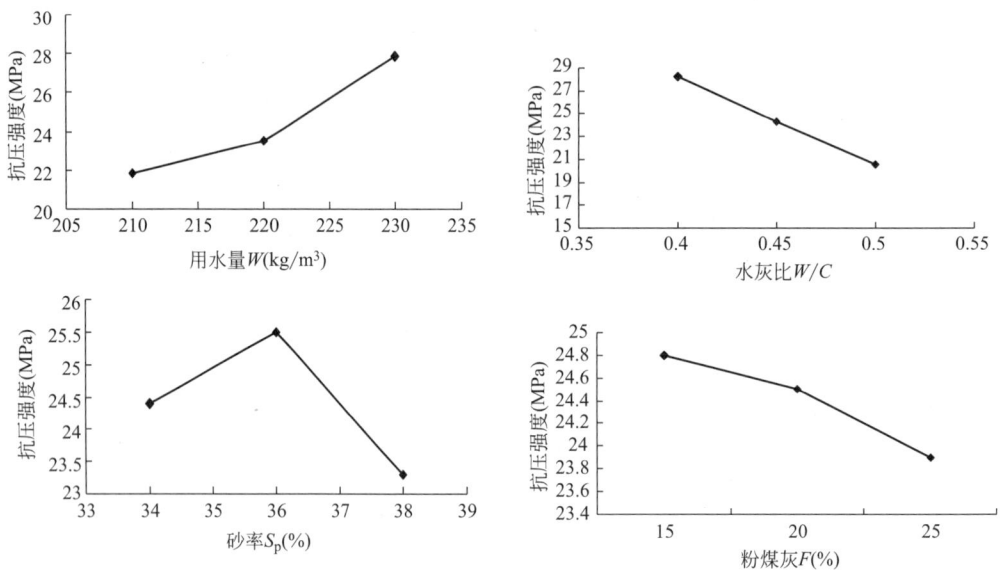

图 3-3　再生粗骨料 30％替代率下各因素与抗压强度的关系

从图 3-3 可知，用水量在 210～220kg/m³ 之间增长时，抗压强度增幅较为缓慢，继续加大用水量，抗压强度的增幅加大。由于用水量是影响抗压强度的重要因素，所以适当提高用水量可以提高试块的抗压强度；而随着水灰比的增大，抗压强度呈逐步降低的趋势。这种变化的幅度比较均匀。从降低成本的角度出发，应考虑减少水泥的使用量。在优化试验中水灰比分别选择 0.4 和 0.45 进行试验；从砂率和抗压强度的关系来看，当 34% < S_p < 36% 时，抗压强度为上升趋势，而当 36% < S_p < 38% 时，抗压强度呈下降趋势。当 S_p = 36% 时，抗压强度达到最大值。因而在优化组合设计时，砂率 S_p 取值为 36%；粉煤灰的掺量对试块抗压强度的影响并不明显，总的来说随着粉煤灰掺量的增加抗压强度呈现降低的趋势。当粉煤灰掺量为 15% 时，抗压强度达到最大，从经济性的角度考虑也可以选择粉煤灰掺量为 20%。

由此可以得出，保证再生混凝土强度达到最大的最佳配合比为 $E_1B_1C_2D_1$，从经济性的角度选择第二组 $A_1B_2C_2D_2$，从试验结果看二者差距并不大。

② 再生粗骨料 50% 替代率再生混凝土的抗压强度

经脲醛树脂浸润预处理后的再生粗骨料 50% 替代天然骨料得到的再生混凝土抗压强度极差分析如表 3-4 所示。

再生粗骨料 50% 替代率制备的混凝土抗压强度极差分析表　　　表 3-4

试验编号	正交组合	因素				抗压强度(MPa)
		用水量 W/ (kg/m³)	水灰比 W/C	砂率 S_p/%	粉煤灰 F/%	标准养护
1	$A_1B_1C_1D_1$	230(1)	0.40(1)	34(1)	15(1)	24.4
2	$A_1B_2C_2D_2$	230(1)	0.45(2)	36(2)	20(2)	22.0
3	$A_1B_3C_3D_3$	230(1)	0.50(3)	38(3)	25(3)	19.2
4	$A_2B_1C_2D_3$	220(2)	0.40(1)	36(2)	25(3)	23.0
5	$A_2B_2C_3D_1$	220(2)	0.45(2)	38(3)	15(1)	20.4
6	$A_2B_3C_1D_2$	220(2)	0.50(3)	34(1)	20(2)	19.8
7	$A_3B_1C_3D_2$	210(3)	0.40(1)	38(3)	20(2)	18.6
8	$A_3B_2C_1D_3$	210(3)	0.45(2)	34(1)	25(3)	18.0
9	$A_3B_3C_2D_1$	210(3)	0.50(3)	36(2)	15(1)	16.5
	均值1	21.9	22.0	20.7	20.4	
	均值2	21.1	20.1	20.5	20.1	
	均值3	17.7	18.5	19.4	20.1	
	极差	4.2	3.5	1.3	0.3	

从表 3-4 的试验结果可知，因素 A 的极差最大，其次是 B 和 C，而 D 的极差最小，这与从表 3-3 中得到的结论有所不同。根据极差的顺序可知各因素的主次顺序为 A > B > C > D。故用水量是影响抗压强度的主要因素，水灰比和砂率是重要因素，而粉煤灰掺量的影响较小仍然是次要因素。

这说明在再生粗骨料的替代率增大后，用水量成为了影响再生混凝土抗压强度的主要因素。原因在于当再生粗骨料的表面粗糙吸水后，会使拌合物的成型加工工艺不良，还因为其表面粘结较强，使裂纹的走向路线趋向直线，因而使其可吸收的断裂能较少，使硬化体往往呈现脆性破坏，影响再生混凝土的抗压强度。因此从宏观上看，再生粗骨料的替代率对再生混凝土抗压强度有直接影响。

同样，以每个因素的三个水平代表的实际状态为横坐标，以与这三个水平值相对应的平均抗压强度为纵坐标做曲线图，如图 3-4 所示。

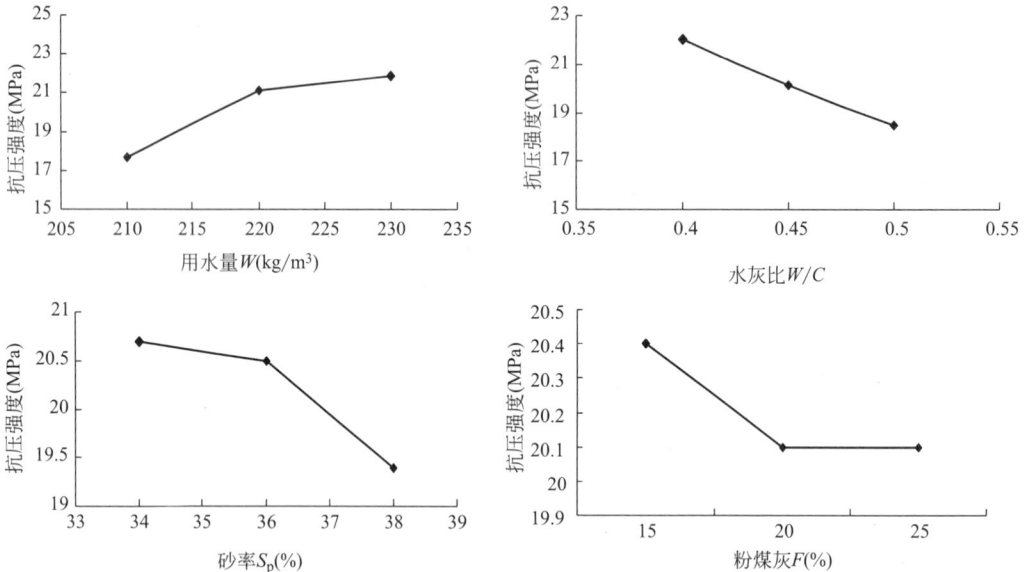

图 3-4   粗骨料 50％替代率下各因素与抗压强度的关系

从图 3-4 可知，用水量在 $210\sim220kg/m^3$ 之间增长时，抗压强度增幅较为迅速，继续加大用水量，抗压强度的增幅不大，这与 30％替代率的再生混凝土试块有所不同。由于用水量是影响抗压强度的主要因素，所以可以适当提高用水量；而随着水灰比的增大，抗压强度呈逐步降低的趋势。这种变化的幅度仍然比较均匀。从降低成本的角度出发，也可以考虑减少水泥的使用量。在优化试验中水灰比分别选择 0.4 和 0.45 进行试验；从砂率和抗压强度的关系来看，当 $34％<S_p<36％$ 时，抗压强度呈缓慢下降的趋势，而当 $36％<S_p<38％$ 时，抗压强度下降趋势比较明显。因而在优化组合设计时，砂率 S_p 取值为34％；粉煤灰的掺入对试块抗压强度的影响为掺量越大，强度降低，但掺入 20％和 25％并无明显差别。当粉煤灰掺量为 15％时，抗压强度达到最大。

由此可以看出，保证再生混凝土强度达到最大的最佳配合比为 $A_1B_1C_1D_1$，从经济性的角度选择第二组 $A_1B_2C_2D_2$，从试验结果看二者差距也不大。

③ 有机预处理技术对不同替代率再生混凝土抗压强度的影响

全部由天然骨料制备的普通混凝土抗压强度最大值为 35.9MPa；当经有机预处理过的再生粗骨料替代率为 100％，即全部由脲醛树脂预处理过的再生粗骨料制备的再生混凝土抗压强度最大值为 14.2MPa。在表 3-3 和表 3-4 中选取再生混凝土最大抗压强度的两组再生混凝土试块的抗压强度与之比较结果如图 3-5 所示。

从图 3-5 可以看出，再生混凝土的抗压强度和再生粗骨料的替代率密切相关。当再生粗骨料替代率在 30％以下时，再生混凝土与普通骨料混凝土抗压强度差距不大，只有

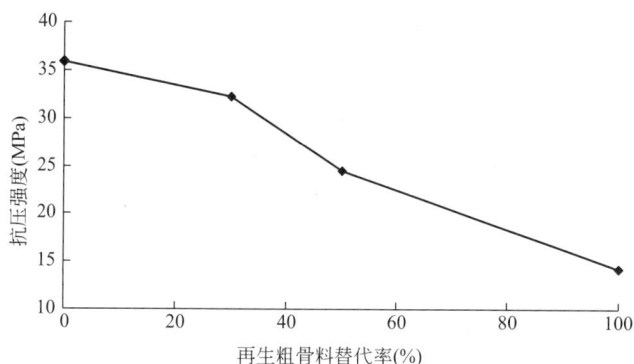

图 3-5　再生粗骨料替代率与试块抗压强度的关系

10% 左右。如果再生粗骨料的替代率继续提高，再生混凝土的抗压强度就会有明显的降低，再生粗骨料 50% 取代天然骨料时，再生混凝土抗压强度降低 30% 以上。当再生粗骨料完全取代天然骨料时，再生混凝土的抗压强度降低最多，降幅达到 60% 以上。同时相关试验表明：由于再生混凝土和天然骨料混凝土成分不同，它们抗压强度随龄期增长的情况也不同，但其相差的幅度会随龄期的增长而慢慢缩小。

在对再生混凝土试压过程中发现，再生混凝土的破坏形式与普通混凝土有所不同。普通混凝土破坏时通常粗骨料没有达到破坏的程度。而再生混凝土破坏时却可以集中或通过再生粗骨料，特别是低水灰比的情况下这种破坏尤为常见。这也说明了再生粗骨料的强度相对于水泥石强度要低。建议利用有机浸润预处理后的再生粗骨料仍不宜配置过高强度的再生混凝土，从保证再生混凝土强度的角度看，再生粗骨料的替代率最好不要超过 30%。

3.4　再生混凝土的耐久性

与普通混凝土相比，再生混凝土的耐久性能将更多地受到骨料本身性能（如老砂浆的强度及含量、含水状态等）的影响。不同来源的再生骨料，其性能差异较大，再生混凝土的界面结构较普通混凝土也更为复杂。同时再生骨料与轻骨料相类似，再生骨料在混凝土中同样也会存在吸水、返水的特性。不同研究者对于再生混凝土的耐久性能存在着不同、甚至相矛盾的观点，除了再生骨料的差异大，试验条件不同等方面原因外，对再生混凝土的耐久性机理认识不够也是重要原因之一。本节以无机和有机预处理的村镇建筑垃圾作为再生骨料，研究再生骨料不同替代率时对再生混凝土耐久性的影响。

3.4.1　无机预处理技术对再生混凝土抗冻性影响

（1）再生粗骨料替代率对再生混凝土的质量损失影响

对 A～E 的 5 组混凝土采用慢冻法，分别测试了冻融循环 25 次、50 次、75 次和 100 次的质量，其试验结果见图 3-6。

从图 3-6 可以看出，当冻融循环次数小于 25 次时，再生混凝土的质量有所增加，替代率越大，质量增加的越多；随着冻融循环次数的增加，再生混凝土表面开始剥落，有微小的孔洞出现，并逐渐连通至整个表层水泥浆脱落，再生混凝土的质量也逐渐降低，趋势越加明显。这主要由于再生粗骨料的吸水率较大，冻融循环初期时，表面并无大面积破裂，只是内部损伤产生通道，一些水顺着这些通道进入到骨料内部，再生粗骨料的替代率越大，能吸收的水分越多，所以再生混凝土质量增加的也越多；而当冻融循环次数逐渐增加时，再生混凝土已经吸水达到饱和，表层开始剥落，质量突然下降，冻融循环达到 100 次时，再生混凝土的强度损失未达到破坏要求。

（2）再生粗骨料替代率对再生混凝土的抗压强度损失影响

对 A～E 的 5 组混凝土采用，分别测试了冻融循环 25 次、50 次、75 次和 100 次的抗压强度，其试验结果见图 3-7。

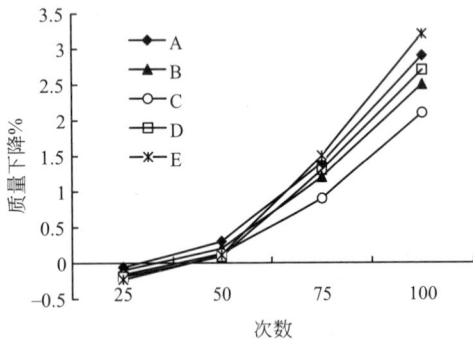

图 3-6　不同替代率粗骨料混凝土的
质量损失对比

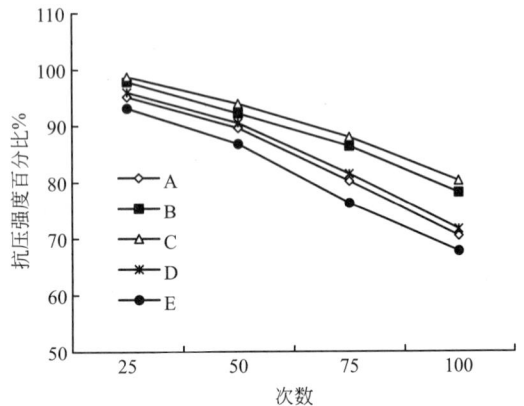

图 3-7　不同替代率粗骨料混凝土的
抗压强度损失对比

从图 3-7 可以看出，当再生骨料的替代率小于 75％时，再生混凝土的抗压强度损失低于普通混凝土，同时在冻融循环次数小于 50 次时，再生混凝土抗压强度下降得较慢。这是因为再生粗骨料经过了水泥砂浆预处理，提高了骨料与混凝土中水泥浆的粘结性，同时这部分预处理的水泥砂浆可能未充分水化，在冻融初期接触到了由于混凝土内部损伤而进入的水分，进一步水化，因此抗压强度下降得相对慢一些。当冻融循环超过 50 次后，再生混凝土的抗压强度下降速度加快。与质量损失相比，再生混凝土的抗压强度下降较快，当冻融循环次数达到 100 次时，只有 B 组和 C 组的抗压强度损失未达到破坏要求。

3.4.2　有机预处理技术对再生混凝土收缩性的影响

采用再生粗骨料取代天然骨料后，再生混凝土的收缩值显著增大，并且随着再生粗骨料替代率的提高，收缩值不断增大。为了使试验效果更加显著，设计三组试验：分别采用天然骨料配制的普通混凝土、未经改性处理的再生粗骨料 100％替代天然骨料配制的混凝土以及经过脲醛树脂改性处理的再生粗骨料 100％替代天然骨料配制的混凝土进行收缩试验。试验结果见图 3-8。

从图 3-8 可以看出，同普通混凝土相比，再生混凝土的收缩率显著提高。以 28 天收缩率为例，未经改性处理的粗骨料配置的混凝土收缩率提高 150％以上，而经过脲醛树脂处理后的粗骨料配置的混凝土收缩率相对普通混凝土仅提高了 60％。由此可见再生粗骨料的有机预处理对再生混凝土的收缩率有显著的改善。如果再生粗骨料替代率只有 30％左

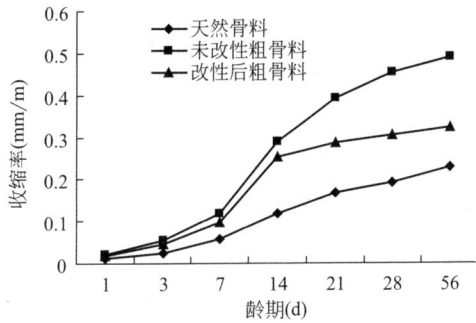

图 3-8　不同粗骨料条件下的再生混凝土收缩率

右，混凝土的收缩率更加趋近于天然骨料配制的混凝土。28 天以后三种混凝土试块的收缩率增长明显变缓，逐渐趋于稳定。

从混凝土结构来看，粗骨料是混凝土的骨架，水泥砂浆则作为结构联结组分填充于骨架的空隙间，因此在外界条件相同的情况下，混凝土的收缩率取决于粗骨料和砂浆两者的收缩率。此外为了改善再生混凝土混合料的流动性，增加的部分拌合水也是收缩值增大的原因之一。

同时再生混凝土较高收缩值的特性和再生粗骨料表面的多孔结构有很大的关系。多孔结构将显著影响水分在粗骨料和砂浆界面区的传输过程，进而改变界面过渡区水化产物的微观结构。对于吸水能力较大的再生粗骨料，当其含水过高或过低时，这些粗骨料的周围可能因为大量失水或因水膜过厚而造成界面区微结构的多孔性，导致收缩加剧。在表面结构被有机物浸润预处理改性密实以后，粗骨料高吸水率的特性将会得到改善，从而减少了再生混凝土的收缩。

3.4.3　有机预处理技术对再生混凝土抗冻性的影响

试验分三组，分别采用天然骨料配制的普通混凝土、未经改性处理的再生粗骨料 100% 替代天然骨料的混凝土和经脲醛树脂表面改性的再生粗骨料 100% 替代天然骨料的混凝土制备 100mm×100mm×100mm 的正方体试件，同时在标养室放置相同组数的试块进行对比试验。冻融循环次数设为 50 次。试验结果见图 3-9。

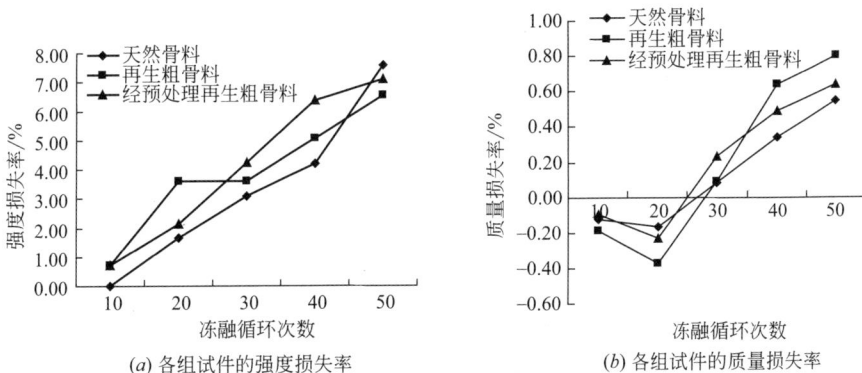

(a) 各组试件的强度损失率　　　　　(b) 各组试件的质量损失率

图 3-9　试块经冻融循环后的强度损失率和质量损失率

图 3-9 可以看出，再生混凝土试块的强度损失率随着冻融循环的次数增多而增大。在 50 次冻融循环后，未经有机预处理的粗骨料强度损失比天然骨料多 25％，而经过有机预处理改性后的粗骨料强度损失仅比天然骨料多 15％；再生混凝土试块的质量损失率在循环次数较多时，也是随着次数的增多而增大。未经有机预处理的粗骨料质量损失比天然骨料多 45％，而经过有机预处理改性后的粗骨料质量损失仅比天然骨料多 16％。

在试验过程中发现，再生混凝土和天然骨料混凝土变化趋势相同，冻融循环次数较少时外观变化不明显，随着冻融次数的增加，试块表面混凝土开始剥落，有微小孔洞的出现，并逐渐呈麻状，开始掉渣。

从图 3-9 中可以看到，粗骨料的有机预处理对再生混凝土冻融循环后的相对强度损失有一定影响。而就质量损失而言，冻融循环次数较少时，再生混凝土的质量有所增加，随着冻融循环次数的增加，再生混凝土表面开始剥落，有微小的孔洞出现，并逐渐连通至整个表层水泥浆脱落，再生混凝土的质量也逐渐降低，趋势越加明显。这是因为再生粗骨料的吸水率较大，初始冻融循环时，表面并无大面积破裂，只是内部损伤产生通道，一些水顺着这些通道进入到骨料内部，而当冻融循环次数逐渐增加时，再生混凝土已经吸水达到饱和，表层开始剥落，质量突然下降。混凝土试件（特别是再生混凝土试件）在冻融过程中一方面由于吸收外界水分而使质量增加，另一方面由于冻融循环使其质量受到损失，这两方面的综合影响使试件的质量发生图示的变化。即在冻融循环 30 次以下时，质量损失呈负增长。而在此之后，随着冻融循环次数的增多，混凝土的质量损失率也逐渐增加。从强度损失和质量损失来看，再生粗骨料的有机预处理对再生混凝土的抗冻性能起着有利的影响。

3.4.4 小结

（1）无机预处理时，当再生粗骨料的替代率在 0～75％之间时，再生混凝土的抗冻性能优于普通混凝土；当再生粗骨料的替代率达到 100％时，再生混凝土抗冻性能低于普通混凝土。

（2）有机预处理再生混凝土耐久性同再生粗骨料的替代率密切相关。替代率在 30％以下时，再生混凝土与普通混凝土在收缩率、冻融循环后的强度和质量损失等方面差距不大，可以满足使用要求。替代率在 30％以上时，对再生混凝土的耐久性会产生明显的不利影响。

参考文献

［1］石建光，许岳周.骨料级配对再生混凝土强度和工作性能影响的试验研究和计算分析［J］.混凝土，2008（1）：82-86.

［2］赵红晓，陈道普.废弃混凝土的回收利用——再生混凝土［J］.河南建材，2003，10（01）：58-62.

［3］张亚梅，秦鸿根，孙伟，等.再生混凝土配合比设计初探［J］.混凝土与水泥制品，2002（1）：7-9.

［4］史巍，侯景鹏.再生混凝土技术及其配合比设计方法［J］.建筑技术开发，2001，28（8）：18-20.

［5］沈建生，徐亦冬，周士琼，等.再生混凝土配合比试验研究［J］.新型建筑材料，2007，34（8）：18-20.

［6］全洪珠.国外再生混凝土的应用概述及技术标准［J］.青岛理工大学学报，2009，30（4）：87-92.

［7］赵自东.黄河淤泥承重多孔砖砌体的基本力学试验研究［D］.郑州大学，2006.

［8］唐明，邱晴，王博.现代混凝土外加剂及掺合料.沈阳：东北大学出版社，2000.

［9］蒋亚清.混凝土外加剂应用基础［M］.化学工业出版社材料科学与工程出版中心，2004.

［10］李坤.再生骨料及再生混凝土基本性能研究［D］.大连理工大学，2006.

［11］万惠文，钟祥凰.利用玻璃渣做耐高温混凝土骨料的试验研究［J］.武汉理工大学学报，2008，30（2）：45-48.

［12］肖建庄，雷斌，袁飚.不同再生粗集料混凝土劈裂抗拉强度分布特征.建筑材料学报，2008，11（4）：223-229.

［13］掺外加剂的再生混凝土抗冻性能研究［J］.湘潭大学自然科学学报，2006（3）.

［14］辽宁开展严寒地区利用工业废渣生产混凝土多孔砖技术研究［J］.墙材革新与建筑节能，2005（3）：27-27.

［15］陈云钢，孙振平，肖建庄.再生混凝土界面结构特点及其改善措施［J］.混凝土，2004（2）：10-13.

［16］郭昌生，徐亦冬，卢新帆.不同龄期再生骨料对再生混凝土性能的影响［J］.新型建筑材料，2007，34（3）：78-80.

［17］孙家瑛，孙浩，王培铭.活性掺合料对再生混凝土耐久性影响［C］//全国水泥和混凝土化学及应用技术会议.2005.

［18］李松龄，杜惠芳.再生混凝土的技术特点及应用的可行性探讨［J］.焦作工学院学报（自然科学版），2001（4）：312-313.

［19］肖建庄，李丕胜，秦薇.再生混凝土与钢筋间的粘结滑移性能［J］.同济大学学报（自然科学版），2006，34（1）：13-16.

［20］刘军，戚红，刘润清，等.低温条件下养护制度对混凝土收缩率的影响［J］.沈阳建筑大学学报（自然科学版），2008，24（1）：91-94.

［21］骆行文，管昌生.再生混凝土力学特性试验研究［J］.岩土力学，2007，28（11）：2440-2444.

［22］张雷顺，王娟，黄秋风，等.再生混凝土抗冻耐久性试验研究［J］.工业建筑，2005，35（9）：64-66.

［23］Olorunsogo F T，Padayachee N. Performance of recycled aggregate concrete monitored by durability indexes［J］. Cement & Concrete Research，2002，32（2）：179-185.

［24］Microstructural analysis of recycled aggregate concrete produced from two-stage mixing approach［J］. Cement & Concrete Research.

［25］张金喜，张建华，邬长森.再生混凝土性能和孔结构的研究［J］.建筑材料学报，2006，9（2）：142-147.

［26］Topçu，ilker Bekir，Şengel，Selim. Properties of concretes produced with waste concrete aggregate［J］. Cement & Concrete Research，2004，34（8）：1307-1312.

［27］孙浩，王培铭，孙家瑛.再生混凝土抗气渗性及抗碳化性能研究［J］.建筑材料学报，2006，9（1）：86-91.

［28］石建光，许岳周.骨料级配对再生混凝土强度和工作性能影响的试验研究和计算分析［J］.混凝土，2008（1）：82-86.

［29］周晓英.承重粉煤灰砖配合比及力学性能的研究［D］.郑州大学，2002.

［30］张学兵.再生混凝土配合比及拉压强度的实验研究［D］.湘潭大学，2005.

第4章 村镇建筑垃圾再生墙体材料

4.1 村镇建筑垃圾再生砌块

利用村镇建筑垃圾中的主要成分废弃黏土砖作为再生骨料，通过无机预处理方式进行预处理后，将再生骨料以10%～80%不同的取代率代天然骨料加入到混凝土空心砌块中，制备出满足国家标准的强度等级在MU5.0以上的再生混凝土空心砌块。

利用及发展利用村镇废弃黏土砖生产的再生混凝土空心砌块，具有良好的经济、环境及社会效益，主要体现在以下几个方面：

（1）节省了大量村镇废弃黏土砖的清运费用和处理费用，避免了由其引发的对环境的负面影响等问题。

（2）经破碎、筛分，预处理后的部分废弃黏土砖可用于部分代替天然骨料，减少了混凝土工业对天然砂石的开采，切实解决了天然骨料日益匮乏和大量砂石开采对生态环境的破坏，保护了生态环境。

（3）具有良好的环保效益和社会效益。提高废弃黏土砖再生骨料的品质和再利用率，具有很好的环保效益，还将具有很好的经济价值。

4.1.1 再生混凝土空心砌块材料组成

空心砌块组成材料是由废弃黏土砖、水泥、粉煤灰、天然粗骨料、细骨料、水、外加剂等原材料经处理加工制成。所用原材料废弃黏土砖物理性能指标见表4-1。

废弃黏土砖的物理性能指标 表4-1

表观密度/kg·m^{-3}	堆积密度/kg·m^{-3}	吸水率/%	压碎指标/%
2214	1295	7.93	38.5

再生混凝土空心砌块与普通空心砌块的砌体施工工艺基本一致，参照《混凝土小型空心砌块建筑技术规程》JGJ/T 14—2011，仅在再生骨料的处理上具有特殊的工艺流程，见第2章图2-1。

4.1.2 再生混凝土空心砌块配合比设计

再生粗骨料混凝土砌块的配合比设计过程中，一方面要考虑再生粗骨料吸水率与天然骨料的差别，另一方面还要参考混凝土试块和混凝土空心砌块之间的折算系数。

普通混凝土空心砌块与混凝土立方体试块强度的折算系数为：混凝土立方体试件强度R_0在29.4MPa～58.8MPa之间时，两者比例关系为$R_1=0.37R_0$；混凝土立方体试件强度R_0小于29.4MPa时，两者比例关系为$R_1=0.41R_0$。结合两者折算系数，初拟设计混凝土空心砌块强度为 MU10，则 $R_1=10$，$R_0=10\text{MPa}/0.37=27.03\text{MPa}$，初拟混凝土立方体试块的试配强度为 30MPa。

（1）混凝土配制强度计算

根据公式

$$f_{cu,o}=f_{cu,k}+1.645E \tag{4-1}$$

式中：$f_{cu,o}$——混凝土配制强度；

　　　$f_{cu,k}$——混凝土抗压强度标准值；

　　　E——混凝土强度标准差。

$$f_{cu,o}=f_{cu,k}+1.645E=30+1.645\times5=38.225$$

（2）混凝土水灰比计算

水灰比宜按下式计算：

$$W/C=(a_1\times f_{ce})/(f_{cu,o}+a_1\times a_2\times f_{ce}) \tag{4-2}$$

式中：W/C——水灰比；

　　a_1，a_2——回归系数；

　　　f_{ce}——水泥 28d 抗压强度实测值；

　　　y_c——水泥强度等级的富余系数，可取 1.13；

　　　f_{cug}——水泥强度等级值，MPa。

当无水泥 28d 抗压强度的实测值（或未进行）时，可按下式计算：

$$F_{ce}=y_c\times f_{ceg}（y 一般可取 1.13） \tag{4-3}$$

回归系数 a_1 和 a_2 宜按下列规定确定：a_1 和 a_2 应根据所用的水泥、骨料，通过试验出建立的水灰比与混凝土强度关系式确定，也可按表 4-2 选取。

混凝土粗骨料回归系数

表 4-2

项目	碎石	卵石
a	0.46	0.48

$$W/C=(0.48\times1.06\times42.5)/(38.225+0.48\times0.33\times45.05)=0.48$$

（3）确定每立方米混凝土用水量

坍落度选择 55~70mm，查表得 $m_{wo}=190\text{kg}$

（4）计算每立方米混凝土的水泥用量

水泥用量 $m_{co}=m_{wo}\div W/C=190/0.48=396\text{kg}$

（5）确定合理砂率

根据骨料的规格及混凝土水灰比，查表得 $\beta_s=30\%$

（6）计算砂石用量

$$m_{wo}+m_{co}+m_{so}+m_{Go}=m_{CP} \tag{4-4}$$

$$\beta_s=(m_{so}/m_{so}+m_{Go})\times100\% \tag{4-5}$$

式中：m_{wo}——每立方米混凝土用水量；

　　　m_{co}——每立方米混凝土的水泥用量；

　　　m_{so}——砂用量；

　　　m_{Go}——石用量；

　　　m_{CP}——每立方米混凝土拌合物的假定质量。

$$m_{so} = 554.7kg \qquad\qquad m_{Go} = 1284.3kg$$

初拟普通混凝土配合比　　　　　　　　　　　表 4-3

水泥/kg·m⁻³	砂/kg·m⁻³	卵石/kg·m⁻³	水/kg·m⁻³
396	555	1284	190

废弃黏土砖经过水泥砂浆预处理后，其吸水率仍会较大，因此在配制再生混凝土之前需对再生粗骨料进行预湿。选择再生粗骨料的取代率分别为 0、20%、40%、60%、80% 和 100% 六种，制备出满足国家标准的强度等级在 MU5.0 以上的再生混凝土空心砌块。具体再生混凝土的配合比见表 4-4，制备的再生混凝土砌块见图 4-1。

初拟再生混凝土配合比　　　　　　　　　　　表 4-4

编号	取代率/%	单位体积材料用量/kg·m⁻³					
		水泥	砂	卵石	再生骨料	水	减水剂
1	0	396	555	1284	0	165	4
2	20	396	555	1027	257	165	4
3	40	396	555	770	514	165	4
4	60	396	555	514	770	165	4
5	80	396	555	257	1027	165	4
6	100	396	555	0	1284	165	4

图 4-1　制备的再生混凝土砌块

4.1.3　再生混凝土空心砌块物理性能

（1）含水率、吸水率

砌块吸收水分过大将对自身的性能产生不利影响，会使砌块的自重增大、导热性增大、强度和耐久性降低，而且砌块干湿交替还会引起其干缩和湿胀，导致墙体裂缝。所以应该严格控制砌块的含（吸）水率，使再生骨料砌块使用更加安全、美观、耐久。

再生骨料含（吸）水率高是个不争的事实。废弃黏土砖经过高温煅烧后，有很多气孔通道，吸水率可达 8% 左右，并且在破碎过程中内部受到破坏产生 0.1～0.5mm 微小的裂纹。当采用水泥砂浆对废弃黏土砖预处理后，原有的开口孔和连通孔都被封闭起来，但其表面包裹的水泥砂浆比天然骨料吸水能力要强，而且破碎后的废弃黏土砖颗粒形态各异，砂浆包裹程度不均匀，使得一些开口孔裸露在外，见图 4-2。

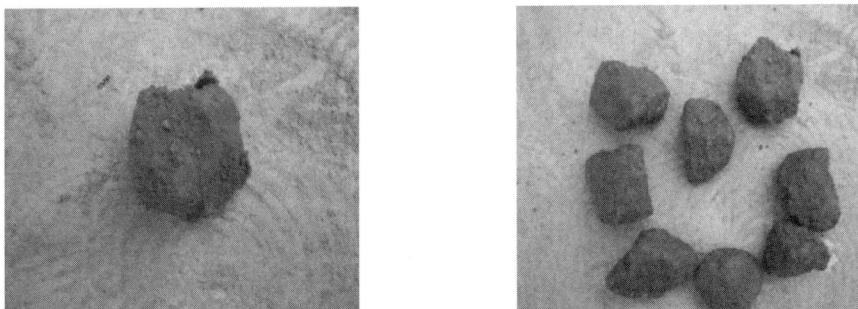

图 4-2　经水泥砂浆预处理后的再生粗骨料

再生混凝土配合比中的砂率与再生骨料中的已有砂率不尽相同，这也使得新拌混凝土中的砂浆量大大提高，从而更增加了含（吸）水率。而且一般来说含（吸）水率与干燥收缩率有着一定的联系。

1）测试工具及方法步骤

① 仪器设备

电热鼓风干燥箱；磅秤：最大称量 50kg，质量 0.05kg；水池或水箱。

② 试件要求

试件数量为三个砌块。

③ 测试步骤

试件取样后立即称取其质量 m_0。如试件用塑料袋密封运输，则在拆袋前先将试件连同包装袋一起称量，然后减去包装袋的质量（袋内如有试件中析出的水珠，应将水珠拭干），即得试件在取样时的质量，精确至 0.05kg。

将试件放入电热鼓风干燥箱内，在（105±5）℃温度下至少干燥 24h，然后每间隔 2h 称量一次，直至两次称量之差不超过后一次称量的 0.2% 为止。待试件在电热鼓风干燥箱内冷却至与室温之差不超过 20℃ 后取出，立即称其绝干质量 m，精确至 0.05。

将试件浸入室温 15～25℃ 的水中，水面应高出试件 20mm 以上。24h 后取出，按规定称量试件面干潮湿状态的每平方米质量，精确至 0.05kg。

④ 结果计算与评定

每个试件的含水率按下式计算，精确至 0.1%。

$$W_1 = \frac{m_0 - m}{m} \times 100 \tag{4-6}$$

式中：W_1——试件的含水率（%）；

　　　m_0——试件在取样时的质量（kg）；

　　　m——试件的绝干质量（kg）。

砌块的含水率以三个试件含水率的算术平均值表示。精确至 0.1%。

每个试件的吸水率按下式计算，精确至 0.1%。

$$W_2 = \frac{m_2 - m}{m} \times 100 \tag{4-7}$$

式中：W_2——试件的吸水率（％）；

m_2——试件面干潮湿状态的质量（kg）；

m——试件的绝干质量（kg）。

砌块的吸水率以三个试件吸水率的算术平均值表示。精确至 0.1％。

2）测试结果与评定

试验在标准养护条件下，对 0、20％、40％、60％、80％和 100％六种不同再生粗骨料取代率的混凝土空心砌块进行含水率、吸水率和干燥收缩率测定，试验结果见图 4-3，4-4。

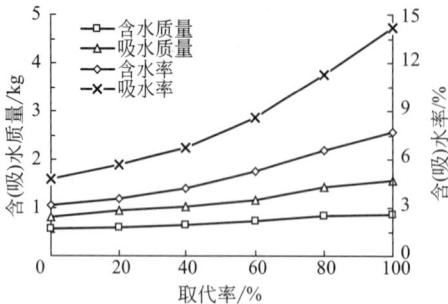

图 4-3　再生粗骨料取代率与混凝土空心砌块含（吸）水量、含（吸）水率的关系

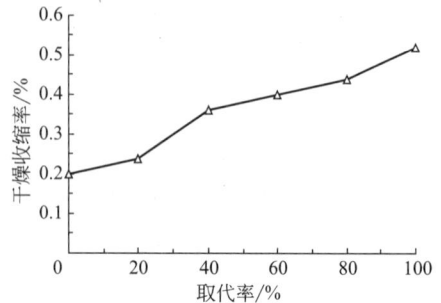

图 4-4　再生粗骨料取代率与混凝土空心砌块干燥收缩率的关系

从图 4-3、4-4 可以看出，当再生粗骨料取代率在 0～100％时，随着取代率的增加，混凝土空心砌块的含（吸）水率、干燥收缩率都逐渐增大，但增大的幅度有所不同，再生粗骨料取代率在 60％～100％时的含（吸）水率增加幅度较大。因此，使混凝土空心砌块的含（吸）水率、干燥收缩率性能达到较优时的再生粗骨料最佳取代率范围为 0～60％。

再生粗骨料取代率越大，混凝土空心砌块在浸泡的过程中，吸收的水分就越多，体积膨胀越大。而在经过长时间的干燥试验后，再生粗骨料数量越多的混凝土空心砌块，其水分损失反而越大，体积缩小越明显。综合考虑到我国普通混凝土空心砌块行业标准要求砌块干燥收缩率应控制在 0.2％～0.45％之间，所以混凝土空心砌块的再生骨料取代率不宜一味增加。

（2）耐水性

混凝土空心砌块的耐水性是长期在饱和水作用下不破坏，其强度也不显著降低的性质，用软化系数 K_f 来表示。K_f 值的大小表明再生混凝土砌块在浸水饱和后强度降低的程度。K_f 值越小，表明砌块吸水饱和后强度下降越多，即耐水性越差。如果砌块的软化系数太小，使用该产品的建筑在空气湿度达到一定的程度后，墙体就会因自身的重量而产生梁与墙体之间的横向裂缝。

1）测试工具及方法步骤

①仪器设备

材料试验机，示值误差应不大于 2％，其量程选择应能使试件的预期破坏荷载落在满量程的 20％～80％；

钢板，厚度不小于 10mm，平面尺寸应大于 440mm×240mm。钢板的一面需平整，精度要求在长度方向范围内的平面度不大于 0.1mm；

水平尺；水池或水箱。

② 试件要求

试件数量为两组十个砌块。

③ 测试步骤

从经过表面处理和静置 24h 后的两组试件中，任取一组五个试件浸入室温 15～25℃ 的水中，水面高出试件 20mm 以上，浸泡 4d 后取出，在铁丝网架上滴水 1min，再用拧干的湿布拭去内、外表面的水。

将五个饱和面干的试件和其余五个气干状态的对比试件进行抗压强度试验。

④ 结果计算与评定

砌块的软化系数按下式计算，精确至 0.01。

$$K_f = \frac{R_f}{R} \tag{4-8}$$

式中：K_f——砌块的软化系数；

R_f——五个饱和面干试件的平均抗压强度（MPa）；

R——五个气干状态的对比试件的平均抗压强度（MPa）。

2）测试结果与评定

试验在标准养护条件下，对再生粗骨料取代率为 0、20%、40%、60%、80% 和 100% 的混凝土空心砌块的软化系数进行测试，试验结果见图 4-5。

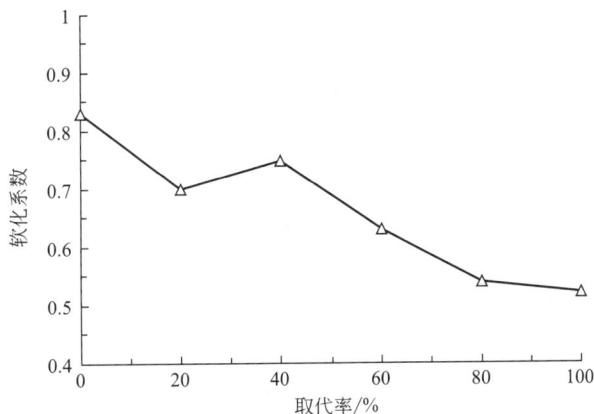

图 4-5　再生粗骨料取代率与混凝土空心砌块软化系数的关系

从图 4-5 可以看出，随着再生粗骨料取代率的增加，混凝土空心砌块的软化系数呈降低的趋势。当再生粗骨料取代率在 0～40% 之间变化时，软化系数先减小后增大，而当取代率在 40%～100% 变化时，软化系数逐渐减小。其中，再生粗骨料取代率 40% 时，软化系数有峰值为 0.75。可见，软化系数的变化与吸水率的变化有着相关性。吸水率较高则软化系数较低，反之，吸水率较低，则软化系数较高。

混凝土空心砌块的一个重要特点就是它的干缩较大，随着水分的丢失，其体积收缩较大，容易造成墙体开裂。根据混凝土空心砌块的国家规范，混凝土空心砌块的软化系数一般控制在 0～1 之间。对于经常位于水中或受潮严重的重要结构，其软化系数不宜小于 0.85；

受潮较轻或次要结构，其软化系数不宜小于 0.75。综上所述，从结构的安全和耐久性考虑，再生骨料混凝土空心砌块不宜在水中或潮湿环境中使用。

（3）抗冻性

在设计寒冷地区及寒冷环境的建筑物时必须考虑砌块的抗冻性，以确保建筑物砌体的耐久性。砌块在饱和水状态下，经受多次冻融循环作用而不破坏，强度也不显著降低，且其质量也不显著减小的性质称为砌块的抗冻性。通常采用 −15℃ 的温度冻结后，再在 20℃ 的水中融化，这样的过程称为冻融循环。抗冻性良好的材料，对于抵抗温度变化、干湿交替等破坏作用的能力也较强，是评价砌块耐久性的一个重要指标。

1）测试工具及方法步骤

① 仪器设备

冷冻室或低温冰箱：最低温度能达到 −20℃；水池或水箱；液压万能试验机。

② 试件要求

试件数量为两组十个砌块。

③ 试验步骤

分别检查十个试件的外表面，在缺陷处涂上油漆，注明编号，静置待干。

将一组五个冻融试件浸入 10～20℃ 的水池或水箱中，水面应高出试件 20mm 以上，试件间距不得小于 20mm。另一组五个试件作对比试验。

浸泡 4d 后从水中取出试件，在支架上滴水 1min，再用拧干的湿布拭去内、外表面的水，立即称量试件饱和面干状态的质量。

将五个冻融试件放入预先降至 −15℃ 的冷冻室或低温冰箱中，试件应放置在断面为 20mm×20mm 的木条制作的格栅上，孔洞向上，间距不小于 20mm。当温度再次降至 −15℃ 时开始计时。冷冻 4h 后将试件取出，再置于水温为 10～20℃ 的水池或水箱中融化 2h。这样一个冷冻和融化的过程即为一个冻融循环。

每经 5 次冻融循环，检查一次试件的破坏情况，如开裂、缺棱、掉角、剥落等，并做出记录。

在完成规定次数的冻融循环后，将试件从水中取出，浸泡 4d 后从水中取出试件，在支架上滴水 1min，再用拧干的湿布拭去内、外表面的水，立即称量试件饱和面干状态的质量 m_3，精确至 0.05kg。称量试件冻融后饱和面干状态的质量 m_4。

冻融试件静置 24h 后，与对比试件一起作表面处理，在表面处理完 24h 后，进行泡水和抗压强度试验。

④ 结果计算与评定

观察五个冻融试件的外观检查结果。

砌块的抗压强度损失率按下式计算，精确至 1%。

$$K_R = \frac{R_f - R_R}{R_f} \times 100 \qquad (4-9)$$

式中：K_R——砌块的抗压强度损失率（%）；

　　　R_f——五个未冻融试件的平均抗压强度（MPa）；

　　　R_R——五个冻融试件的平均抗压强度（MPa）。

每个试件冻融后的质量损失率按下式计算，精确至 0.1%。

$$K_{\mathrm{m}}=\frac{m_3-m_4}{m_3}\times100 \tag{4-10}$$

式中：K_{m}——试件的质量损失率（％）；

　　　m_3——试件冻融前的质量（kg）；

　　　m_4——试件冻融后的质量（kg）。

砌块的质量损失率以五个冻融试件质量损失率的算术平均值表示，精确至 0.1％。抗冻性以冻融试件的抗压强度损失率、质量损失率和外观检验结果表示。

2）冻融循环质量损失

将 0、20％、40％、60％、80％、100％六种再生粗骨料取代率的混凝土空心砌块进行冻融循环试验，并且每 5 次检查一次试件的破坏情况，对空心砌块质量损失做出记录，具体试验结果如图 4-6 所示。

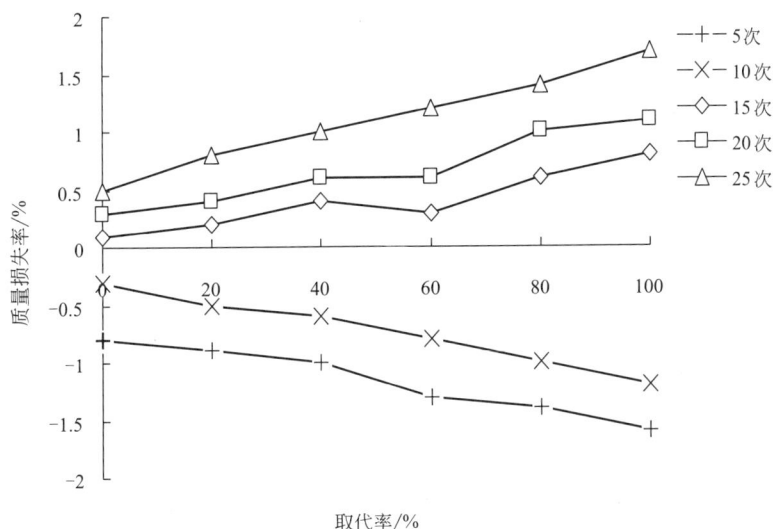

图 4-6　再生混凝土空心砌块冻融循环质量损失变化曲线

如图 4-6 所示，当冻融循环次数小于 10 次时，混凝土空心砌块的质量损失率逐渐减小，而当冻融循环次数由 10 次至 25 次不断增加时，混凝土空心砌块质量损失率逐渐增大。当冻融循环次数 25 次时，质量损失最大，再生粗骨料取代率为 100％的混凝土空心砌块质量损失率达 1.7％，但均满足"质量损失不超过 5％"的国家标准。

再生粗骨料吸水率较大，在冻融循环试验浸水的过程中，必定会吸水膨胀，再经过数次的冻融循环，在再生混凝土空心砌块的表面将出现表层水泥浆体的脱落，及少许结构的裂缝破坏等。但是由于掺入的再生粗骨料能吸收部分水分，且取代率越大，吸水量越多。因此使再生混凝土空心砌块的质量得到了补偿，导致损失的质量并不大。

3）冻融循环强度损失

试验将 0、20％、40％、60％、80％、100％六种再生粗骨料取代率的再生混凝土空心砌块进行冻融循环试验，并且每 5 次检查一次试件的破坏情况，并对空心砌块冻融循环后的强度损失情况做出记录，具体试验结果如图 4-7 所示。

如图 4-7 所示，随着冻融循环次数由 5 次至 25 次不断增加，混凝土空心砌块的强度损

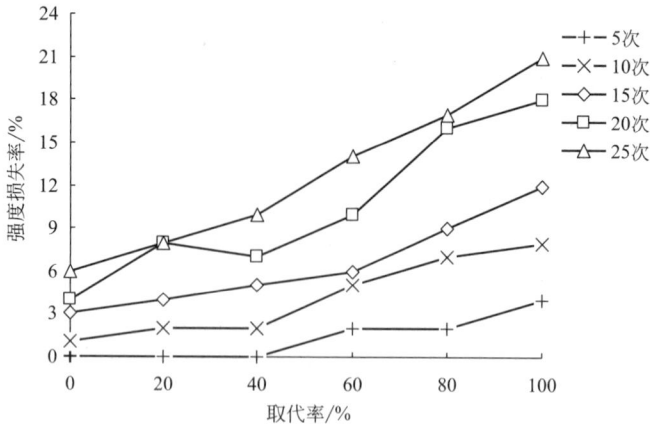

图 4-7　再生混凝土空心砌块冻融循环强度损失变化曲线

失率也逐渐增大，当冻融循环次数为 25 次时，混凝土空心砌块强度损失最大，再生粗骨料取代率为 100% 的混凝土空心砌块的强度损失率为 21%，但均没有超过"强度损失不超过 25%"的国家标准。

再生粗骨料的强度本身比天然骨料要低，吸水率又大，导致其在水中浸泡后的体积膨胀，且再生粗骨料取代率越大体积膨胀越大。再经过低温受冻后，膨胀的结构中出现裂缝、掉落，且体积膨胀越大的混凝土空心砌块，结构破坏的越多。因此降低了整个再生混凝土空心砌块的抗冻能力。

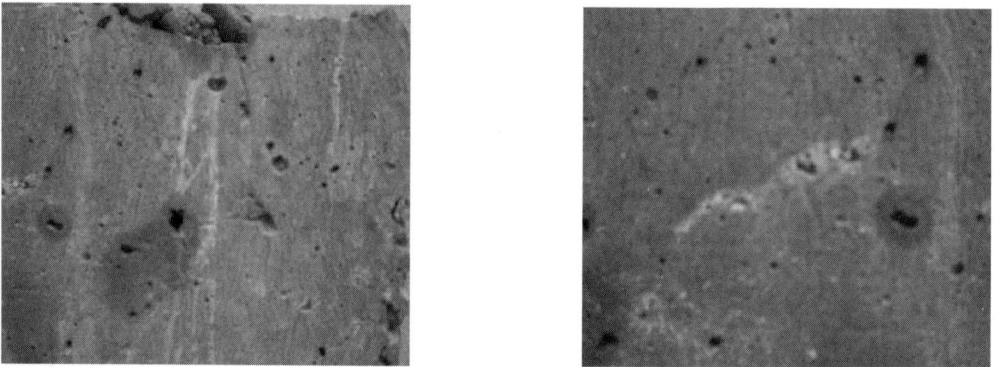

图 4-8　再生混凝土空心砌块冻融循环表面结构照片

从图 4-8 可以看出，再生混凝土空心砌块经过冻融循环后在其外部表面出现了大量微小孔洞，一些地方的混凝土结构出现掉落残缺。随着冻融次数的增加，这种现象更加明显。正是由于这种结构的破坏及孔洞的出现，导致了再生混凝土空心砌块强度逐渐降低，抗冻融破坏能力逐渐减弱。

4.1.4　再生混凝土空心砌块力学性能

（1）抗压强度

抗压强度是混凝土空心砌块的重要力学性能之一，研究不同再生粗骨料取代率对混凝土空心砌块抗压强度的影响具有重要的意义。

1）测试工具及方法步骤

① 仪器设备

液压万能试验机

② 试件要求

试件数量为五个砌块，处理试件的坐浆面和铺浆面，使之成为互相平行的平面。将钢板置于稳固的底座上，平整面向上，用水平尺调至水平。在钢板上先薄薄地涂一层机油，或铺一层湿纸，然后铺一层以 1 份重量的强度等级 32.5 以上的普通硅酸盐水泥和 2 份细砂，加入适量的水调成砂浆，将试件的坐浆面湿润后平稳地压入砂浆层内，使砂浆层尽可能均匀，厚度为 3～5mm。将多余的砂浆沿试件棱边刮掉，静置 24h 以后，再按上述方法处理试件的铺浆面。为使两面能彼此平行，在处理铺浆面时，应将水平尺置于现已向上的坐浆面上调至水平。在温度 10℃以上不通风的室内养护 3d 后做抗压强度试验。

为缩短时间，也可在坐浆面砂浆层处理后，不经静置立即在向上的铺浆面上铺一层砂浆，压上事先涂油的玻璃平板，边压边观察砂浆层，将气泡全部排除，并用水平尺调至水平，直至砂浆层平而均匀，厚度达 3～5mm。

③ 试验步骤

测量每个试件的长度和宽度：长度在条面的中间，宽度在顶面的中间，高度在顶面的中间测量。每项在对应两面各测一次，精确至 1mm。分别求出各个方向的平均值，精确至 1mm。

将试件置于试验机承压板上，使试件的轴线与试验机压板的压力中心重合，以 10～30kN/s 的速度加荷，直至试件破坏。记录最大破坏荷载 P。

若试验机压板不足以覆盖试件受压面时，可在试件的上、下承压面加辅助钢压板。辅助钢压板的表面光洁度应与试验机原压板同，其厚度至少为原压板边至辅助钢压板最远角距离的三分之一。

④ 结果计算与评定

每个试件的抗压强度按下式计算，精确至 0.1MPa。

$$R = \frac{P}{LB} \tag{4-11}$$

式中：R——试件的抗压强度（MPa）；

P——破坏荷载（N）；

L——受压面的长度（mm）；

B——受压面的宽度（mm）。

试验结果以五个试件抗压强度的算术平均值和单块最小值表示，精确至 0.1MPa。

2）测试结果与评定

在标准养护条件下，对 0、20%、40%、60%、80%、100%六种再生粗骨料取代率的混凝土空心砌块的 3d、7 d、28d 抗压强度进行测试，试验结果如图 4-9 和图 4-10 所示。

从图 4-9、图 4-10 可以看出，再生粗骨料取代率在 0～40%时，随着取代率的增加，混凝土空心砌块 28d 抗压强度先减小后增加；取代率在 40%～100%时，抗压强度逐渐减小。取代率为 0 时的 28d 抗压强度最大，取代率为 20%和 40%时的抗压强度可达到

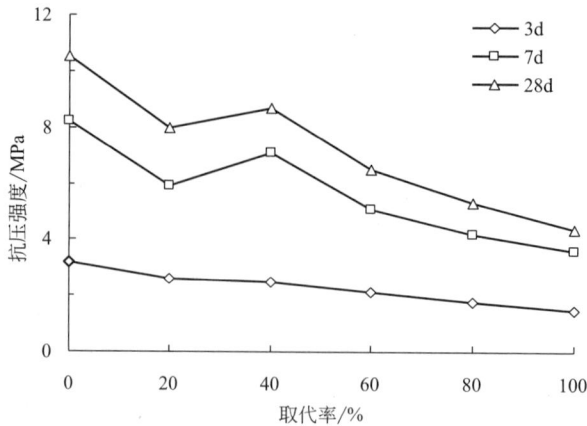

图 4-9 再生粗骨料取代率与混凝土空心砌块 3d、7d、28d 抗压强度关系

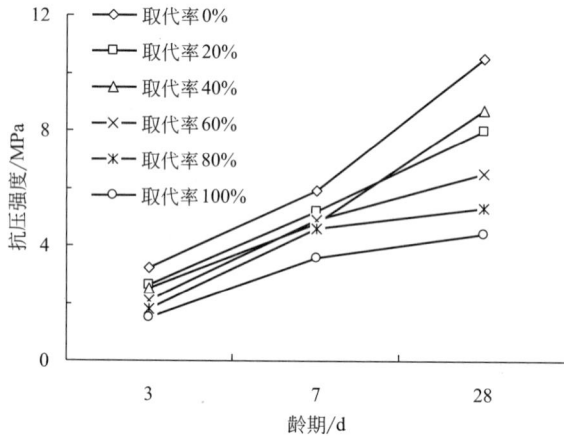

图 4-10 再生混凝土空心砌块强度变化曲线

7.5MPa，而取代率 60％ 和 80％ 的抗压强度也均达到了 5MPa。当再生粗骨料取代率为 100％ 时，比取代率为 0 时的 28d 抗压强度降低约 58％ 左右。因此，可以得出在此配比下再生粗骨料的取代率在 0～80％ 时，可用于制备 MU5 以上等级的再生混凝土空心砌块。

（2）抗折强度

抗折强度反映了砌块在砌体中承受复杂应力状态的能力，它与砌块的抗压、抗弯、抗拉强度都有一定的相关性，抗折性能好有利于砌块发挥抗压、抗弯、抗拉强度。若砌块的抗折强度不够，不仅影响砌体的抗压能力，且易在墙体上形成竖直裂缝。

1）测试工具及方法步骤

① 仪器设备

液压万能试验机

② 试件要求

试件数量为五个砌块，测量每个试件的高度和宽度，分别求出各个方向的平均值。试件表面处理按抗压试验的规定进行。表面处理后应将试件孔洞处的砂浆层打掉。

③ 试验步骤

将抗折支座置于材料试验机承压板上，调整钢棒轴线间的距离，使其等于试件长度减一个坐浆面处的肋厚，再使抗折支座的中线与试验机压板的压力中心重合。将试件的坐浆面置于抗折支座上，在试件的上部二分之一长度处放置一根钢棒。以 250N/s 的速度加载荷直至试件破坏。记录最大破坏荷载 P。

④ 结果计算与评定

每个试件的抗折强度按下式计算，精确至 0.1MPa。

$$R_Z = \frac{3PL}{2BH^2} \tag{4-12}$$

式中：R_Z——试件的抗折强度（MPa）；

　　　P——破坏荷载（N）；

　　　L——抗折支座上两钢棒轴心间距（mm）；

　　　B——试件宽度（mm）；

　　　H——试件高度（mm）。

试验结果以五个试件抗折强度的算术平均值和单块最小值表示，精确至 0.1MPa。

2）测试结果与评定

依据《混凝土砌块和砖试验方法》GB/T 4111—1997，测定其抗折强度。试验在标准养护条件下，对 0、20%、40%、60%、80%、100% 六种再生粗骨料取代率的混凝土空心砌块的 28d 抗折强度进行测试，试验结果如图 4-11。

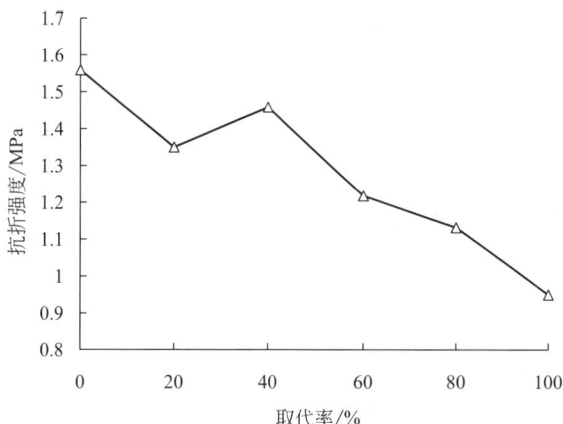

图 4-11　再生粗骨料取代率与混凝土空心砌块 28d 抗折强度关系

从图 4-11 可以看出，混凝土空心砌块的抗折强度与抗压强度变化趋势基本相同。随着再生粗骨料取代率的增加，混凝土空心砌块 28d 抗折强度呈现降低趋势。取代率为 0 时的空心砌块抗折强度最大，达到 1.56MPa，取代率增加到 40% 时的抗折强度达到峰值 1.46MPa，而当取代率为 100% 时，抗折强度为 0.95MPa，比取代率为 0 时的抗折强度降低约 40% 左右。一般天然骨料混凝土折压比值在 0.05～0.06 之间，而再生骨料混凝土砌块的抗折强度与抗压强度的比值在 0.149～0.216 之间变动，比天然骨料混凝土立方体试块的折压比高很多。

4.1.5 再生混凝土破坏形态及过渡区微观结构

（1）立方体试块破坏形态

开始加载后，随着荷载的增大，再生骨料混凝土试件内的应力逐渐增加，在竖直方向产生压缩变形，横向产生膨胀变形。随着试件表层混凝土的不断外鼓和剥落，试件的受压面积和水平约束力不断减少，试件中央高度的混凝土破坏最严重，最后形成两个对顶的正倒相连的角锥形破坏面，如图 4-12 所示。

(a) 再生粗骨料取代率为0

(b) 再生粗骨料取代率为20%

(c) 再生粗骨料取代率为80%

(d) 再生粗骨料取代率为100%

图 4-12　混凝土试块 28d 抗压破坏形态

图 4-12 为选取的混凝土立方体试块 28d 抗压破坏形态照片。随着再生粗骨料取代率的增加，混凝土试块立方体经破坏后断裂面处所呈现的再生粗骨料数量越多。取代率为 0 和 20% 的混凝土立方体试块经抗压试验破坏后，断裂面上的天然骨料自身结构没有受到破坏，断裂基本都是沿着天然骨料的边缘，这是由于其界面强度低于水泥石基体强度，因此破坏时界面率先破坏。而取代率为 80% 和 100% 的混凝土立方体试块断裂面上的再生粗骨料自身结构受到破坏，再生骨料本身有缺陷，因而使得本身存在缺陷的再生骨料率先破坏。再生骨料混凝土破坏时伴随着响亮的吱裂声，这说明再生骨料混凝土破坏的脆性明显高于天然骨料混凝土。

（2）空心砌块破坏形态

砌块的破坏有两种形态：一种是首先在边与顶面角部连接处出现竖向斜裂纹，其次在顶面的中间处出现竖向裂缝，然后再在受压面的中间处出现横裂缝，最终被压碎；另一种是在条面的中间处出现竖向裂缝，然后沿整个横截面形成近似封闭的裂缝，试块在破坏时成两个大部分。对压碎的试块，破坏时伴随明显的爆裂声，同时试块被压碎，试块的破坏属于脆性破坏。图 4-13 为混凝土空心砌块

图 4-13　再生粗骨料取代率 20% 的混凝土砌块 28d 抗压破坏形态

经抗压试验后的破坏照片。

4.2　村镇建筑垃圾再生三孔砖

我国村镇建筑材料中，70％以上是墙体材料，而墙体材料中大多都是小块实心黏土砖，尽管自 1999 年以来国家接连颁布多项法规文件和采取多种措施限制、禁止实心黏土砖的生产使用，但是我国新墙材的生产量也只占 35％左右，村镇生产实心黏土砖的企业仍然大量存在，近几年我国砖的产量已为世界各国砖产量的总和，在全国以砖为建筑材料，并用以建筑各类房屋仍占 80％以上。每年烧砖挖土 12 亿立方米，毁地 120 万亩，使农村住房数量、品种、质量和建筑节能受到严重制约，阻碍村镇住房的发展。针对当前处理村镇建筑垃圾和开发农村经济适用型环保墙体材料中存在的共性问题，将处理村镇建筑垃圾和生产新型墙体材料有机结合起来，既可解决村镇建筑垃圾问题，又开发了经济适用型新墙材产品，这对节约资源，改善环境，提高经济效益和社会效益，实现资源优化配置和可持续发展有重要意义。

针对上述问题，将村镇废弃黏土砖破碎筛分作为再生粗骨料，制备新型再生混凝土三孔砖和再生双通孔抗震砖。

4.2.1　再生混凝土三孔砖材料组成

再生混凝土三孔砖主要组成材料有水泥，粗集料，细集料，黏土砖骨料，粉煤灰，矿粉等材料。

（1）水泥主要性能指标如表 4-5 所示。

P.O 42.5 水泥技术指标　　　　表 4-5

品种	标准稠度用水量（%）	安定性	凝结时间（min）		抗压强度（MPa）		抗折强度（MPa）	
			初凝	终凝	3d	28d	3d	28d
P.O 42.5	27.2	合格	132	216	20.6	52.2	4.56	8.15

（2）粗、细集料

粗集料采用石灰岩碎石 5～20mm，即最大粒径为 20mm，连续颗粒级配，见表 4-6。压碎指标为 2.1％，含泥量低于 0.1％，表观密度约为 2450kg/m³。细集料选用河砂，属中砂，细度模数约为 2.8，级配良好，属Ⅱ区，颗粒级配见表 4-6 所示。坚固性指标为4.1％，含泥量低于 1.1％，表观密度约为 2710kg/m³。

集料颗粒级配　　　　表 4-6

通过量（%）	筛孔尺寸（mm）								
	0.08	0.16	0.315	0.63	1.25	2.5	5.0	10.0	20.0
碎石	—	—	—	—	—	2	60	100
河砂	1	10	20	29	65	95	100	—	—

（3）粉煤灰

粉煤灰是从烧煤灰的锅炉煤气中收集的粉状颗粒，属于人工火山灰质混合料，其本身没有或极少有凝胶性，但其粉末状态在有水存在时，能与 Ca（OH）$_2$ 在常温下发生化学反应，生成具有凝胶性的组分。按国家 GB/T 1596—2017 检测其性能如表 4-7 所示。

粉煤灰性能指标及检验标准　　　　表 4-7

测试项目	细度(45μm)筛余量(%)	需水量比(%)	烧失量(%)	SO$_3$(%)
标准规定值	20	105	8	3
实测值	15	97	7	0.45

（4）矿粉

矿粉的化学成分如表 4-8，性能指标如表 4-9。

矿粉化学成分（%）　　　　表 4-8

SiO$_2$	Al$_2$O$_3$	CaO	MgO	Fe$_2$O	K$_2$O	Na$_2$O	烧失量
32.14	14.3	40.0	6.75	2.8	0.61	0.29	3.11

矿粉性能指标（%）　　　　表 4-9

比表面(m^2/kg)	SO$_3$(%)	需水量比(%)	含水率(%)	烧失量(%)
440	0.5	98	98	2.18

4.2.2　再生混凝土三孔砖的生产工艺

（1）再生混凝土三孔砖孔型设计

承重砖的孔型与规格是否适当在很大程度上决定了其推广应用情况，在对砖型进行设计时要同时考虑砖的强度、施工、生产工艺和热工性能。而且除了要求可靠的力学性能外也希望尽可能的减少容重，减少地震力和施工工作量。

1）首先要考虑生产工艺上的实现性。孔型要符合芯具制作的基本要求，如加工工艺和材质条件；考虑砖的外壁厚，为脱水均匀，收缩趋于一致，砖断面上肋宽应保持一致，降低干燥损失。

2）孔洞形状的选择。从建筑设计要求、生产工艺条件和施工方法等多方面综合考虑，最终确定再生混凝土三孔砖的规格为 240mm×115mm×53mm，竖向三圆孔，直径为 35mm，肋厚 27.5mm，见图 4-14，其外形尺寸与普通黏土砖相同，便于设计施工。

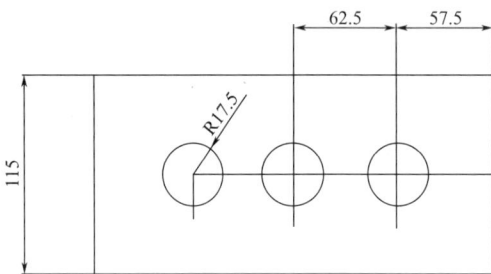

图 4-14　再生混凝土三孔砖设计图

（2）再生混凝土三孔砖的成型工艺

再生混凝土三孔砖生产用的主要设备有混凝土搅拌机，振动台，混凝土压力试验机。其制备工艺为：

1）称量各种原料，保持材料中没有任何杂质。

2）将黏土砖骨料预吸水，用矿物掺合料裹黏土砖骨料搅拌 1 分钟后加入石子、砂子搅拌 1 分钟，再加入水泥、水搅拌均匀。

3）将拌合物装模，放在振动台上振动 1 分钟。

4）放在压力机上挤压，压制成型。

5）脱模。

6）养护：采用自然养护，但要表面覆盖塑料膜，保温保湿静养 2 天后，喷水养护 14d，之后撤掉塑料膜养护 28d。

再生混凝土三孔砖的成型工艺流程见图 4-15，成型后的混凝土三孔砖见图 4-16。

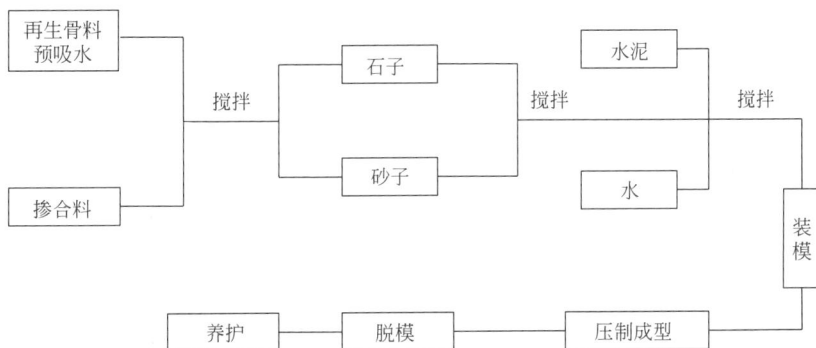

图 4-15　再生混凝土三孔砖的成型工艺

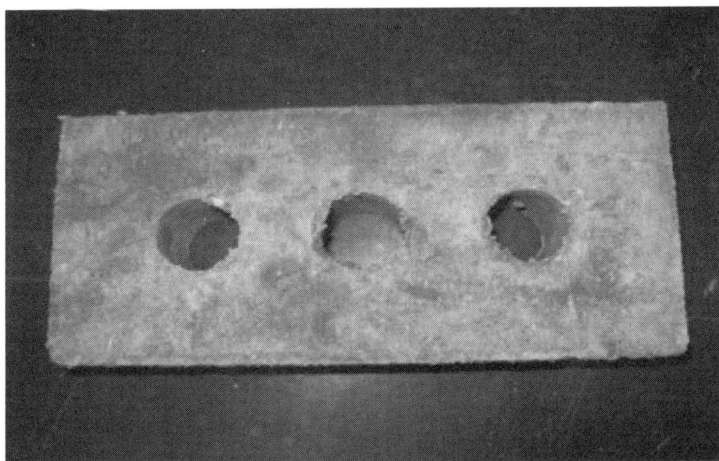

图 4-16　再生混凝土三孔砖

4.2.3　再生混凝土三孔砖配合比设计

采用基于自由水灰比的再生骨料混凝土配合比设计方法进行再生骨料混凝土配合比设计，配制混凝土的强度等级为 C30，基于前期大量试验，水胶比取 0.35，由于黏土砖骨料吸水率大，15 分钟吸水率即可达到 90%，因而将黏土砖骨料预吸水 15 分钟。选取再生黏土砖骨料取代率为 0，20%，40%，70%，100%，研究不同黏土砖取代率对再生混凝土三孔砖抗压强度，含水率，吸水率，软化系数的影响，配合比设计见表 4-10。

配合比设计					表 4-10
单位体积的材料用量(kg/立方米)					
编号	水泥	再生黏土砖骨料取代率	石子	砂子	水
A1	375	0	1165	740	132
A2	375	20%	932	740	132
A3	375	40%	699	740	132
A4	375	70%	349.5	740	132
A5	375	100%	0	740	132

4.2.4 三孔砖物理性能

(1) 三孔砖吸含水率、吸水率

参照《混凝土砌块和砖试验方法》GB/T 4111—2013，对 0、20%、40%、70%、100%五种不同再生骨料取代率的混凝土三孔砖在自然养护条件下养护 28d 后进行含水率、吸水率测定，试验结果见图 4-17。

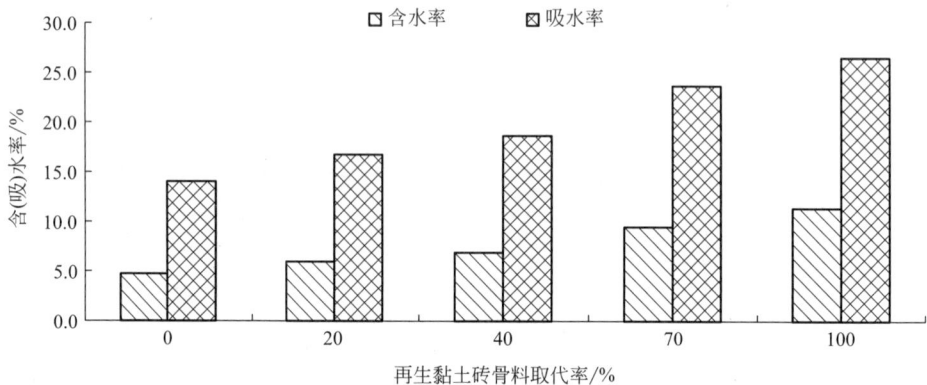

图 4-17　黏土砖骨料掺量与再生混凝土三孔砖含（吸）水率的关系

从图 4-17 中可以看出，当再生黏土砖骨料取代率在 0～100%时，随着再生黏土砖骨料取代率的增加，混凝土三孔砖的含水率、吸水率逐渐增大；当再生黏土砖骨料取代率在 0～40%时，混凝土三孔砖的含水率、吸水率增幅较小，当再生黏土砖骨料取代率大于 40%时，混凝土三孔砖的含水率、吸水率增加幅度较大。

这是由于黏土砖骨料表面粗糙，棱角多，含有大量微裂纹，吸水率大，因而随着黏土砖骨料取代率增加，混凝土三孔砖含水率、吸水率增加。

(2) 三孔砖软化系数

参照《混凝土砌块和砖试验方法》GB/T 4111—2013，对再生骨料取代率分别为 0、20%、40%、70%、100%的混凝土三孔砖在自然养护条件下养护 28d 后进行软化系数测定，试验结果如图 4-18 所示。

从图 4-18 中可以看出，当再生黏土砖骨料取代率在 0～100%时，混凝土三孔砖的软化系数呈不断下降趋势。当再生黏土砖骨料取代率在 0～40%时，随黏土砖骨料取代率增大，混凝土三孔砖的软化系数下降趋势较为平缓；当再生黏土砖骨料取代率超过 40%时，

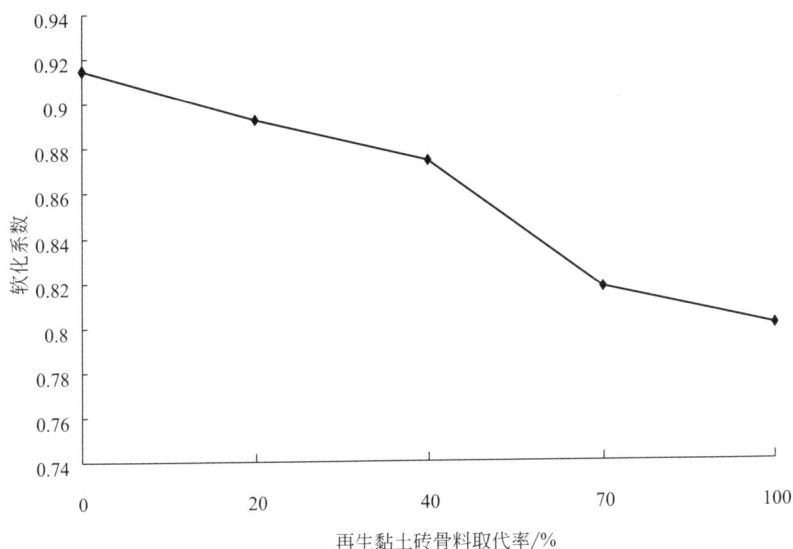

图 4-18　黏土砖骨料掺量与再生混凝土三孔砖软化系数的关系

混凝土三孔砖的软化系数降低幅度较大，当掺量达到 100% 时，其软化系数为 0.8，仍满足相关标准要求。

　　由于再生黏土砖骨料的结构疏松、多孔隙，耐水性差，当再生黏土砖骨料取代率较小时，水泥水化产物附在黏土砖骨料表面，界面结构较致密，因而混凝土三孔砖的软化系数下降趋势平缓，但当再生黏土砖骨料取代率超过 40% 后，水泥水化产物对黏土砖骨料表面包裹、密实作用降低，最终导致再生混凝土三孔砖耐水性能变差。

4.2.5　三孔砖力学性能

　　参照《混凝土砌块和砖试验方法》GB/T 4111—2013，将再生黏土砖骨料取代率分别为 0，20%，40%，70%，100% 的 5 组混凝土三孔砖在自然条件下养护 7d，28d 后进行抗压强度测试，其试验结果见图 4-19。

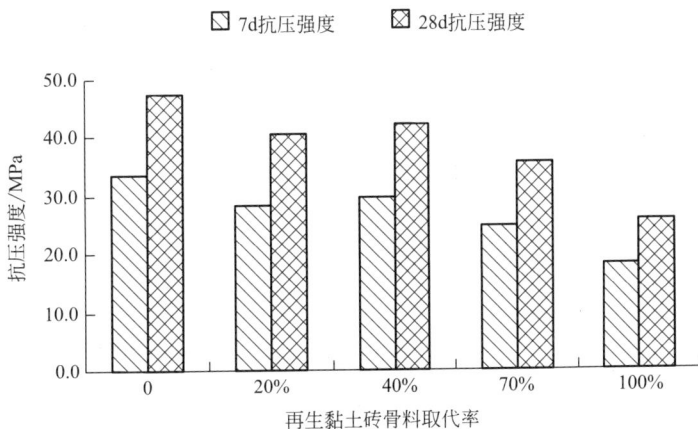

图 4-19　黏土砖骨料掺量与再生混凝土三孔砖抗压强度的关系

从图 4-19 中可以看出，掺入再生黏土砖骨料的混凝土三孔砖的抗压强度明显低于素混凝土三孔砖的抗压强度，当再生黏土砖骨料取代率在 0~40％时，混凝土三孔砖 7d，28d 的抗压强度先下降后升高，当再生黏土砖骨料取代率为 40％时，混凝土三孔砖 28d 的抗压强度出现峰值 42.1MPa，当再生黏土砖骨料取代率超过 40％时，混凝土三孔砖 7d，28d 的抗压强度逐渐下降。

这主要是由于当再生黏土砖骨料取代率比较低时，混凝土三孔砖的强度主要取决于内部水泥石结构强度，由于黏土砖骨料吸水率比较大，吸收水泥水化水分，使混凝土实际水灰比降低，提高混凝土结构密实度；另外，再生黏土砖骨料吸收的水分在后期养护过程中释放出来，使水泥水化充分，进一步增加混凝土结构密实性，因而混凝土三孔砖抗压强度在黏土砖骨料取代率为 40％时出现峰值。但是随着再生黏土砖骨料取代率的进一步增大，再生黏土砖骨料的强度成为影响混凝土三孔砖抗压强度的主导因素，由于黏土砖骨料强度远低于天然骨料的强度，因而导致混凝土三孔砖抗压强度的降低。将混凝土三孔砖进行抗压试验，受压破坏照片见图 4-20 及图 4-21。

图 4-20　黏土砖取代率为 40％的再生
混凝土三孔砖受压破坏照片（侧面）

图 4-21　黏土砖取代率为 40％的再生
混凝土三孔砖受压破坏照片（断面）

图 4-20 及图 4-21 为取代率为 40％的再生混凝土三孔砖受压破坏照片，在混凝土三孔砖抗压强度测试过程中发现，随着荷载增大，试块开始出现裂缝，开始裂缝出现在表层，随着荷载继续增加，三孔砖表面开始外鼓、剥落；从破坏形态来看，再生混凝土三孔砖的破坏是再生粗骨料与水泥凝胶间粘结面的破坏，表明再生混凝土三孔砖的破坏与再生混凝土破坏形式相近。

4.2.6　单掺掺合料裹骨料搅拌对再生混凝土三孔砖性能的影响

（1）单掺掺合料对抗压强度的影响

试验在自然养护条件下，选取再生黏土砖骨料取代率为 40％，分别用 10％，20％，30％，40％的粉煤灰、矿粉等量取代水泥裹再生黏土砖骨料工艺进行改性，研究不同掺量粉煤灰、矿粉裹骨料搅拌对混凝土三孔砖 7d，28d 抗压强度的影响，试验结果见图 4-22。

从图 4-22 中可以看出，采用矿粉裹骨料搅拌的混凝土三孔砖抗压强度较粉煤灰裹骨料搅拌的混凝土三孔砖抗压强度高；采用粉煤灰裹黏土砖骨料后，混凝土三孔砖 7d，28d 抗压强度开始变化不大，当粉煤灰掺量为 20％时，混凝土三孔砖 28d 抗压强度达到最大值，比未掺粉煤灰时强度提高 1.7MPa，当粉煤灰掺量超过 20％时，混凝土三孔砖 7d，

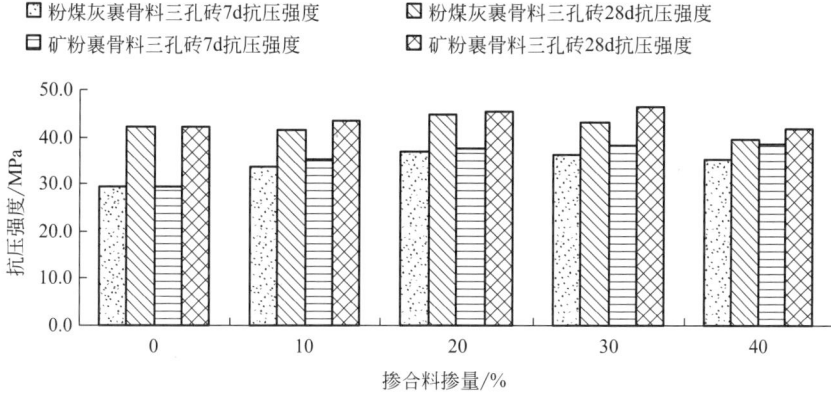

图 4-22　掺合料裹骨料搅拌与再生混凝土三孔砖抗压强度的关系

28d 抗压强度逐渐降低；采用矿粉裹黏土砖骨料后，混凝土三孔砖的抗压强度逐渐提高，当矿粉掺量为 30％时，混凝土三孔砖 28d 抗压强度最高，比未掺时提高 3.5MPa，但当矿粉掺量超过 30％时，混凝土三孔砖 7d，28d 抗压强度比未掺矿粉时下降。

在再生黏土砖骨料表面包裹一层矿物掺和料，由于再生黏土砖骨料的孔隙较大，表面粗糙，矿物掺和料在水化后，通过机械咬合力、范德华力等牢固地附着于再生黏土砖骨料的表面；同时由于掺和料附着于再生黏土砖骨料的表面，在集料-砂浆界面过渡区域内活性掺和料能与水泥水化产生的 CH 反应，生成有利于界面粘结的 C-S-H 凝胶及钙矾石，消耗了尺寸粗大的并富集排列的 CH，且未参与反应的细微矿物颗粒能极好地填充于界面处孔隙及微裂缝，在整个混凝土三孔砖的复合体系中形成更加均匀的界面结构，在各个组分中有效的传递荷载，优化和改善界面过渡区结构。

（2）单掺掺合料对吸水率、含水率的影响

试验在自然养护条件下，分别对粉煤灰、矿粉掺量为 0、10％、20％、30％、40％的混凝土三孔砖的吸水率、含水率进行测试，试验结果见图 4-23。

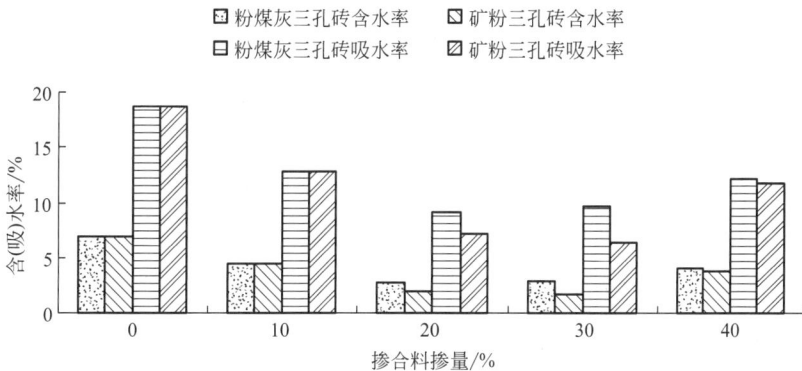

图 4-23　掺合料掺量与再生混凝土三孔砖吸（含）水率的关系

从图 4-23 中可以看出，当粉煤灰掺量在 0～20％范围内时，混凝土三孔砖的吸水率、含水率不断降低，当粉煤灰掺量为 20％时，混凝土三孔砖的吸水率、含水率最低，当粉煤灰掺量超过 20％时，吸水率、含水率增加；而当矿粉掺量在 0～30％范围内时，混凝土三孔砖吸水率、含水率呈现为不断下降的趋势，矿粉掺量为 30％时，混凝土三孔砖的吸水率、含水率出现最小值，当矿粉掺量超过 30％时，混凝土三孔砖的吸水率含水率出现增长。这是因为活性掺合料具有微晶核效应、微集料效应，粉煤灰与矿粉的物理填充和化学活性填充作用，使混凝土三孔砖的界面结构密实度提高，耐水性提高，而矿粉与粉煤灰相比具有更好的颗粒活性，所以掺加矿粉的混凝土三孔砖耐水性能较好，但是随着矿物掺合料的掺量不断提高，过高的矿物掺合料颗粒出现聚集，引入大量有害孔，导致混凝土三孔砖耐水性能变差。

（3）单掺掺合料对软化系数的影响

在自然养护条件下，分别对粉煤灰、矿粉掺量为 0、10％、20％、30％、40％的 9 组混凝土三孔砖的软化系数进行测试，试验结果见图 4-24。

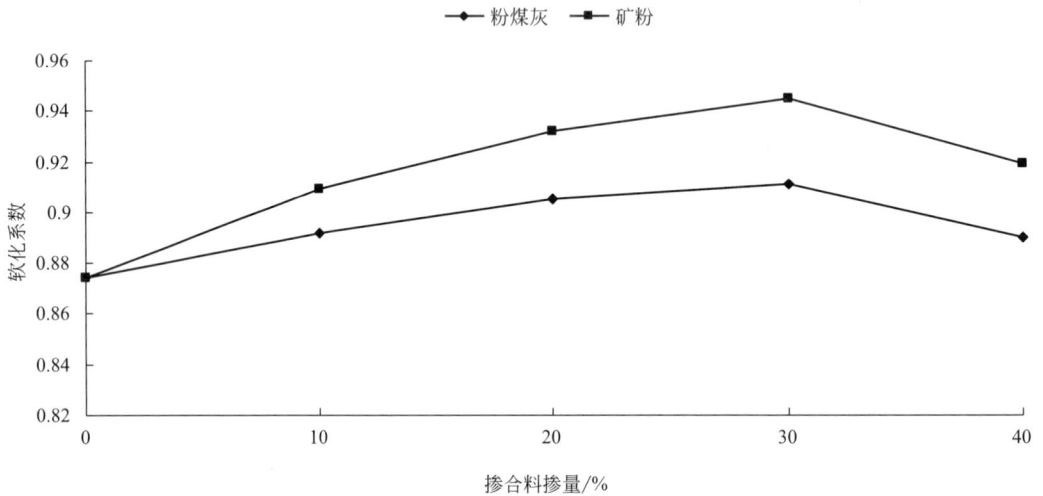

图 4-24　掺合料掺量与再生混凝土三孔砖软化系数的关系

从图 4-24 中可以看出，当粉煤灰、矿粉掺量在 0～30％内时，随着掺合料掺量的增加，混凝土三孔砖的软化系数也随之增大，当粉煤灰、矿粉掺量为 30％时，混凝土三孔砖的软化系数达到最大值，分别比未掺时提高 0.04 与 0.08，耐水性能最好，当粉煤灰、矿粉掺量超过 30％后，混凝土三孔砖的软化系数出现降低趋势。这是因为黏土砖骨料表面粗糙空隙多，活性掺合料能够增强三孔砖的致密度，密实三孔砖毛细通道，提高耐水性，但是由于矿物掺合料的掺量的不断提高，过高的矿物掺合料颗粒出现聚集，引入大量有害孔，耐水性能出现下降。

4.2.7　复掺掺合料裹骨料搅拌对再生混凝土三孔砖性能的影响

试验在自然养护条件下，选取再生黏土砖骨料取代率为 40％，采用复掺掺合料裹骨料搅拌工艺，粉煤灰和矿粉复掺的掺量情况如表 4-11 所示。

粉煤灰和矿粉复掺的掺量情况

表 4-11

编号	粉煤灰掺量	矿粉掺量
A3	0	0
D1	10％	10％

续表

编号	粉煤灰掺量	矿粉掺量
D2	10%	20%
D3	20%	10%
D4	20%	20%

（1）复掺掺合料对抗压强度的影响

测试 A3 及 D1～D4 共 5 组试块 7d，28d 抗压强度，试验结果见图 4-25。

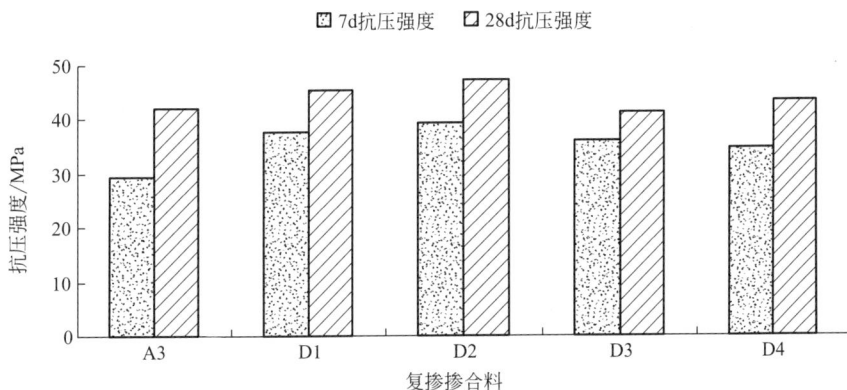

图 4-25　复掺粉煤灰与矿粉裹骨料与再生混凝土三孔砖抗压强度的关系

从图 4-25 中可以看出两种掺和料复合后，能够较大程度提高混凝土三孔砖的强度，D2 组即粉煤灰掺量 10%，矿粉掺量 20% 时的混凝土三孔砖强度最高，比基准混凝土三孔砖 7d，28d 强度分别提高 5.2MPa 与 5.1MPa，比单掺掺合料裹骨料改性效果好，当粉煤灰掺量一定时，随着矿粉掺量的提高，混凝土三孔砖的强度提高，当矿粉掺量一定时，随着粉煤灰掺量的增加混凝土三孔砖的强度降低。

这主要是由于矿粉、粉煤灰复掺具有一定的"叠加效应"，各组分本身固有活性和物理化学性质的差异，在水泥水化过程中会发生"梯度水化效应"，在水化早期，水泥组分会起水化主导作用，其水化产物会促进粉煤灰、矿粉等掺合料的水化，经一定龄期后，矿粉和粉煤灰的水化会逐渐加深，不同掺合料的水化都起到了强度弥补的作用，同时激发另一种掺合料，从而加速了水化反应过程。而且，不同的矿物掺合料对混凝土有不同的作用，掺矿粉使混凝土早期强度提高，而粉煤灰可以提高后期强度，因而复合掺用可以起到性能互补的"叠加效应"，提高混凝土三孔砖的强度。

（2）复掺掺合料对吸水率、含水率影响

将复掺掺合料的再生混凝土三孔砖在自然养护条件下养护 28d，测试 A3 及 D1～D4，5 组试块的吸水率、含水率，试验结果见图 4-26。

从图 4-26 中可以看出，复掺掺合料裹骨料搅拌可以降低再生混凝土三孔砖的吸水率与含水率，当矿粉掺量为 20%，粉煤灰掺量为 10% 时，再生混凝土三孔砖的含水率与吸水率最低，分别比未掺掺合料时降低 5.4% 与 13.7%，比单掺掺合料时改性效果好。这是由于矿粉与粉煤灰复掺，由于矿粉本身具有一定的水硬性，同时水泥、粉煤灰、矿粉组成的三元体系的级配得到优化，使硬化浆体孔隙率降低，密实度提高，吸水率降低，耐水性增强。

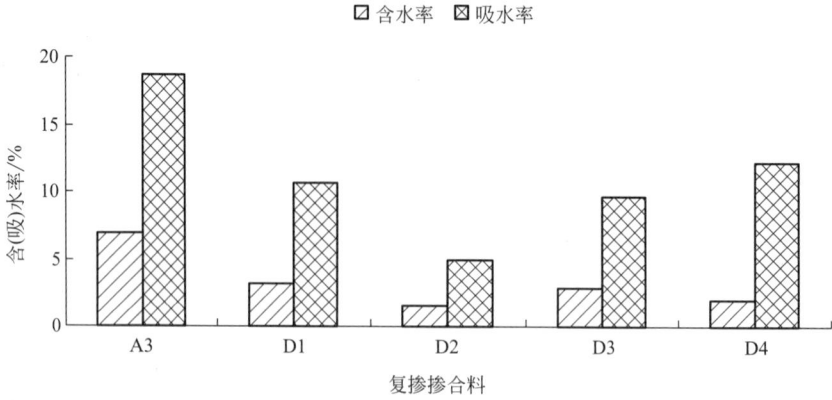

图 4-26　复掺粉煤灰与矿粉裹骨料与再生混凝土三孔砖含水率、吸水率的关系

（3）复掺掺合料对软化系数的影响

将复掺掺合料的再生混凝土三孔砖在自然养护条件下养护 28d，测试 A3 及 D1～D4，5 组试块的软化系数，试验结果见图 4-27。

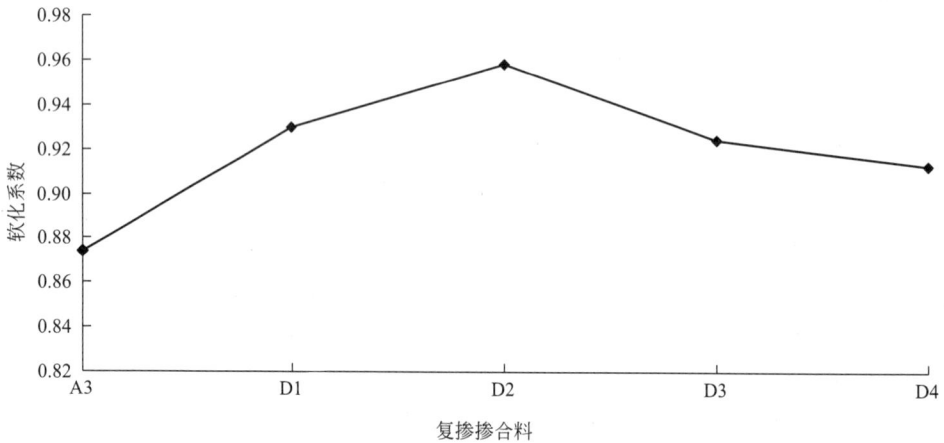

图 4-27　复掺粉煤灰与矿粉裹骨料与再生混凝土三孔砖软化系数的关系

从图 4-27 中可以看出，复掺掺合料裹骨料搅拌可以提高再生混凝土三孔砖的软化系数，D2 组即当矿粉掺量为 20%，粉煤灰掺量为 10% 时，再生混凝土三孔砖的软化系数达到最优值 0.96，比未掺掺合料的混凝土三孔砖软化系数提高 0.09，优于单掺掺合料的混凝土三孔砖。

这是由于矿粉活性比较高，与水泥水化产物 CH 在相当短的时间里就能发生反应，且水泥，粉煤灰及矿粉组成三元体系得到优化，降低孔隙率，同时由粉煤灰和磨细矿粉组成的复合掺和料，可以利用矿粉的晶核作用提高混凝土的碱度，激发粉煤灰的活性，充分发挥复合掺和料的火山灰复合效应、微集料效应等交互作用，提高复掺掺和料裹骨料混凝土三孔砖的耐水性。

4.3　村镇建筑垃圾再生双通孔抗震砖

目前，一般用于建材领域的砖类墙体材料大多仍以烧结黏土砖为主，制备烧结黏土砖的主要原料为粉质或砂质黏土，经过取土、炼泥、制坯、干燥、焙烧而成。取土是生产烧结黏土砖的前提条件，在替土的过程中往往占据了大量的耕地，造成了水土流失；而在焙烧过程中往往还要造成更大的能源消耗，因此，为了实现保护耕地、保持水土、节能减排的长远意义，许多研究者开展了其他途径制备建筑墙体普通砖的研究。从原材料角度，开始由采用黏土原料向以建筑垃圾、工业废渣为主要原料方向发展；从工艺角度，正在由传统的人工制坯、高温焙烧向机械批量成型、自然养护、常温蒸养等制备工艺方向发展。在以建筑垃圾和工业废渣作为主要替代骨料制备建筑墙体混凝土砖的研究方面，大量的研究是集中在建筑废弃砖、石、混凝土和尾矿、粉煤灰、煤矸石和矿渣等几种工业废渣，但不管采用何种建筑垃圾或工业废渣，从原料选替、生产工艺、生产能耗和产品性能来看，并不能很好的做到因地制宜、产品性能优异和较高的能源利用率，且产品成本偏高。

为了克服村镇建筑垃圾问题及现有砖及空心砌块生产时耗费原材料、污染环境及其砌筑的墙体承载力差、抗震能力差、墙体容易开裂、渗水等缺点，所以设计一种以村镇废弃黏土砖为主要原料，通过免烧免蒸振动加压方式成型，在自然养护条件下生产出来新型再生双通孔抗震砖，不但节约天然资源而且在生产过程中降低能耗、减少污染，同时能较好克服墙体抗震性能低下的问题，增强墙体拉结力、节能、环保、施工操作简便，适用于现代村镇普通单层及多层建筑。

4.3.1 再生双通孔抗震砖材料组成

再生双通孔抗震砖选取的主要组成材料水泥，粗集料，细集料，黏土砖骨料，粉煤灰同 4.2 中再生混凝土三孔砖的原材料，具体指标可见 4.2.1。

外加剂选用聚羧酸高效减水剂，为溶剂型棕黄色液体产品，掺量为胶凝材料用量的 0.5%～1.2%。

4.3.2 再生双通孔抗震砖的生产工艺

（1）再生双通孔抗震砖孔型设计

孔型设计原理：

1）首先要考虑生产工艺上的实现性。孔型要符合芯具制作的基本要求，如加工工艺和材质条件；考虑砖的外壁厚，为脱水均匀，收缩趋于一致，砖断面上肋宽应保持一致，降低干燥损失。

2）孔洞形状的选择。鉴于我们从建筑设计要求，生产工艺条件和施工方法等多方面综合考虑，最终确定再生双通孔抗震砖的规格，砖体为一平行六面体，其尺寸：长×宽×高为 240mm×115mm×53mm，砖体上的两个孔均为通孔（上、下贯通），孔径为 40mm，两孔中心距为 125mm，孔中心与砖外缘的距离为 57.5mmm，沿砖面两孔横向中心及两孔纵向中心开宽度均为 10mm、深度均为 5mm 的半方沟槽，其平面设计图、正立面设计图、侧立面设计图如图 4-28、图 4-29、图 4-30 所示，该项成果获得 1 项发明专利"再生混凝土砖及其制备方法（ZL 201210441551.2）"和 1 项实用新型专利"一种通孔砖结构（ZL 201220614846.0）"。

（2）再生双通孔抗震砖的成型工艺

再生双通孔抗震砖生产用的主要设备有开口式圆形混凝土搅拌槽、传送带、砖体模具

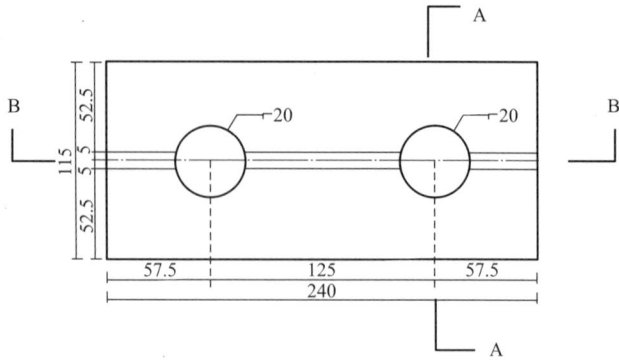

图 4-28　再生双通孔抗震砖平面设计图（mm）

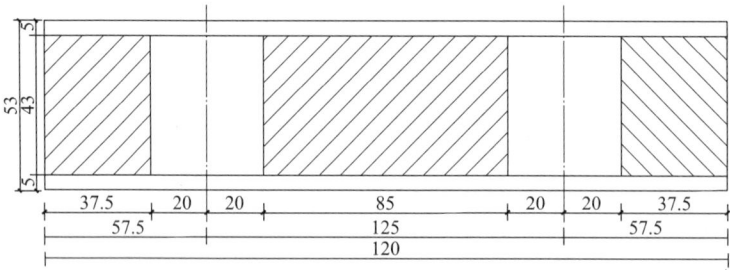

图 4-29　再生双通孔抗震砖 A-A 剖面设计图（mm）

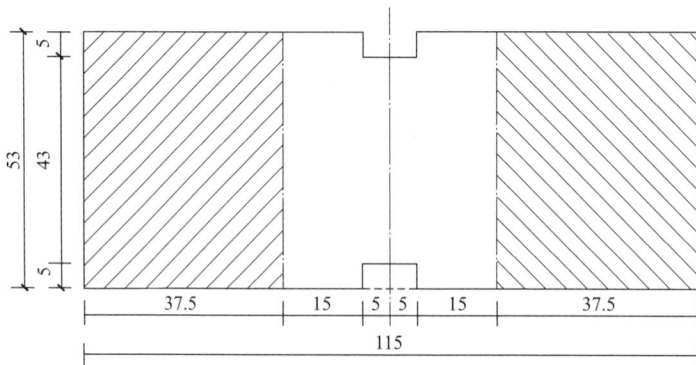

图 4-30　再生双通孔抗震砖 B-B 设计图（mm）

及半自动式制砖成型机。其制备工艺为：

1）配合比设计

设计生产该再生双通孔抗震砖的再生混凝土 1 立方米配合比，按照产品抗压强度均值达到 15MPa、20MPa、25MPa、30MPa、35MPa，达到标准砌墙砖 MU10、MU15、MU20、MU25、MU30 级别的设计配合比。

2）骨料预吸水

将预先称量好的两份再生骨料与天然碎石骨料分别置于两个双层砂槽上层，砂槽为长方体容器，底部见方 1m，高度 20cm，其上层为直径 2mm 的钢板圆孔筛，下部为储水槽，将再生骨料与碎石充分淋水并达到饱和，多余的水分可以从上层筛孔流出。再生骨料与天然骨料的预吸水原则为：当前生产批次使用的预吸水处理骨料应提前 1～2 批次吸水完毕，既要保证骨料达到吸水饱和所需的时间，同时也要确保淋水过程中多余的水分最大限度的散失，以满足该批次骨料投入使用时不引入过多的水分。

3）骨料预搅拌

将预吸水饱和的骨料投入制砖机的储料搅拌斗，同时加入称量好的砂、水泥，进行粗细骨料与胶凝材料的预搅拌，搅拌速度为慢速，并控制搅拌时间为 90s 左右，使粗细骨料颗粒表面与水泥充分接触，以实现水泥的充分水化，达到更高的强度水平。

4）加水搅拌

将外加剂溶于匹配设计配合比用水量的水中并溶解均匀，以设计配合比的用水量与外加剂质量的总和为上限，在搅拌的同时，初步均匀分散的加入总溶剂用量的二分之一，根据拌合物实际的干稀程度，以现浇 C30 混凝土规定的 120～140mm 坍落度为最终效果，在满足和易性要求时即停止加水，变换搅拌速度为快速，搅拌时间 60s，然后由传送带送至振动台顶部出料口。

5）振动工艺

开启砖机振动台，边振动边手动开启出料口出料装模，待拌合料完全覆盖模具，且经振动密实填满模具内部时，停止出料；边振动边压实，一遍压实后，继续少量出料，填补模具中的空余空间，如此反复 2～3 次，在成型脱模之前保证总振动时间不少于 60s。

6）产品脱模

脱模时先是模具上部上升砖体高度的三分之一，然后小幅度点击振动台按钮 1～2 次，每次振动 1 秒即可，致使成型的砖体在结构不破坏的前提下顺利脱模。产品由砖机前部低速传送带输送至运输工具并堆放到养护场地，成品摆放轻拿轻放，不可大幅度振动，且初始堆积高度（连同垫板厚度在内）不超过 10 皮砖。

7）养护制度

采取自然养护方式，将该批次产品与其他批次产品做好区分，先整体覆盖塑料布保温保湿养护 3d，每日早中晚采用喷淋浇水 3 次，保证水分浸透砖体，且堆积周围地面有部分积水，以满足覆盖塑料布后内部充足的湿润水蒸气；养护至 7d 可撤掉塑料布，每日露天洒水 2 次养护至 14d；拆除产品底部垫板，将再生双通孔抗震砖整体堆放，整理养护用地，为其后批次的初期养护产品提供养护前期空间；养护至 28d，产品可投入实际工程使用。再生双通孔抗震砖的成型工艺流程见图 4-31，成型后的再生双通孔抗震砖如图 4-32 所示。

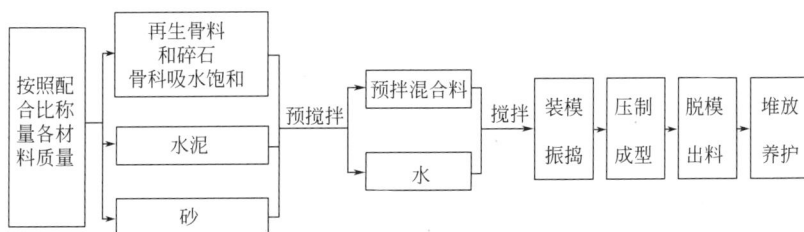

图 4-31　再生双通孔抗震砖成型的工艺流程

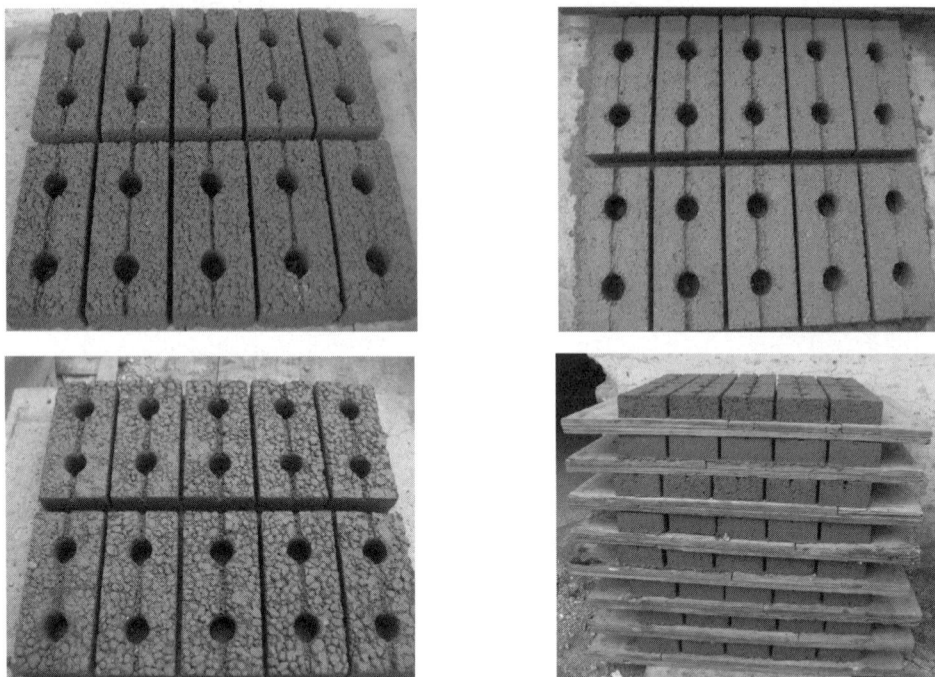

图 4-32　成型后的再生双通孔抗震砖

（3）再生双通孔抗震砖主要工艺参数的控制

生产再生双通孔抗震砖主要应控制的工艺参数如下：

1）再生骨料粒径的控制

再生双通孔抗震砖的壁和肋不小于 25mm，为了使混合料能较均匀的充满模腔，要严格控制骨料的最大粒径小于 20mm，否则会影响制品的密实度或损伤模具。

2）成型压力的控制

为保证再生双通孔抗震砖的强度，采用振动加压成型，为避免出浆现象，使再生双通孔抗震砖结构密实，参考国内制砖机生产厂家的工业参数再加以调试，选取挤压应力为 25MPa。

3）搅拌时间的控制

天然骨料、再生骨料与胶凝材料的预搅拌时间要严格控制，不少于 90s，加入水和外加剂时，确定拌合物和易性之前采取低速搅拌，在满足和易性要求后，高速搅拌的时间不少于 60s。

4）再生双通孔抗震砖的养护

养护制度与制品的质量密切相关。合理养护可以使水泥水化充分、凝结硬化，使再生双通孔抗震砖获得需要的力学性能和耐久性能。本文对成品采用自然养护方式，整体覆盖塑料布保温保湿养护 3d，养护至 7d 可撤掉塑料布露天洒水养护，至 14d 之后可以整体堆放，养护龄期达到 28d 可投入使用。

4.3.3　再生双通孔抗震砖配合比设计

采用基于自由水灰比的再生骨料混凝土配合比设计方法进行再生骨料混凝土配合比设

计，配制混凝土的强度等级为 C30。通过前期大量试验，以及实际工程经验，水胶比取 0.35。具体试验配合比见表 4-12。

试验配合比　　　　　　　　　　表 4-12

编号	再生骨料替代率	单位体积材料用量/kg·m⁻³					
		水泥	砂	碎石	再生骨料	水	减水剂
1	0%	375	740	1165	0	130	2
2	20%	375	740	932	233	130	2
3	40%	375	740	699	466	130	2
4	60%	375	740	466	699	130	2
5	80%	375	740	233	932	130	2
6	100%	375	740	0	1165	130	2

4.3.4　再生双通孔抗震砖物理性能

村镇建筑垃圾主要为废弃黏土砖，废弃黏土砖作为再生骨料与天然岩石骨料相比差别很大，其表面粗糙，棱角多，吸水率大，强度低，再生利用困难。此外，目前村镇现有的混凝土砖，空心砖强度低，其砌筑墙体易开裂，承载力差，抗震性差，针对上述问题，采用再生骨料预吸水的方式配制再生混凝土，应用机械振动成型工艺制备再生双通孔抗震砖，为了检验村镇建筑垃圾再生双通孔抗震砖的各项技术指标是否满足规范要求，参照《混凝土实心砖》GB/T 21144—2007 和《砌墙砖试验方法》GB/T 2542—2012 进行各项技术指标的性能试验。

（1）吸水率、含水率、饱和系数

参照《混凝土砌块和砖试验方法》GB/T 4111—2013，对 0、20%、40%、60%、80%、100%六种不同再生骨料替代率的再生双通孔抗震砖在自然养护条件下养护 28d 后进行含水率、吸水率测定，试验结果见图 4-33、图 4-34。

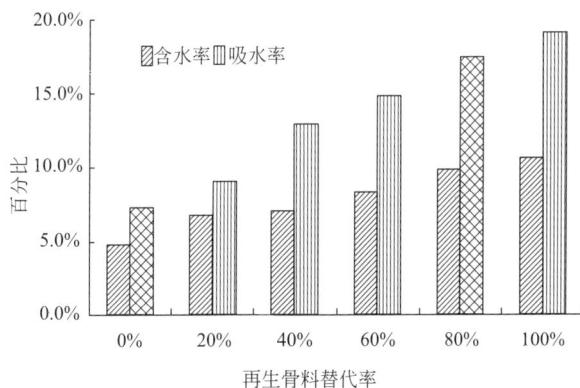

图 4-33　再生骨料替代率与再生双通孔抗震砖含（吸）水量、含（吸）水率的关系

从图 4-33、图 4-34 中可以得出，当再生骨料替代率在 0～100%时，随着再生骨料替代率的增加，再生双通孔抗震砖的含水率、吸水率逐渐增大，饱和系数逐渐降低；当再生

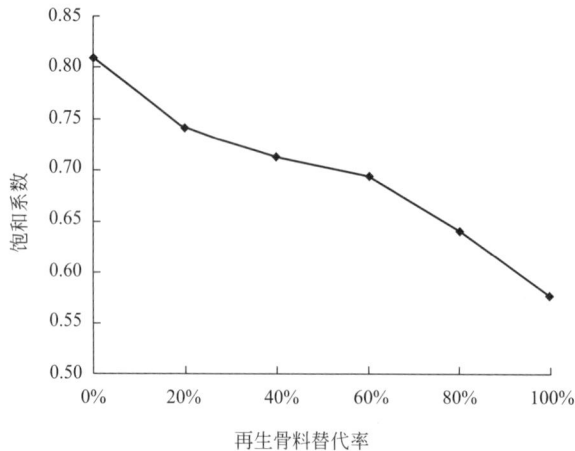

图 4-34　再生骨料替代率与再生双通孔抗震砖饱和系数的关系

骨料替代率在 20％～60％区间时，再生双通孔抗震砖的含水率、吸水率增幅较小，饱和系数降幅较平缓，当再生骨料替代率在 0％～20％、60％～100％时，再生双通孔抗震砖的含水率、吸水率增加幅度较大，饱和系数降幅明显。

当再生骨料替代率在 20％～60％区间时，再生双通孔抗震砖的含水率、吸水率、饱和系数波动性很小，同时根据新型墙体材料免烧砖标准指标要求，饱和系数是评价再生双通孔抗震砖耐久性的重要指标，且综合考虑实际生产加工的因素，得出在 20％～60％区间时，再生骨料替代率区间生产的再生双通孔抗震砖具有最合理的含水率和吸水率，并且能达到相对良好的耐久性。

上述结果是由于再生骨料表面粗糙、棱角多、含有大量微裂纹，导致吸水率大，因而随着再生骨料替代率增加，再生双通孔抗震砖含水率、吸水率增加，饱和系数降低。

（2）干燥收缩率

再生混凝土的干燥收缩与徐变是影响再生混凝土性能的重要因素。一般而言，再生混凝土中骨料孔隙率比天然骨料大，吸湿性比较强，吸水率比较高，水化过程中失水率自然也较高，干燥收缩与徐变也较大，这也是再生混凝土难以在大体积、承重型结构中应用的主要原因。混凝土在服役期开裂是现阶段任何混凝土结构都难以克服的困难，再生混凝土应用过程中这一情况就更加明显，而开裂的主要原因就是塑性变形。

针对以上内容进行 0、20％、40％、60％、80％、100％六种不同再生骨料替代率的再生双通孔抗震砖在自然养护条件下养护 28d 后进行干燥收缩率的测定，试验结果如图 4-35 所示。

从图 4-35 可以看出，当再生粗骨料替代率在 0～100％时，随着替代率的增加，混凝土干燥收缩率逐渐增大，但增大的幅度有所不同，再生粗骨料替代率在 0～40％、80％～100％干燥收缩率增加幅度较大。在再生粗骨料替代率为 0～80％时，符合《混凝土实心砖》GB/T 21144—2007 中对干燥收缩率的规定范围（＜0.050），因此，结合实际再生双通孔抗震砖的生产成品状况，使再生双通孔抗震砖的干燥收缩率性能达到较优时的再生粗骨料最佳替代率范围为 40％～60％。

干燥收缩值的产生是由于制品在干燥气候条件下体积收缩变化，干燥收缩值大，砌筑

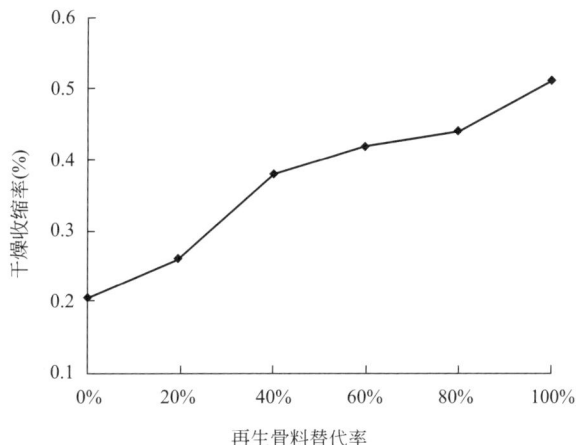

图 4-35　再生骨料替代率与再生双通孔抗震砖干燥收缩率的关系

墙体后，墙体在气候干湿变化过程中因体积收缩而容易导致墙体开裂，影响墙体强度和耐久性能。影响再生双通孔抗震砖干燥收缩的因素很多，有混凝土在硬化期内的自收缩；水蒸发引起的收缩；碳化收缩等。而由于利用再生混凝土制备的墙体材料具有含（吸）水率大的特点，使得含（吸）水率很大程度上影响着干燥收缩率。

（3）耐水性

再生双通孔抗震砖耐水性能主要通过软化系数来评价，参照《混凝土实心砖》GB/T 21144—2007 和《砌墙砖试验方法》GB/T 2542—2012 规定的试验方法，对 0、20%、40%、60%、80%、100%六种不同再生骨料替代率的再生双通孔抗震砖在自然养护条件下养护 28d 后进行软化系数的测定，试验结果如图 4-36 所示。

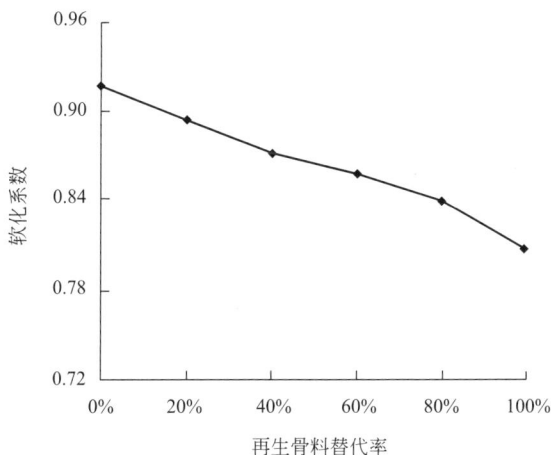

图 4-36　再生骨料替代率与再生双通孔抗震砖软化系数的关系

当再生骨料替代率在 0～100%时，再生双通孔抗震砖的软化系数呈不断下降趋势。当再生骨料替代率为 100%时，软化系数达到最大值 0.92；当再生骨料替代率在 20%～80%时，随再生骨料替代率增大，再生双通孔抗震砖的软化系数下降趋势较为平缓；当再生骨料替代率超过 80%时，再生双通孔抗震砖的软化系数降低幅度较大；当再生骨料替代率达到 100％时，其软化系数为 0.81，仍满足相关标准要求。

由于再生骨料的结构疏松、多孔隙，耐水性差，当再生骨料替代率较小时，水泥水化产物附在再生骨料表面，界面结构较致密，因而再生双通孔抗震砖的软化系数下降趋势平缓，但当再生骨料替代率超过 40％后，水泥水化产物对再生骨料表面包裹、密实作用降低，最终导致再生双通孔抗震砖耐水性能变差，水分的大量渗入，致使抗压强度降低，从而使再生双通孔抗震砖的软化系数陡然下降。

（4）抗冻性

再生双通孔抗震砖是基于设计在寒冷地区及寒冷环境的建筑物，因此必须考虑墙体材料的抗冻性能，以确保建筑物砌体的耐久性。进行再生双通孔抗震砖冻融试验，观察再生双通孔抗震砖经过冻融试验后是否出现冻裂、缺棱掉角等冻坏现象，或冻后制品强度下降、冻后质量损失等情况，是判定再生双通孔抗震砖耐久性能好坏的重要手段之一。

1）再生双通孔抗震砖冻融循环质量损失

根据《混凝土实心砖》GB/T 21144—2007 和《砌墙砖试验方法》GB/T 2542—2012规定的试验方法，分别对 0、20％、40％、60％、80％、100％六种不同再生骨料替代率的再生双通孔抗震砖，在自然养护条件下养护 28d 后，采用慢冻法，经冻融循环 25 次后，对再生双通孔抗震砖质量损失和强度损失进行测试，结果如图 4-37 所示。

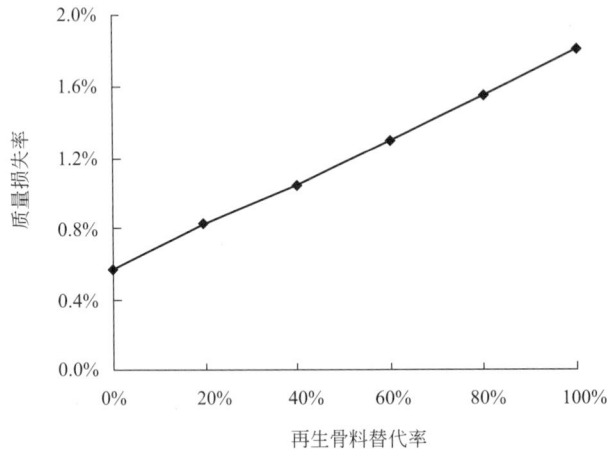

图 4-37　再生骨料替代率与再生双通孔抗震砖冻融循环质量损失的关系

如图 4-37 所示，经过 25 次冻融循环后，再生骨料替代率为 0～100％时的再生双通孔抗震砖的质量损失率逐渐增大。

当再生粗骨料替代率为 100％时，再生双通孔抗震砖的质量损失率达到最大值 1.8％，但仍满足《混凝土实心砖》GB/T 21144—2007 中"质量损失不超过 5％"的标准要求。

2）再生双通孔抗震砖冻融循环强度损失

根据《混凝土实心砖》GB/T 21144—2007 和《砌墙砖试验方法》GB/T 2542—2012规定的试验方法，分别对 0、20％、40％、60％、80％、100％六种不同再生骨料替代率的再生双通孔抗震砖，在自然养护条件下养护 28d 后，采用慢冻法，经冻融循环 25 次后，对再生双通孔抗震砖强度损失进行测试，结果如图 4-38 所示。

经过 25 次冻融循环后，再生骨料替代率为 0～100％时的再生双通孔抗震砖的强度损失率逐渐增大。当再生粗骨料替代率为 100％时，再生双通孔抗震砖的强度损失率达到最大值 20.2％，但仍满足《混凝土实心砖》GB/T 21144—2007 中"强度损失不超过 25％"的标准要求。

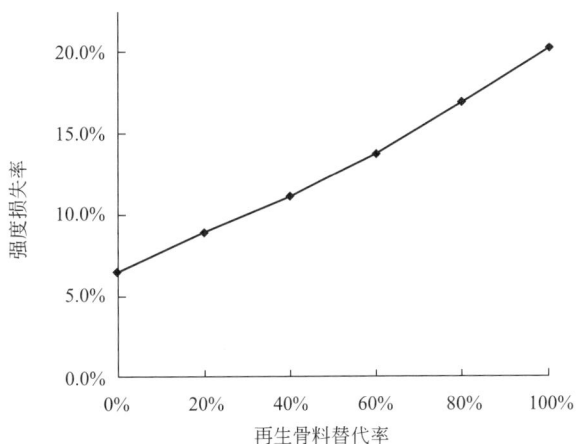

图 4-38　再生骨料替代率与再生双通孔抗震砖冻融循环强度损失的关系

由于再生粗骨料的强度本身比天然骨料低，吸水率大，因此在冻融循环的融化阶段，导致其在水中浸泡后体积膨胀，且随着再生粗骨料替代率的增大体积膨胀增大。再经过冻融循环的冷冻阶段后，膨胀的结构中出现裂缝、掉落，且体积膨胀越大的再生双通孔抗震砖，结构破坏的越多，内部稳定性越差，因此使其抗压强度降低，从而降低了整个再生双通孔抗震砖的抗冻能力，影响再生双通孔抗震砖砌体结构的耐久性。

4.3.5　再生双通孔抗震砖力学性能

（1）抗压强度

再生双通孔抗震砖的力学性能研究着重放在再生粗骨料替代率对其强度的影响。抗压强度、抗折强度是再生双通孔抗震砖的重要力学性能，研究不同再生粗骨料替代率对再生双通孔抗震砖抗压强度、抗折强度的影响具有重要的意义。

1）自然养护条件下再生骨料替代率对再生双通孔抗震砖抗压强度的影响

参照《混凝土实心砖》GB/T 21144—2007 和《砌墙砖试验方法》GB/T 2542—2012 规定的试验方法，对 0、20％、40％、60％、80％、100％六种不同再生骨料替代率的再生双通孔抗震砖在自然养护条件下养护 3d、7d、28d 的抗压强度进行测试，并对不同再生骨料替代率的再生双通孔抗震砖的强度增长变化进行分析，结果如图 4-39 所示。

图 4-39 所示的结果可以看出，再生粗骨料替代率在 0～40％时，随着替代率的增加，再生双通孔抗震砖 3d、7d、28d 抗压强度先减小后增加；替代率在 40％～100％时，抗压强度逐渐减小。替代率为 0 时，再生双通孔抗震砖的 28d 抗压强度最大，其抗压强度可达到 40.4MPa，当再生粗骨料替代率为 100％时，比替代率为 0 时的 28d 抗压强度降低 59.4％。当再生骨料替代率在 20％～60％时，再生双通孔抗震砖的前期强度增长较快，且在再生骨料替代率为 40％时，其抗压强度超过再生骨料替代率为 20％时的抗压强度，具

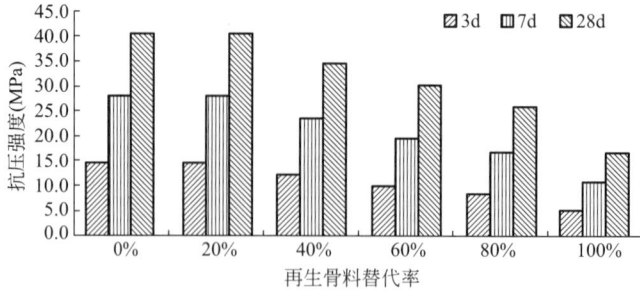

图 4-39 再生骨料替代率与再生双通孔抗震砖自然养护 3d、7d、28d 抗压强度的关系

有最好的再生骨料、天然骨料、细骨料和胶凝材料的综合协调作用。

同时，当再生双通孔抗震砖的再生骨料替代率为 20% 和 40% 时，其抗压强度均达到了 30MPa，而当再生骨料替代率为 60% 和 80% 时，其抗压强度达到了 25MPa，分别可以达到制备 MU25、MU20 级别的标准承重砖。

因此，可以得出在再生粗骨料的替代率为 40～60% 时，以此配合比制备出再生双通孔抗震砖既可以达到较高的骨料替代率以实现其经济效益，又可以达到较高的抗压性能实现其作为砌体结构承重材料功能的目的。

2）不同预处理方法再生骨料替代率对再生双通孔抗震砖抗压强度的影响

在实际生产施工过程中，往往伴随着不同的施工环境和施工方法，因此结合实际工程施工条件，研究不同处理方式和使用方法下的再生双通孔抗震砖的抗压强度，对反应实际工程建设中的再生双通孔抗震砖砌体的性能至关重要。

通常构筑物在使用墙体材料建筑时，会预先对墙体材料进行吸水饱和的预处理，以实现其在砌筑时与砌筑砂浆良好的粘结性；有根据《混凝土实心砖》GB/T 21144—2007 和《砌墙砖试验方法》GB/T 2542—2012 规定的试验方法，对再生双通孔抗震砖在自然养护28d 后，进行吸水饱和和坐浆法 3d 两种预处理方法的抗压强度测试。

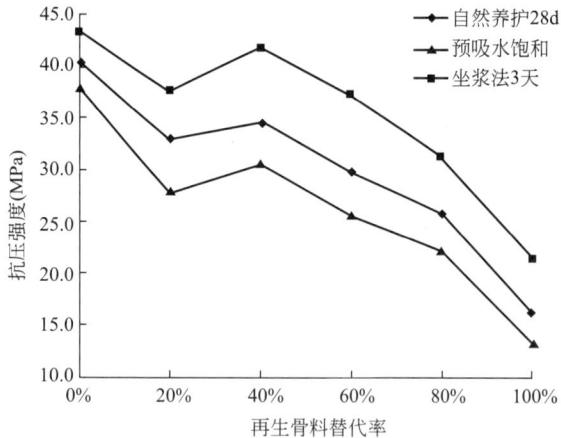

图 4-40 不同再生粗骨料替代率、预处理方法的再生双通孔抗震砖抗压强度

如图 4-40 所示，对于两种不同处理方法，采用坐浆法处理后的再生双通孔抗震砖具有最好的抗压性能，且按每种方法处理后的再生双通孔抗震砖都在再生骨料替代率为 40%

时达到强度峰值,此后随着再生骨料替代率的增大,抗压强度下降的幅度逐渐增大。

再生双通孔抗震砖抗压强度降低的原因除了再生粗骨料强度不高,压碎指标高于天然骨料外,再生粗骨料的含(吸)水率远大于天然骨料,再生双通孔抗震砖本身用水量的增加也导致有效水灰比的增加,抗压强度进一步下降。

(2)抗折强度

按照《混凝土实心砖》GB/T 21144—2007 和《砌墙砖试验方法》GB/T 2542—2012 规定的试验方法,对 0、20%、40%、60%、80%、100%六种不同再生骨料替代率的再生双通孔抗震砖在自然养护 28d 的条件后进行抗折强度测试。

进行抗折强度的试件应预先进行吸水 24h 的饱水处理,同时再对自然干燥条件下的不同再生骨料替代率的再生双通孔抗震砖进行抗折强度测试,以此作为参照对比,如图 4-41 所示。

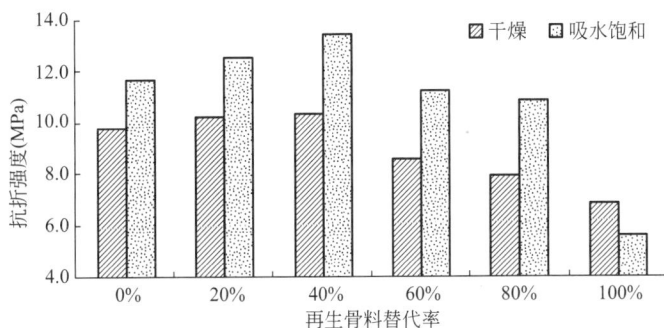

图 4-41　不同外部处理条件再生骨料替代率与再生双通孔抗震砖抗折强度的关系

如图 4-41 可以看出,当再生骨料替代率在 0~80%时,不同的外部处理条件下,吸水饱和面干的再生双通孔抗震砖的抗折强度要高于自然干燥条件下的抗折强度,这反映了在实际施工过程中预先将墙体材料预吸水饱和的重要性,可以增强砌体结构在复杂应力状态下的整体抗变形能力。

从图中还可以得出,再生双通孔抗震砖的抗折强度与抗压强度变化趋势基本相同。再生粗骨料替代率在 0~100%时,随着替代率的增加,其 28d 抗折强度呈现先升后降趋势。再生粗骨料替代率为到 40%时双孔砖的抗折强度达到峰值13.4MPa,而当替代率为 100%时,抗折强度降低约 46%左右,为 6.8MPa,满足《混凝土实心砖》GB/T 21144—2007 中对抗折强度的要求。

4.3.6　再生双通孔抗震砖破坏形态及过渡区微观结构

(1)再生双通孔抗震砖破坏形态

再生双通孔抗震砖的破坏有两种形态:一种是首先在顶部与边缘处出现竖向斜裂纹,其次在顶面的中间处出现多条竖向裂缝,最后再在受压面的中间处出现横裂缝,最终被压碎;另一种是在条面的中间处出现竖向裂缝,然后沿整个横截面形成近似封闭的裂缝,试块在破坏时分裂成多个独立的竖向微柱,并且随着多个独立微柱被压碎破坏,试件最终被压坏。

对于压碎的试件,在破坏过程中伴随明显的爆裂声,同时试件被压碎,试件的破坏属于脆性破坏。图 4-42 为再生双通孔抗震砖经抗压试验过程中的破坏照片，图 4-43 为再生双通孔抗震砖抗压破坏的断裂面形态照片。

图 4-42　再生骨料替代率 40％的再生双通孔抗震砖抗压试验破坏形态

图 4-43　再生骨料替代率 40％的再生双通孔抗震砖抗压（左）、抗折（右）破坏的断裂面形态

当再生粗骨料替代率较小时再生双通孔抗震砖抗压强度主要取决于结构内部水泥石的强度，与骨料的关系不大；而替代率较大时再生双通孔抗震砖抗压强度取决于再生粗骨料的自身强度。所以，要提高再生混凝土的强度，一定要考虑影响强度变化的决定性因素，即适当的再生骨料替代率。

再生双通孔抗震砖中再生粗骨料替代率较小时，再生粗骨料吸收了部分水分，使得实际水灰比降低，且由于再生骨料预吸水，使后期水化更加充分，强度增长较好，进而提高混凝土的抗压强度。而再生粗骨料替代率较大时，实际水灰比降低，此时再生双通孔抗震砖的抗压强度趋向于由再生粗骨料决定，而由于再生粗骨料的强度低，使得再生双通孔抗震砖的抗压强度不会随水灰比的进一步降低而增加。

从其内部破坏结构来看，再生骨料表面包裹的水泥浆体与混凝土的结合力远大于再生骨料自身强度，所以随着再生粗骨料替代率的增加，再生双通孔抗震砖的强度主要由再生骨料自身的强度所决定。

相对于再生骨料和水泥石本身而言，再生骨料与水泥石之间的结合界面是再生双通孔抗震砖中最薄弱的环节，此部分强度及结合力的大小，将直接影响到再生双通孔抗震砖的强度和耐久性。经过预处理搅拌后的再生骨料与水泥石之间的界面结合较天然骨料更为紧密。

（2）再生双通孔抗震砖过渡区微观结构

再生骨料表面粗糙、棱角多，在再生双通孔抗震砖的生产过程中预先吸水并进行无水搅拌，相当于使再生骨料表面完全或部分包裹着一层胶凝材料与细砂、再生细骨料的混合物，在再生骨料与水泥石之间引入一层新的界面，因而再生双通孔抗震砖内部骨料——水泥石界面数量更多，界面结构更为复杂。这层界面即为再生双通孔抗震砖中再生骨料与水泥石之间的过渡区，过渡区是再生双通孔抗震砖力学性质与耐久性的软肋，其界面特性将直接导致再生双通孔抗震砖与普通混凝土砖各性能之间的差异。

材料所体现出来的各方面性能，与材料自身的微观结构密切相关，采用改变材料自身微观结构的方法，进而提高材料的宏观性能，是当今材料发展的重要手段，即用内部微观结构决定了材料的外部宏观性能。因此，要分析再生双通孔抗震砖结构与性能之间的关系，研究材料的内部结构，尤其是材料内部的微观结构，就要对再生混凝土过渡区的微观结构进行分析。

通过本章对再生双通孔抗震砖所进行的物理力学试验，并综合经济技术指标，初步得出当再生骨料替代率为 $40\%\sim60\%$ 时，再生双通孔抗震砖物理力学性能要优于其他再生骨料替代率时的性能，因此有必要对该种替代率下的再生双通孔抗震砖进行微观结构分析，以便为其宏观性能找出内在依据。

由于再生骨料与天然骨料的性能存在较大差异，且骨料的性能是其微观结构的宏观表现，因而通过观察天然骨料和再生骨料的表面状态、界面过渡区等微观结构，可以进一步揭示二者的性能差异。试验运用扫描电镜观察了其内部水泥石、骨料，以及界面过渡区的状态，如图 4-44～图 4-47 所示。

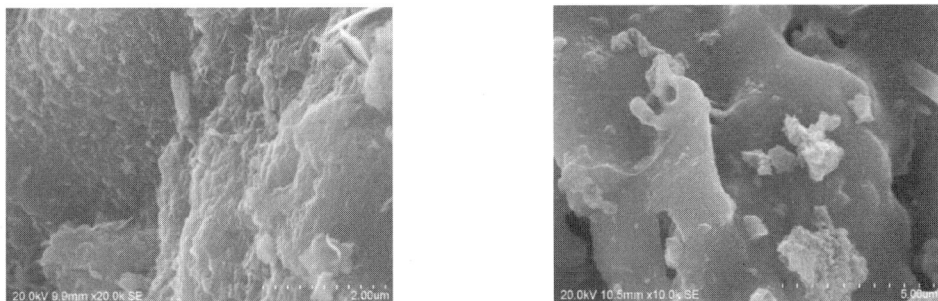

图 4-44　天然骨料（再生骨料替代率为 0）混凝土过渡区 SEM 照片

图 4-45　再生粗骨料替代率 100％再生混凝土过渡区 SEM 照片

如图 4-44、图 4-45 所示，再生双通孔抗震砖内部的天然骨料层次均一，表现出光滑密实的性状。而在水泥砂浆和天然骨料与再生骨料的过渡区之间，层次变化比较混乱，没有层次条理，这说明水泥浆体与再生骨料的颗粒形状并没有变化，它们之间没有发生化学变化，还可以看出再生骨料的表层只是由水泥浆体简单的覆盖，只起到填补空隙的作用，但仍然将许多毛细孔隙暴露在水泥浆体之外没能将孔洞很好的包裹，由此说明了再生骨料的吸水性必然要大于天然骨料。

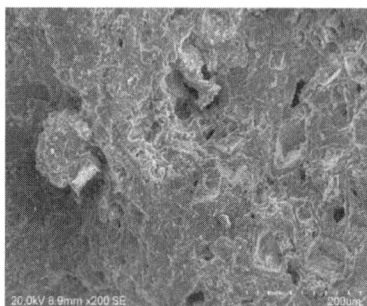

图 4-46　再生粗骨料替代率 40％再生混凝土过渡区 SEM 照片

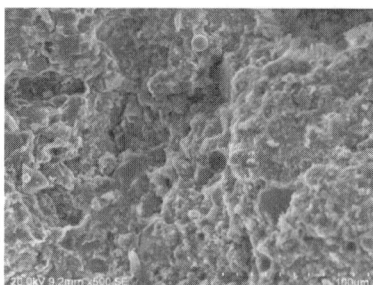

图 4-47　再生粗骨料替代率 60％再生混凝土过渡区 SEM 照片

从图 4-46、图 4-47 可以看出，伴随着水泥水化阶段的不断深入，针片状晶体 $Ca(OH)_2$ 成为其水化过程的主要水化产物，树枝状的且体积较大的钙矾石以及网络状和珊瑚状的水化硅酸钙凝胶，都伴随着水化反应的进行而产生。用天然骨料和再生骨料制备的两种不同再生骨料替代率的再生双通孔抗震砖，其内部主要晶体结合都比较紧密，且并无明显的裂纹出现在过渡区上，同时骨料与水泥石晶体结合很好，骨料被水泥浆体包裹严密。从这些观察到的形态可以看出两者之间具有较高的粘结内力，因此再生双通孔抗震砖的强度得到提高。

4.4　村镇建筑垃圾抗震砌体

对于建筑物的建筑工程而言，墙体施工主要以墙体砌筑为主，结合配筋为辅，是整个建筑施工过程中保证建筑物质量的重要环节。一般在建筑物主体结构施工完成后，开始墙体施工环节，尤其是传统的砌体结构建筑物，其墙体施工环节更是不可忽视的过程，墙体施工工艺的好坏直接影响到墙体的质量。

同时，由于在工程实际中，砖砌体的施工有多种砌筑方式，且在使用过程中伴随着多种受力方式，因此，砌体材料力学性能有着不确定性和受荷能力的各向异性，所以在不同砌筑方式或受力状态下，再生双通孔抗震砖砌体的各项力学性能指标是不同的，如应力-应变曲线、弹性模量等。为了使再生双通孔抗震砖在建筑工程中得到推广应用，对再生双通孔抗震砖砌体进行一系列基本力学性能试验，获得推广应用所需要的再生双通孔抗震砖砌体的基本力学性能及其相应指标是十分重要的。

4.4.1　再生双通孔抗震砖墙体砌筑工艺

（1）砌筑材料选择

想要获得优良的墙体性能，墙体砌筑过程中材料的选择至关重要，根据《砌体结构工程施工质量验收规范》GB 50203—2011 中对墙体砌筑过程中使用的各类建筑材料各方面性能的表述，在建筑物砌筑过程，烧结多孔砖、烧结普通砖和混凝土加气块，这些都是现在工程中运用最广泛的材料。本节主要讨论以再生双通孔抗震砖为主体砌筑材料的墙体施工工艺。

各个材料的特点及使用要求如下：

1）混凝土砖：根据不同强度等级要求，按照相应混凝土配合比进行拌合成型，有的进行自然养护，有的需要蒸压养护，根据孔洞率的不同分别用于承重和非承重填充墙，本节中涉及的再生双通孔抗震砖即为达到标准要求的混凝土砖，在用于墙体砌筑之前，至少应该提前一天洒水浇灌，尽量使其预吸水接近饱和状态。

2）砂浆：以水泥、砂、掺合料为主体材料，根据配合比和强度要求按比例与水搅拌混合而成。其中水泥多选用普通硅酸盐水泥；砂子选用中砂，其含泥量不超过 10%，掺合料多为白灰、熟石灰膏。

（2）再生双通孔抗震砖墙体砌筑工艺

1）再生双通孔抗震砖墙体组砌方法：

A. 与传统的标准形式砖型的砌筑方式一样，再生双通孔抗震砖砌体一般采用一顺一丁或多顺一丁砌法。

B. 关于砖柱砌筑，不得采用先砌四周后填心的包心砌法。采取排砖撂底方法，即干摆砖：一般外墙第一层砖撂底时，两山墙排丁砖，前后檐纵墙排条砖。

C. 破活的处理方式：破活是指在砌筑中砖墙合拢时出现小于三分之一砖长的接口，若有破活，七分头或丁砖应排在窗口中间，附墙垛或其他不明显的部位。

2）盘角：砌砖前应先盘角，每次盘角不要超过五层，新盘的大角，及时进行吊、靠。如有偏差要及时修整。盘角时要仔细对照皮数杆的砖层和标高，控制好灰缝大小，使水平灰缝均匀一致。

3）挂线：砌筑一砖半墙必须双面挂线，如果长墙几个人均使用一根通线，中间应设几个支线点，小线要拉紧，每层砖都要穿线看平，使水平缝均匀一致，平直通顺；砌一砖厚混水墙时宜采用外手挂线，可照顾砖墙两面平整，为下道工序控制抹灰厚度奠定基础。

4）砌砖：砌砖宜采用一铲灰、一块砖、一挤揉的"三一"砌砖法，即满铺、满挤操作法。水平灰缝厚度和竖向灰缝宽度一般为 10mm±2mm。砌筑砂浆应随搅拌随使用，一般水泥砂浆应在 3h 内用完，水泥混合砂浆应在 4h 内用完，不得使用过夜砂浆。砌清水墙应随砌、随划缝，划缝深度为 8～10mm，深浅一致，墙面清扫干净。混水墙应随砌随将舌头灰刮尽。

5）留槎：

砌砖工程中留槎的形式可分为四种：斜槎、直槎、组合槎与马牙槎，具体如下：

① 斜槎：

即先砌砌体逐皮退后形成斜坡式的留样方式，斜槎可设置在外墙与外墙交接处、内外墙交接处以及内墙与内墙交接处。根据《砌体结构工程施工质量验收规范》GB 50203—2011 规定，纵横交接处应同时砌筑，"严禁无可靠措施的内外墙分砌施工"。但允许在不能同时砌筑时，可以砌成斜槎。斜槎留设时，其"斜坡"的坡度尽量均匀，避免过大变化。

② 直槎：

即先砌砌体在一个垂直面上留设的接槎。直槎在房屋的转角处是不能留设的，有抗震要求的房屋同样不能留设直槎，其可以留设的情况分为三种：

a. 在一面墙体中间留设的直槎。

b. 内外墙交接处或内墙交接处留设的直槎。

c. 隔墙与主体墙间留设的直槎。

③ 组合槎：

即将斜槎和直槎结合起来留设的接槎方式。具体留设方式为：在丁字交接处的 1/3 高度部分留设成斜槎，而在上部 2/3 高度部分留设成直槎，并按直槎要求每隔 500mm 布设拉结钢筋。

④ 马牙槎：

即钢筋混凝土构造柱与墙体交接处，施工中采取先退后进的方式组砌，挑出部分水平长度为 60mm（1/4 砖），沿高度方向每隔 300mm 挑出 300mm 高，若采用的黏土砖为标准砖（240×115×53），则是每隔五皮砖挑五皮砖，沿高度方向每隔 500mm（标准砖为 8 皮砖厚），放置 2 根 φ6 拉结钢筋。

关于再生双通孔抗震砖砌体留槎的注意问题：

A. 外墙转角处应同时砌筑。

B. 施工洞口也应按以上要求留水平拉结筋，隔墙顶应用立砖斜砌挤紧。

6）安装过梁、圈梁：安装过梁、圈梁时，其标高、位置型号必须准确，坐浆饱满。

7）构造柱做法：凡设有构造柱的工程，在砌砖前，先根据设计图纸将构造柱位置进行弹线，并把构造柱插筋处理顺直。砌砖墙时，与构造柱连接处砌成马牙槎。每一个牙槎沿高度方向的尺寸不宜超过 30cm。马牙槎应先退后进。拉结筋按设计要求放置，设计无要求时，一般沿墙高 50cm 设置 2 根 φ6 水平拉结筋，每边深入墙内不应小于 1m。

8）冬期施工：冬期使用的砖，要求在砌筑前清除冰霜。水泥宜用普通硅酸盐水泥，砂中不得含有大于 1cm 的冻块，冬期不应使用无水泥的砂浆，同时砂浆的使用温度不能低于 5℃。砂浆中掺盐时，应检查盐溶液浓度，对绝缘、保温或装饰有特殊要求的工程不得掺盐。

（3）再生双通孔抗震砖砌体细部构造节点设计详图

1）L 型节点：

图 4-48 所示，以 L 形的转角处为中心，外边缘每边各立 4 跟纵向钢筋，内边缘每边各立 3 根纵向钢筋，途中灰色圆点即为纵向钢筋，同时，在竖直方向上，沿着再生双通孔抗震砖顶部凹槽，每隔 500mm 的高度架设一层水平拉结钢筋，且保证外边钢筋长度不小于 1m。

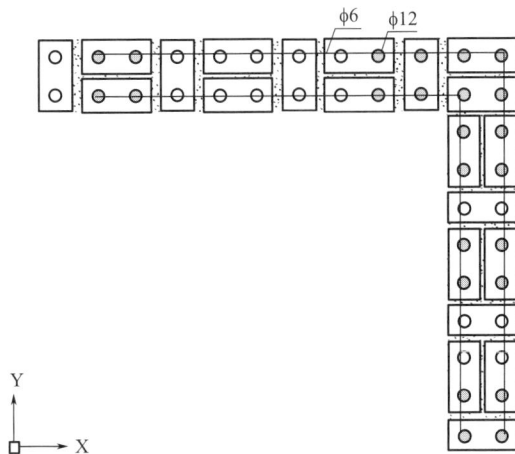

图 4-48　再生双通孔抗震砖砌体 L 型节点详图

2）十字型节点：

图 4-49 所示，以十字型节点交叉处为中心，每个方向上对称设置每边各立 4 根纵向钢筋，图中灰色圆点即为纵向钢筋，同时，在竖直方向上，沿着再生双通孔抗震砖顶部凹槽，每隔 500mm 的高度架设一层水平拉结钢筋，水平拉结钢筋相互交叉的部位，采用细钢筋线绑扎牢固，且保证外边钢筋长度不小于 1m。

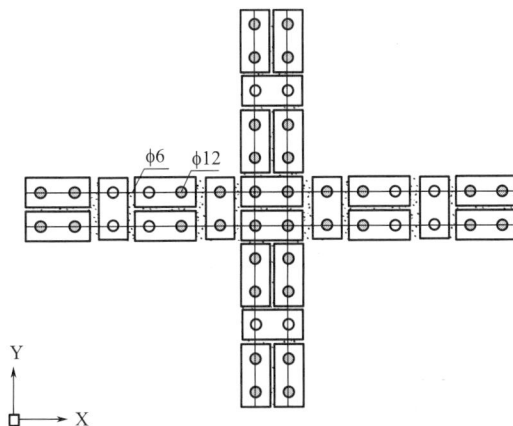

图 4-49　再生双通孔抗震砖砌体十字型节点详图

3）T 形节点：

图 4-50 所示，以 T 形节点的交汇处为中心，外边缘每边各立 4 根纵向钢筋，内边缘每边各立 3 根纵向钢筋，图中灰色圆点即为纵向钢筋，同时，在竖直方向上，沿着再生双通孔抗震砖顶部凹槽，每隔 500mm 的高度架设一层水平拉结钢筋，水平拉结钢筋相互交叉的部位，采用细钢筋线绑扎牢固，且保证外边钢筋长度不小于 1m。

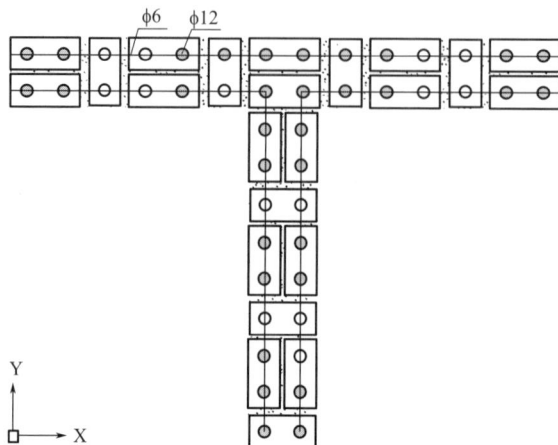

图 4-50 再生双通孔抗震砖砌体 T 形节点详图

以上三种节点形式，为再生双通孔抗震砖墙体砌筑过程中比较常见的节点形式，通过结合传统的墙体砌筑方式，并结合纵向配筋的方法，在配筋过程中，保证钢筋的竖直立放，在墙体砌筑结束之后竖向插入，并灌入素混凝土加以固定。

通常情况下，在建筑物的四角设置 L 形节点，在建筑物的横纵墙交汇处设置 T 形节点，在横墙承重或者纵墙承重的交叉部位设置十字形节点。

通过以上的方式，增加墙体在竖直方向上的整体性，通过在承受剪力作用比较大的墙体部位进行纵向配筋，以此来加强砌体结构整体的抗剪性能，从而提高在经受地震作用时的抗震能力。

4.4.2　再生双通孔抗震砖砌体抗压强度

（1）再生双通孔抗震砖砌体受压破坏过程分析

具体破坏过程分为三个阶段描述如下，其破坏形态如图 4-51 所示。

破坏过程分析：

a 为受压破坏过程：

在这个阶段，即为砌体试件从开始加载到出现初始裂缝的这一过程，其中当荷载加至极限破坏荷载的 60%～70% 区间时，以试件的顶层中部位置为起始点，开始有单层砖出现微小裂缝，这些裂缝宽度很小，且裂纹长度很短，长度在一皮砖以内，很细微的分布在砖体内。该阶段的特点是：如果这时停止增加荷载，砖上的裂缝也不发展。在这个阶段，和普通烧结黏土砖砌体的裂纹发展模式是相似的，但初裂荷载较普通烧结黏土砖砌体的初裂荷载高。

图 4-51　再生双通孔抗震砖砌体受压破坏过程（从前到后 a、b、c、d、e）

b、c 为受压破坏过程：

这个阶段大约发生在将荷载加载至破坏荷载的 75%～85% 时，此时，顶层砖体的裂缝迅速向中部砖体延伸，中部砖体的裂缝继续向两端发展，逐渐形成上下贯通多皮砖的连续裂缝，与此同时，在裂缝的发展过程中，还相继出现了相互并列的新的裂缝，此时的砌体荷载加载过程的特点是：这时即使停止增加荷载，裂缝仍继续发展。虽然再生双通孔抗震砖内部有两个贯通孔，但在这一阶段和实心砖砌体的破坏形态基本一致，再生双通孔抗震砖砌体在荷载加载到这个阶段的时候，砌体的表面没有出现普通烧结黏土砖普遍出现大面积的剥落情况，只有个别部位会出现轻微的表皮剥落现象，这对该砌体的使用是有利的，因为剥落现象的存在，使得试件受压面积变小，压应力重新分布，在使用过程中容易发生突然崩溃。

d、e 为受压破坏过程：

当荷载加载至超过极限破坏荷载 90% 时，继续增加荷载，裂缝呈现长度迅速增加，宽度迅速增大的趋势。再生双通孔抗震砖砌体被完全贯通的竖向裂缝分割成若干独立的小柱，在当荷载加载超过了极限荷载后，试件无法继续加载，在卸载的同时，应变快速的增加，最后，再生双通孔抗震砖砌体抗压试件因被压碎或丧失稳定性而完全破坏。

从整个过程来看，再生双通孔抗震砖砌体和实心砖砌体的破坏过程大致是一样的。两者主要有以下不同之处，再生双通孔抗震砖砌体有轻微的表皮剥落现象，开裂较实心砖砌体晚，裂缝较多通过砖块本身，且裂缝数目不如实心砖砌体的多。从破坏特征来看，再生双通孔抗震砖砌体比实心砖砌体的脆性大，在加载后期，更容易发生崩溃。

（2）再生双通孔抗震砖砌体抗压强度试验结果

砌体轴心抗压强度试验采用分级施加荷载，每级荷载取预计破坏值的10%左右，荷载施加后持续 3～5 秒，读取试验数据，再加下一级荷载，直至构件完全破坏为止。0～100%再生骨料替代率的再生双通孔抗震砖砌体抗压试件试验过程中观察到的初裂荷载 P_{cr}、极限荷载 P_u、极限强度 $f_{c,m}$ 及其他参数见表 4-13。其中，初裂荷载是肉眼首次观察到的抗压试件四个面上最早出现裂缝时对应的荷载值。极限应力和极限应变是指应力应变曲线中峰值对应的应力和应变，在试验中表现为试件再也不能加载和应变开始迅速增加的开始点对应的应力和应变。

从宏观上看，再生双通孔抗震砖砌体是由再生双通孔抗震砖和砂浆砌筑组合而成的整体材料，但从内部看，它并不是一个各向同性的连续的协调变形的统一体，也不是一个完整的弹性材料。因此，影响再生双通孔抗震砖砌体抗压强度的因素很多，主要因素有：

1）再生双通孔抗震砖的强度及外形尺寸；

2）砌筑砂浆的性能，包括砌筑砂浆的强度、变形性能、流动性和保水性；

3）施工砌筑质量等。

总之，影响再生双通孔抗震砖砌体抗压强度的因素是多方面，也是很复杂的。以此，考虑到主要影响因素，为了方便结构设计，同时结合国内外的研究者提出了许多砌体抗压强度的计算公式，并根据《砌体结构设计规范》GB 50003—2011 在各类砌体抗压强度的试验中，各类砌体轴心抗压强度平均值主要取决于块体的抗压强度平均值，其次是砂浆的抗压强度平均值的要求，因此再生双通孔抗震砖砌体抗压强度采用以下表达式：

$$f_m = k_1 f_1^a (1 + 0.07 f_2) k_2 \tag{4-13}$$

式中：f_m——砌体抗压强度平均值，MPa；

a——与块体高度有关的系数，取 0.5；

f_1——砌块抗压强度平均值，MPa；

f_2——砂浆强度平均值，MPa；

k_1——与砌块类别有关的参数，取 0.78；

k_2——砂浆强度对砌体强度的修正系数，取 1。

由此公式对表 4-13 中的再生双通孔抗震砖砌体试验测试结果进行分析计算，其分析结果见表 4-14。

根据表 4-14 中对再生双通孔抗震砖砌体抗压强度试验结果的比较分析，再生双通孔抗震砖砌体试件的抗压强度值均高于按照砌体规范计算出的设计值，其抗压强度平均值是规范要求值的近 1.4～1.6 倍。说明此砌体满足国家要求且其有一定的保险性。

0～100%再生骨料替代率再生双通孔抗震砖砌体抗压强度试验结果 表 4-13

试件编号	截面尺寸（mm）	试件高度（mm）	初裂荷载 P_{cr}(kN)	极限应变（mm）	极限荷载 P_u(kN)	极限强度 $f_{c,m}$(MPa)	强度均值 f(MPa)	P_{cr}/P_u
AM1	368×239	714	797.8	1.137	1382.7	15.72		0.58
AM2	367×249	713	734.9	1.207	1287.6	14.63	14.73	0.57
AM3	364×239	716	779.2	1.179	1204.6	13.85		0.65
BM1	367×237	717	730.2	1.183	1182.6	13.60		0.62
BM2	373×241	713	727.3	1.217	1070.2	11.91	12.58	0.68
BM3	365×242	718	690.6	1.197	1080.6	12.23		0.64
CM1	372×237	707	579.1	1.226	1000.1	11.34		0.58
CM2	368×240	722	689.6	1.198	956.7	10.83	10.93	0.72
CM3	369×237	719	622.6	1.189	927.6	10.61		0.67
DM1	368×239	715	636.4	1.232	929.8	10.57		0.68
DM2	367×241	718	658.2	1.215	948.6	10.73	10.72	0.69
DM3	364×242	717	643.3	1.208	899.6	10.86		0.72
EM1	372×249	721	630.5	1.214	948.9	10.24		0.66
EM2	369×243	709	537.5	1.228	839.5	9.36	9.76	0.64
EM3	370×241	722	560.8	1.287	864.2	9.69		0.65
FM1	369×242	716	507.6	1.328	797.9	8.93		0.64
FM2	371×241	718	406.2	1.299	719.8	8.05	8.25	0.56
FM2	370×235	711	428.8	1.336	676.6	7.78		0.63

再生双通孔抗震砖砌体抗压强度实测值与规范中设计强度平均值的比较 表 4-14

再生骨料替代率	再生双通孔抗震砖强度（MPa）	砂浆强度（MPa）	规范计算值 f_m(MPa)	砌体抗压强度均值 f(MPa)	f/f_m
0	40.4	11.00	8.78	14.73	1.68
20%	32.9	11.00	7.92	12.58	1.59
40%	34.6	11.00	8.12	10.93	1.35
60%	29.9	11.00	7.55	10.72	1.42
80%	25.8	11.00	7.01	9.76	1.39
100%	16.4	16.00	5.59	8.25	1.48

4.4.3 再生双通孔抗震砖砌体抗剪强度

（1）再生双通孔抗震砖砌体受剪破坏过程分析

试验过程中，试件从加载开始到破坏，没有明显的破坏征兆，并且也未发现试件表面有明显的裂缝开展现象。当荷载加至试件抗剪承载力极限的时候，试件受剪面发生突然的破坏，呈现出明显的脆性特征。如图 4-52 所示。

试验中，并未发现试件两边灰缝同时被剪坏的现象，所有试件都是一个受剪面破坏，

图 4-52　再生双通孔抗震砖砌体试件剪切破坏形态

因此可以认为两个灰缝未完全发挥它们的强度。在破坏的各组试件中，从剪切面上可观察到每个孔洞中都有砂浆销键，且砂浆销键全部被剪断，这说明在抗剪过程中，这种"销键"在提高砌体的抗剪强度方面发挥了作用。

（2）再生双通孔抗震砖砌体抗剪强度试验结果与分析

根据《砌体结构设计规范》GB 50003—2011，抗剪强度平均值按下式计算：

$$f_{v,m}=k_5\sqrt{f_2} \tag{4-14}$$

式中：$f_{v,m}$——砌体抗剪强度平均值，（N/mm²）；

　　　k_5——规范中规定反映材料特征的系数，对于再生双通孔抗震砖，取 $k_5=0.09$；

　　　f_2——砂浆强度，MPa。

抗剪强度试验结果及规范平均值计算分析见表 4-15。

再生双通孔抗震砖砌体抗压强度实测值与规范中设计强度平均值的比较　　表 4-15

试件编号	受剪截面尺寸（mm）	受剪截面面积 mm²	极限荷载（kN）	抗剪强度 f_v(MPa)	抗剪强度均值（MPa）	规范计算值 $f_{v,m}$(MPa)	$f_v/f_{v,m}$
AM1	372×239	88908	144.9	0.815			
AM2	368×241	88688	135.5	0.764	0.769	0.298	2.577
AM3	362×240	86880	126.7	0.729			
BM1	370×240	88800	110.3	0.621			
BM2	371×241	89411	120.3	0.673	0.648	0.298	2.172
BM3	365×241	87965	114.5	0.651			
CM1	372×239	88908	117.7	0.662			
CM2	364×240	87360	117.9	0.675	0.663	0.298	2.220
CM3	368×240	88320	116.8	0.661			
DM1	369×239	88191	98.4	0.558			
DM2	368×241	88688	93.3	0.526	0.536	0.298	1.795
DM3	367×242	88814	92.9	0.523			

续表

试件编号	受剪截面尺寸（mm）	受剪截面面积 mm²	极限荷载（kN）	抗剪强度 f_v(MPa)	抗剪强度均值（MPa）	规范计算值 $f_{v,m}$(MPa)	$f_v/f_{v,m}$
EM1	372×241	89652	87.3	0.487			
EM2	369×240	88560	88.4	0.499	0.487	0.298	1.633
EM3	371×240	89040	84.8	0.476			
FM1	368×240	88320	88.0	0.498			
FM2	371×241	89411	76.4	0.427	0.471	0.298	1.579
FM2	370×238	88060	86.1	0.489			

从表 4-12 可以看出，再生双通孔抗震砖砌体抗剪强度要高于规范计算值，综合考虑再生双通孔抗震砖自身性能和经济指标后得出 40％和 60％替代率的再生双通孔抗震砖砌体的抗剪强度均值可以达到规范计算值的 2.2 倍和 1.8 倍，因此再生双通孔抗震砖砌体的抗剪强度取值，按照规范的做法是安全可靠的。

通过试验过程分析和对砌体破坏过程及形态的分析，可认为这种强度提高的原因是由于砂浆的销栓作用，当试件砌筑时，砂浆流入再生双通孔抗震砖的孔洞内，形成了一个个栓，这些销栓紧紧的扣着再生双通孔抗震砖，使砌体的抗剪强度有一定的提高。在试验中，也可以看到这种销栓作用的存在。

4.4.4　再生双通孔抗震砖砌体结构静力及地震反应分析

利用再生双通孔抗震砖和再生双通孔抗震砖砌体进行的墙体材料物理力学性能测试的有关试验结果，对一幢三层民用办公楼进行模拟，并进行静力分析及地震反应分析。对于再生双通孔抗震砖砌体这种利用新型材料建造的砌体结构来说，进行静态力学性能分析是了解这种新型墙体材料整体力学性能的基础，而对其抗震分析又为其进一步推广提供了必要的理论依据。

因此，借助有限元分析软件 ABAQUS 建立分析模型，对模型的静态受力情况和受地震波作用进行模拟，并充分考虑圈梁、构造柱及屋面板对墙体的影响，对再生双通孔抗震砖砌体结构静态力学性能及抗震能力进行探讨，为进一步认知、推广应用再生双通孔抗震砖这种新型墙体材料提供可靠依据。

1. 工程概况及 ABAQUS 模型的建立

工程概况

本节研究对象为一座三层再生双通孔抗震砖砌体结构的办公楼，建筑物总长 16.5m，宽度为 10.4m，层高 3m，再生双通孔抗震砖砌体结构办公楼标准层平面图、正立面图如图 4-53、4-54 所示。

根据《砌体结构设计规范》GB 50003—2011：宿舍、办公楼等多层砌体民用房屋，且层数为 3～4 层时，应在檐口标高处设置圈梁一道。当层数超过 4 层时，应在所有纵横墙上隔层设置圈梁；考虑到本结构为对称设计，楼梯在结构中间，因而所有的纵墙上都设置了圈梁。在本结构中，如果圈梁可兼作过梁时，其过梁部分的钢筋按计算用量再另行增配。

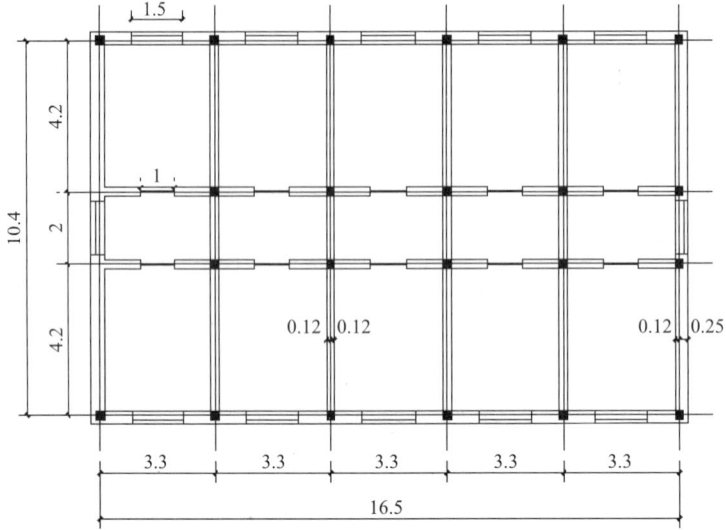

图 4-53 再生双通孔抗震砖砌体结构办公楼标准层平面图（m）

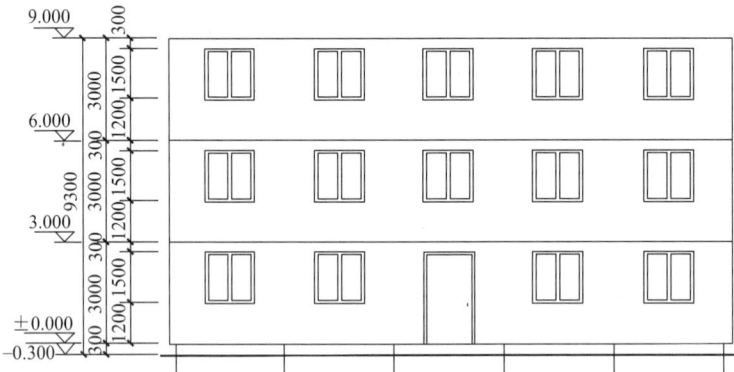

图 4-54 再生双通孔抗震砖砌体结构办公楼立面图（m）

建筑物采用烧结粉煤灰、煤矸石多孔砖，其强度等级为 MU15，砂浆采用混合砂浆，其强度等级为 M10，弹性模量为 4000MPa，重度为 1490kg/m³，对于圈梁、过梁以及构造柱采用 C30 混凝土，配筋均采用一级钢筋。

结构每层均设有圈梁、过梁和构造柱。圈梁截面为 240mm，门窗过梁截面为 370mm×120mm，构造柱截面为 240mm×240mm，其配筋均采用构造配筋。平面楼板采用现浇混凝土楼板，板厚 100mm。

建筑结构的安全等级是 Ⅱ 级，使用年限为 50 年，抗震设防烈度为 8 度；防火设计的分类为 Ⅱ 类，耐火等级为 Ⅱ 级。

2. ABAQUS 模型的建立

（1）模型的特点

纵观砌体结构，从构成砌体结构的每一个结构层次来看，一个砌体结构的建筑物，主要搭建材料为：墙体材料（砖、砌块）、砌筑砂浆、钢筋、混凝土。所涉及的这几种主要建筑材料，从材料自身的物理力学性能角度、材料间的性能协调角度来看，其性能差异很大，而且功能离散性也很大，由于这些原因，早期从事砌体结构研究的学者，无论是对砌体结构自身结构性能的研究，还是对砌体结构砌筑过程中使用的混凝土的研究，基本大多数是以宏观物理力学性能试验为研究探索手段，研究其性能。然而，今天出现了有限元分析方法应用，研究者们便开始尝试，在利用宏观试验手段的基础上，结合有限元分析的方法。

利用有限元分析方法对砌体结构的各方面性能进行分析，和通过有限元方法对一般的固体力学学科中的分析方法相比，它们在基本原理依据和实现方法角度是一致的，同时，采取有限元分析方法对砌体结构进行分析也有其与众不同的特点。

第一，不管分析的结构式是砌体结构还是钢筋混凝土结构，都只是当结构处于较低的、波动性稳定的应力水平条件下，此时，才可以一般近似地认为，结构是处在线弹性变形阶段的，如果，当所分析的结构，处在较大水平的应力条件，或者波动性很大的应力形式下，那么，所分析的结构形式所包含的各种使用材料，便会显现出异常特别的非线性的、无规律的变形趋势。

第二，从砌体结构构成的角度，砌体结构建筑物是由多种建筑材料协调配合构建而成的，因此，在采用有限元分析方法时，当建立的有限元模拟建筑物分析模型后，对应模型的选取，应根据构成砌体结构各层次建筑材料之间的层间界面结合情况，适当选取。

所以，在结合到砌体结构材料分布、力学性能的普遍离散性特点后，建立的砌体结构的有限元模型也是不同的，通常情况下，一般分为两种模式：离散式模型，整体式模型。

① 离散式模型，即将块体和块体之间的灰缝分别采用不同的材料模型按不同的单元处理，并将块体与灰缝的交界面处做诸如接触等性质的处理，或者干脆将块体之间做接触处理来模拟灰缝的作用。采用离散性单元来模拟砌体结构的方法，与砌体结构实际的结构特点较为相似，但是采用此方法划分单元较多，计算量较大，且其弹性模量的离散性太大，不易收敛。

② 整体式模型，即将整个砌体墙体看做一个统一性质的单元，此方法关键在于材料模型的本构关系、破坏准则的选取。

本模型采用建立整体式模型的方法，在建模过程中不考虑钢筋的作用，模型初步简化后采取直接法建立模型。

（2）有限元软件的选取

由于砌体结构材料多相性以及砌体本构关系和破坏准则复杂性等问题，尤其考虑砌体结构非线性过程后的分析，目前没有一种相对较理想的可用于砌体结构分析的有限元软件。

选用 ABAQUS 软件，建立砌体结构有限元模型。ABAQUS 软件是专门用于非线性有限元分析的软件，是一套功能强大的工程模拟有限元软件，其解决问题的范围从相对简单的线性静态问题到许多复杂的高度非线性问题。

（3）模型的建立

经规范设计的新建砌体结构建筑，通常设置有圈梁、过梁、构造柱及拉结钢筋，楼板采用现浇楼板。但考虑模型建立条件的限制，需对实际建筑进行简化，建立相应的有限元模型。

本节砌体结构墙体作为一个整体建立，混凝土梁板、构造柱和钢筋层各自建立。各构件建立后再组装为砌体结构整体，具体模型及划分网格后的模型见图 4-55。

图 4-55　划分网格后的有限元简化模型截图

（4）静力分析

1）荷载及荷载组合

这里的静力分析实际上是指重力荷载作用下的承载力分析。重力荷载包括两部分，恒荷载和楼屋面活荷载，恒荷载为墙体和楼板的自重，以材料质量密度和楼板单元附加质量的形式给出；根据现行荷载规范，计算中的荷载组合如下：

$$S=1.2S_{Gk}+1.4S_{Qk} \tag{4-15}$$

式中：S_{Gk}——按永久荷载（恒荷载）标准值 G_k 计算的荷载效应值；

S_{Qk}——按可变荷载（楼屋面活载）标准值 Q_k 计算的荷载效应值。

因此，根据荷载组合的计算公式，计算得出：静力荷载包括自重荷载和活荷载值在内的楼板均布外荷载均为 $3kN/m^2$。

2）静力分析

① 单工况条件模拟下砌体结构的应力、应变、位移云图

对于砌体结构模型模拟的分析来说，对其静力分析一般是对其在单工况条件下的应力、变形情况进行分析，并对其在工况组合条件下的位移变形模拟，其自重应力、活荷载作用下的应变和位移云图如图 4-56～图 4-58 所示。

图 4-56　自重应力下的应力云图

图 4-57　活荷载下的应力云图

② 静力作用下砌体结构应力、位移的模拟计算结果

由于结构具有对称性，受对称的均布荷载，支撑条件也为对称形式，故在理论上节点竖向位移应为正对称性（竖向位移向上为正，向下为负）；应力分布上第一主应力也应为

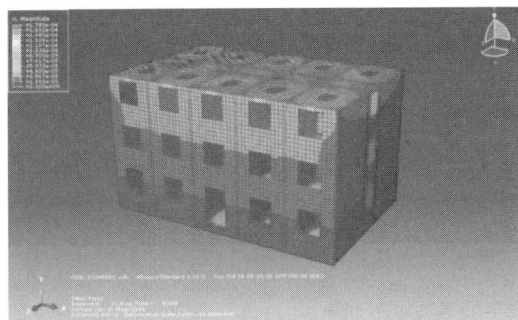

图 4-58　楼面均布荷载下的位移云图

正对称分布。由应力和位移分布图可以看出计算结果符合理论分析。结构变形，对于同一高度结构两边节点的位移值较小，从两边向中间节点位移逐渐加大，在结构中间位移最大；而且随着层数的增加，结构的位移是递减的。其计算结果符合理论分析。

由于对结构施加的都是竖向荷载，因而结构变形主要是竖向位移，根据实际情况以及计算结果显示都可以看出，在静力分析的位移以及受力都存在极值点。下面将结构最大竖向位移节点在各种单工况以及工况组合的位移值及结构总位移、应力极值分别列出，具体结果见表 4-16。

结构最大竖向位移节点在荷载组合各方向上的位移、应力极值　　　　表 4-16

工况	最大位移（m）	最小位移（m）	最大拉应力（MPa）	最大压应力（MPa）
荷载组合	1.45×10^{-4}	0	0.677	0.92
X 方向	1.417×10^{-6}	0	0.836	0.158
Y 方向	0.518×10^{-5}	0	0.271	0.269
Z 方向	1.451×10^{-4}	0	1.213	0.594

由以上的分析可知，结构静力荷载组合作用下，作用在 Z 方向上的总体位移、竖向位移以及应力分布都是最大，所以 Z 方向上的荷载是对结构最不利的情况。整体、X、Y、Z 方向上砌体结构在静力模拟下的应变云图如图 4-59～图 4-62 所示。

图 4-59　砌体结构整体的应变云图

图 4-60　X 方向的应变云图

由图 4-59 可以看出，结构在竖向静力荷载作用下，墙体整体处于受压状态，仅仅在每片墙体边缘处于受拉的状态，发挥了砌体的受压强度远远大于受拉强度的性能；同时，砌体结构中设置了钢筋混凝土的构造柱，由于它们之间的协同工作，也限制了墙体的横向

113

变形，降低了墙体的拉应力，从而提高了结构的整体性。

从图4-60、图4-61可知，墙体内部产生了拉应力，经过仔细观察会发现，出现的部位基本都在每片墙体的四个角部，说明在构件交会处出现了应力集中现象，这是合理的。

图4-62所示的是静力作用下 Z 向应力云图，是整个砌体结构受应力影响最大的方向，从应力云图可以看出，设置的圈梁与构造柱对墙体有很大的影响，墙体仅仅在圈梁及构造柱部位处于受拉状态，整体处于受压状态，构造柱、圈梁在很大程度上限制了墙体拉应力的产生。

图4-61 Y 方向的应变云图

图4-62 Z 方向的应变云图

通过静力模拟分析，可以看出：再生双通孔抗震砖砌体结构在受到对称的静力荷载作用下，对应的应力、应变的变化趋势都是对称的；这说明其静力变形规律与传统的烧结黏土砖砌体在静力荷载下的变形规律是一致的；同时，在整个应力变形过程中，再生双通孔抗震砖砌体处于整体受压过程中，这种状态正是对再生双通孔抗震砖砌体的抗压性能最好的发挥。

3）地震反应谱分析

在第一个分析步对砌体结构进行静力模拟分析后，第二个分析步为地震动的输入与计算，各模型只输入两个正交水平向的地震动。地震动也以数据表的形式输入。从北方地区的地震强震数据库选择地理位置上离沈阳较近的震动作为输入的地震动加速度。

① 输入地震波的选取

X 向（东西向）地震动峰值加速度为 907.7cm/s^2，从对其做傅里叶变换后得出的幅值谱中知 X 向地震动峰值加速度的卓越频率为 2.3Hz（图4-63、图4-65）。Y 向（南北向）地震动峰值加速度为 602.9cm/s^2，从对其做傅里叶变换后得出的幅值谱中 Y 向地震动峰

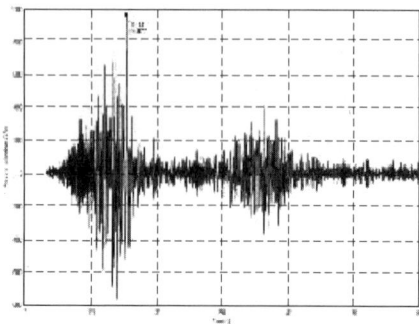

图4-63 X 向地震动时程曲线

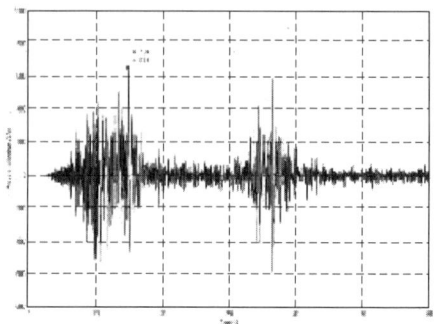

图4-64 Y 向地震动时程曲线

值加速度的卓越频率为 5.5Hz（图 4-64、图 4-66）。为方便计算，取所含有的地震动峰值加速度及卓越频率接近或等于整个时程地震动峰值加速度及卓越频率的一段时程为 10s 地震动如图，所选取的 X 向地震动的地震动峰值加速度为 907.7cm/s^2，其卓越频率为 2.3Hz（图 4-67）；所选取的 Y 向地震动的地震动峰值加速度为 602.9cm/s^2，其卓越频率为 2.3Hz（图 4-68）。

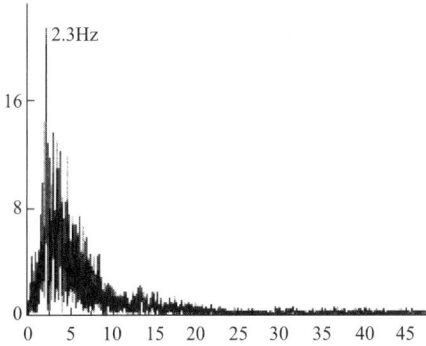

图 4-65　X 向地震动幅值谱

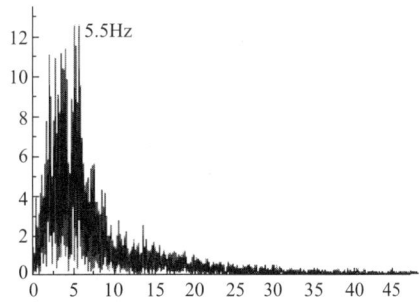

图 4-66　Y 向地震动幅值谱

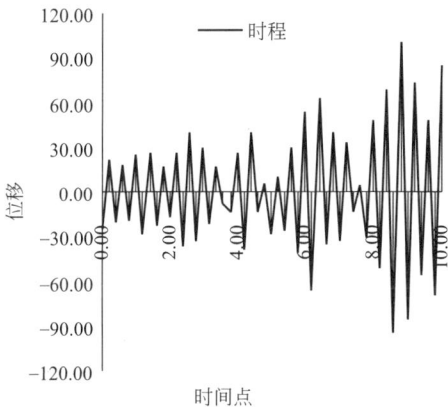

图 4-67　10s　X 向地震动时程曲线

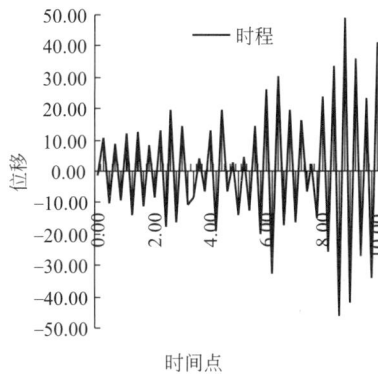

图 4-68　10s　Y 向地震动时程曲线

② 地震反应谱模拟分析

首先对地震反应谱的分析主要是对输入地震波的不同时刻砌体结构对应的应力云图、应变云图进行截取分析，如图 4-69～图 4-76 所示；其次，对通过上述分析得出的应力薄弱点进行抽样分析，通过软件计算导出地震破坏结构薄弱点在整个地震波以及地震作用不同时刻的应力、应变曲线，见图 4-77～图 4-88。

a. 砌体结构地震模拟应力云图：

b. 砌体结构地震模拟应变云图：

c. 结构薄弱点在地震波作用下的应力曲线图：

d. 结构薄弱点在地震波作用下的应变曲线图：

e. 结构薄弱点 1 在地震波作用下不同时刻的应力曲线图：

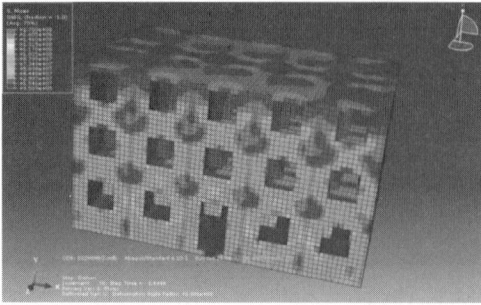

图 4-69　地震作用 1s 时砌体结构的应力云图

图 4-70　地震作用 3s 时砌体结构的应力云图

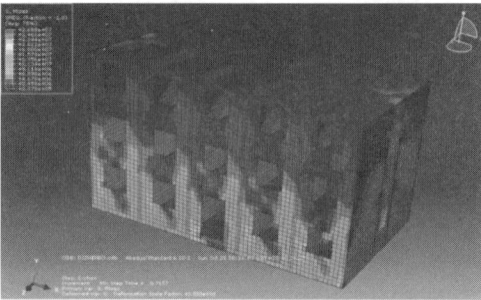

图 4-71　地震作用 5s 时砌体结构的应力云图

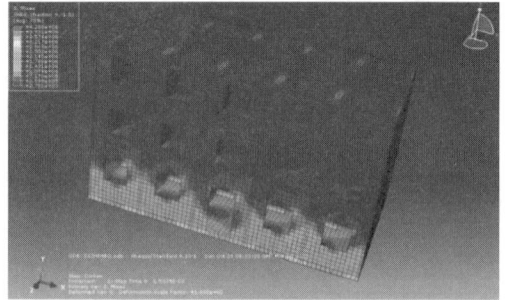

图 4-72　地震作用 7s 时砌体结构的应力云图

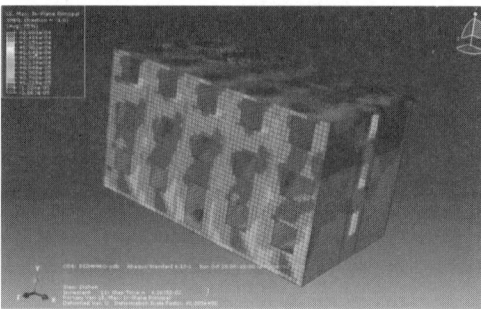

图 4-73　地震作用 1s 时砌体结构的应变云图

图 4-74　地震作用 3s 时砌体结构的应变云图

图 4-75　地震作用 5s 时砌体结构的应变云图

图 4-76　地震作用 7s 时砌体结构的应变云图

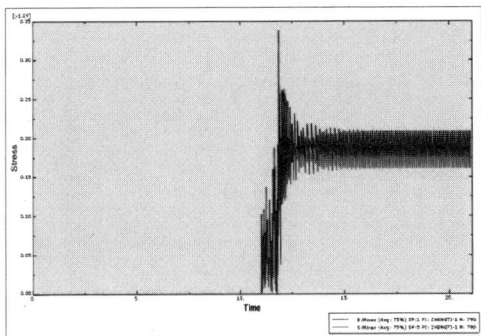

图 4-77　薄弱点 1 地震作用应力曲线

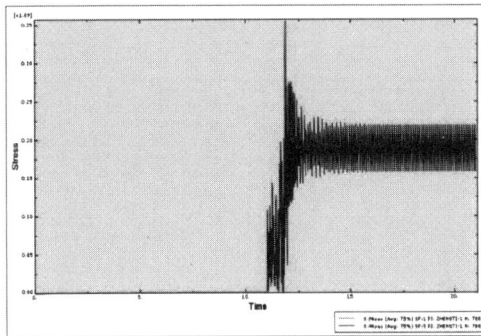

图 4-78　薄弱点 2 地震作用应力曲线

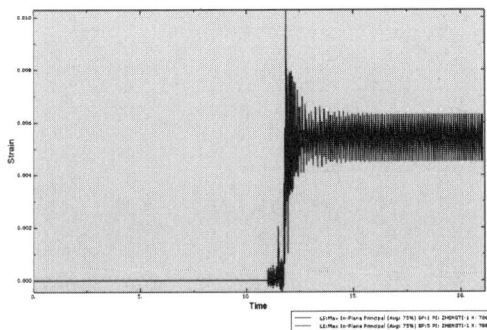

图 4-79　薄弱点 1 地震作用应变曲线

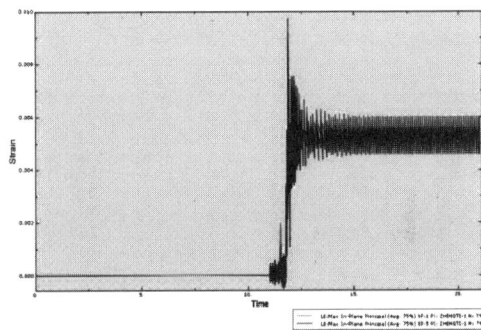

图 4-80　薄弱点 2 地震作用应力曲线

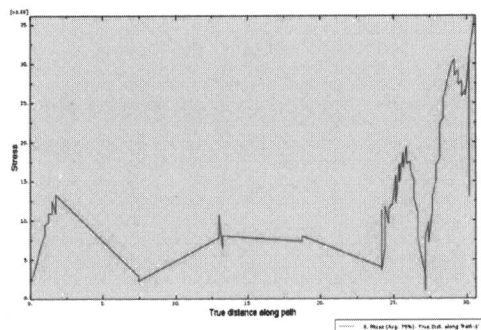

图 4-81　1s 地震作用应力曲线

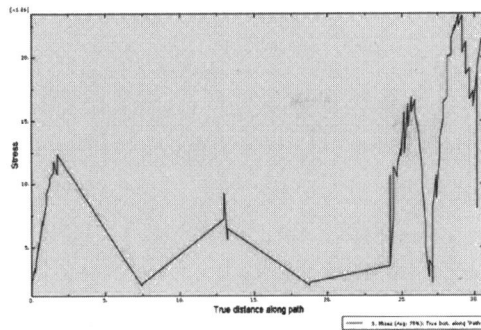

图 4-82　3s 地震作用应力曲线

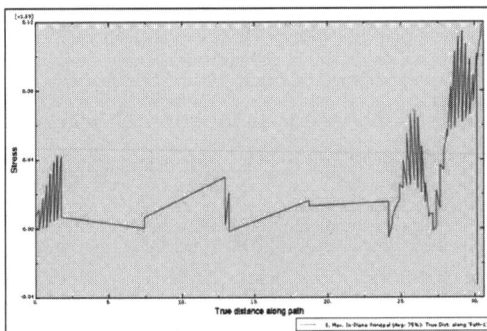

图 4-83　5s 地震作用应力曲线

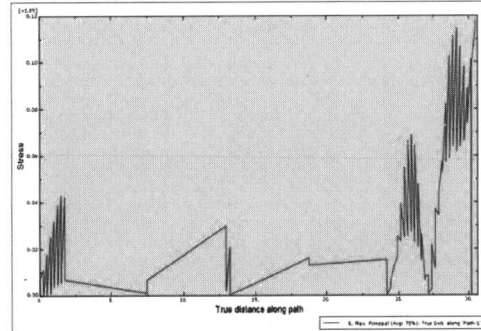

图 4-84　7s 地震作用应力曲线

117

f.结构薄弱点 2 在地震波作用下不同时刻的应力曲线图：

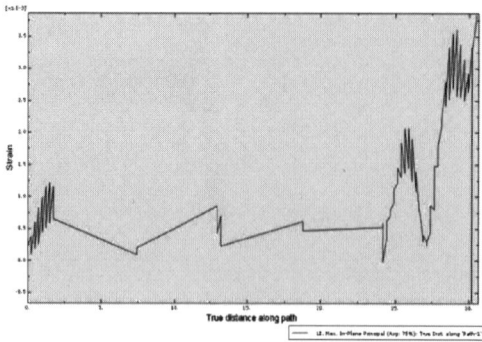

图 4-85　1s 地震作用应力曲线

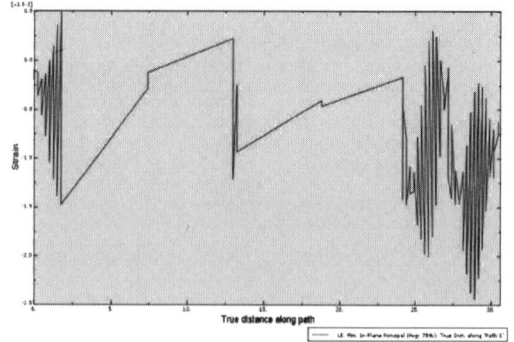

图 4-86　3s 地震作用应力曲线

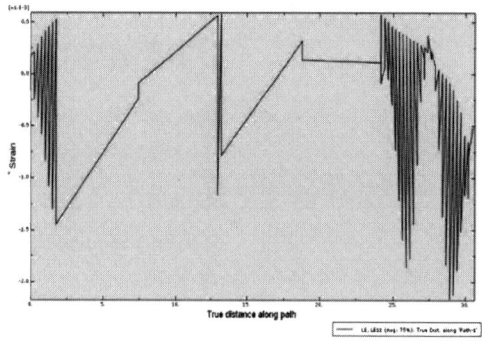

图 4-87　5s 地震作用应力曲线

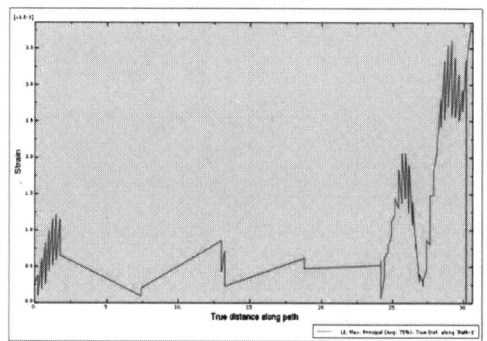

图 4-88　7s 地震作用应力曲线

本节主要是通过 ABAQUS 有限元分析软件，建立再生双通孔抗震砖砌体三层试验楼的有限元模型，对其静力荷载下的受力与变形进行分析，并进一步运用地震反应谱分析对其抗震能力进行分析。

在对模型输入地震波作用后，得出在相应地震动作用下的时程曲线以及加速度幅值谱，通过分析再生双通孔抗震砖砌体结构在地震动加速度作用下整体的应力应变云图，并结合软件导出地震动作用下不同薄弱点的应力曲线，以及不同薄弱点在不同时刻的应力曲线，通过分析得出以下结论：

（1）从时程曲线图中可以看出：砌体结构产生的位移都是沿各自激震方向，而且位移随着层数的增大而增加，符合结构的地震反应总是以低阶振型反应为主，而高阶振型反应随结构总地震反应的贡献较小这一理论。

（2）X 方向结构最大位移：1.41mm；Y 方向结构最大位移：1.01mm。由此说明，再生双通孔抗震砖砌体结构在水平、竖直方向上的地震作用下的整体位移都比较小。

（3）通过应力云图我们可以看到：X 方向水平地震作用下墙、梁、柱单元的应力大部分在 0.1MPa 以下，Y 方向水平地震作用下结构的墙、梁、柱单元的应力大部分在 0.1MPa 以下，都远远低于砌体、混凝土的抗拉强度，说明砌体结构在水平地震作用下不会大面积的出现开裂情况。

（4）结构的变形主要以剪切变形为主，在弹性范围内，结构层间位移较小，而且具有相同的变化趋势，同时趋势平稳，说明砌体结构层间刚度变化均匀，没有刚度突变。

（5）从结构模拟的应力应变云图可以看出，在地震动的过程中，结构破坏的形态多为斜向剪切破坏，结构的薄弱点一般出现在窗台顶部过梁与墙体连接处，以及窗洞口下部墙体与两侧墙体连接处，这与实际地震情况下的砌体结构破坏形式相符。

（6）理论分析表明：当建筑物高度不超过 40m，刚度沿高度分布较均匀时，结构以剪切变形为主。因而，再生双通孔抗震砖砌体结构可以采用底部剪力法确定水平地震作用。

参考文献

[1] 王瑞敏，王林秀.中国建筑垃圾现状分析及发展前景 [J].中国城市经济，2011 (5)：178-179.

[2] 王宝民，涂妮，杨奕.建筑垃圾处理及应用研究进展 [J].低温建筑技术，2010，32 (6)：1-3.

[3] 刘军，姜淼，于艳萍.村镇建筑垃圾制备空心砌块物理性能 [J].沈阳建筑大学学报（自然科学版），2010，26 (2)：301-305.

[4] 王雪，孙可伟.废砖制备新型轻质墙体材料的试验研究 [J].砖瓦，2008，21 (11)：55-58.

[5] Zaharieva R，François Buyle-Bodin，Wirquin E．Frost resistance of recycled aggregate concrete [J]．Cement & Concrete Research，2004，34 (10)：1927-1932.

[6] Olorunsogo F T，Padayachee N．Performance of recycled aggregate concrete monitored by durability indexes [J]．Cement & Concrete Research，2002，32 (2)：179-185.

[7] 华玉宝.试论我国建筑垃圾的现状及再生利用方法 [J].价值工程，2010，29 (4)：213-213.

[8] 曹素改，张志强，贾美霞，等.利用建筑垃圾制备混凝土标准砖 [J].砖瓦世界，2010 (7)：30-33.

[9] 李坤.再生骨料及再生混凝土基本性能研究 [D].大连理工大学，2006.

[10] 许光辉，马小娥.赤泥、粉煤灰免烧砖的性能研究 [J].砖瓦，2007 (6)：50-51.

[11] 朱磊.再生粗骨料性能评价及再生混凝土早期性能研究 [D].南京航空航天大学，2011.

[12] 张俊文.再生混凝土力学性能和梁的受弯性能研究 [D].南京林业大学，2008.

[13] 胡琼，严佳川，邹超英.再生混凝土梁正截面受弯承载力计算模式研究 [J].工程科学与技术，2009，41 (3)：195-201.

[14] 刘金为，施惠生，周保卫.再生混凝土的微观结构特征及其耐久性改善技术措施 [C] // 全国再生混凝土研究与应用学术交流会.2008.

[15] Kou S C，Chi S P，Chan D．Influence of fly ash as a cement addition on the hardened properties of recycled aggregate concrete [J]．Materials & Structures，2008，41 (7)：1191-1201.

[16] 陈云钢，孙振平，肖建庄.再生混凝土界面结构特点及其改善措施 [J].混凝土，2004 (2)：10-13.

[17] 谭克锋，蒲心诚.矿物掺合料对混凝土增强机理的研究 [J].西南科技大学学报，2007，22 (3)：6-9.

[18] Poon C S，Shui Z H，Lam L．Effect of microstructure of ITZ on compressive strength of concrete prepared with recycled aggregates. [J]．Construction & Building Materials，2004，18 (6)：461-468.

[19] Zaharieva R，François Buyle-Bodin，Wirquin E．Frost resistance of recycled aggregate concrete [J]．Cement & Concrete Research，2004，34 (10)：1927-1932.

[20] 孙家瑛，乔燕，孙浩，等.活性掺合料对再生混凝土耐久性影响 [J].混凝土与水泥制品，2006，2 (1)：1-4.

[21] 李志刚，李家和，张洪贵.粉煤灰与矿渣复合掺合料对混凝土强度影响 [J].低温建筑技术，2009，31 (4)：17-19.

[22] 陈雷，肖佳，唐咸燕，等.粉煤灰和矿渣双掺对混凝土性能影响的研究 [J].粉煤灰综合利用，2007

（2）：22-25.

[23] 雷霆.再生骨料混凝土界面强化及抗氯离子渗透特性研究 [D].浙江工业大学，2007.

[24] Ryu J S . Improvement on strength and impermeability of recycled concrete made from crushed con-crete coarse aggregate [J].Journal of Materials Science Letters，2002，21（20）：1565-1567.

[25] 水中和.再生集料混凝土的微观结构特征 [J].武汉理工大学学报，2003，25（12）：99-102.

[26] 刘军，李瑶，刘宇，等.无机预处理再生粗骨料的性能研究 [J].沈阳建筑大学学报（自然科学版），2009，25（1）：133-138.

[27] 吴本英.黄河淤泥承重烧结多孔砖的试验研究 [D].2004.

[28] 吴贤国，李惠强，杜婷.建筑施工废料的数量、组成与产生原因分析 [J].华中科技大学学报（自然科学版），2000，28（12）：96-97.

[29] 杨薇薇.再生混凝土多孔砖的配合比及其物理力学性能的研究 [D].郑州大学，2007.

[30] 李清海，孙蓓.国内外建筑垃圾再生利用的研究动态及发展趋势 [J].中国建材科技，2009，18（4）：124-127.

第 5 章　其他建筑垃圾的循环利用

5.1　废旧陶瓷的循环利用

随着陶瓷行业的发展，过去大量生产陶瓷的弊端也越来越明显，原材料越来越少，但是，废料却进一步增加。因此，如何处理废旧陶瓷，已成为陶瓷行业的一个亟待解决的问题。

陶瓷废弃物作为一种无机非金属材料的烧结体，物理和化学性质都极其稳定，烧制到1200℃强度已很大，耐腐蚀且不可降解，因此陶瓷废弃物的回收再利用非常困难。废弃后的陶瓷如若处理方式不恰当，它将在地球上长期存在，会对环境、生态和人自身的发展造成严重的危害。

据悉，在陶瓷厂区，2014 年全国陶瓷废料的年产量估计在 1000 万吨以上。如何处理这些废料成为当前可持续发展的关键。

陶瓷具有吸水率低，坚硬，耐磨等特点，可以将陶瓷废料粉碎作为建筑陶瓷原料使用，或者烧制成彩釉用于建筑物的外墙装饰，或用于生产日用陶瓷、工业陶瓷、陶粒及吸声材料等。

图 5-1　景德镇陶瓷废弃物

图 5-2　李晓峰作品瓷片衣

陶瓷废弃物在现代艺术方面的再造价值，主要集中在对陶瓷碎片的重新组合与拼接，国外在运用陶瓷碎片重新整合进行装饰品的创作、陶瓷碎片与建筑景观结合等方面已经有很多典型的例子。国内不乏一些将陶瓷废弃物运用在建筑景观的优秀设计，设计师利用古瓷片做成首饰或不同的装饰品。

5.2 废旧沥青的循环利用

沥青路面再生就是重复利用路面在维修时挖出来的旧沥青混合料，这些旧混合料经过一定的加工、处理，变成可以达到沥青路面技术要求的混合料，重铺成为新的沥青路面。目前的沥青混合料的再生工艺有热再生和冷再生两种方式。

5.2.1 热再生方法

热再生的工艺是先将旧沥青混凝土路面铣刨后运回工厂，通过破碎（或筛分），并根据旧料中沥青含量、沥青老化程度、碎石级配等指标，掺入一定数量的新集料、沥青及再生剂，使其油石比、碎石级配等指标达到设计要求，进行加热拌合，使沥青混合料达到规范规定的各项指标，参照新建沥青混凝土路面的施工方法进行重新铺筑。

5.2.2 冷再生方法（常温再生法）

冷再生方法是利用铣刨机将旧沥青面层及基层材料翻挖，将旧沥青混合料破碎后当做骨料，加入再生剂混合均匀，碾压成型后，主要作为公路基层及底基层使用。

5.3 废旧木材的循环利用

木材是当今世界 4 大材料（钢材、水泥、木材、塑料）中唯一可再生、再循环利用和可自然降解的绿色材料和生物资源，是人类最重要和应用最广泛的材料。由于人类无节制的乱砍滥伐导致森林锐减，木材减少，而城镇大量的废旧家具、废旧木材、废旧建筑用构件等木质废料被遗弃，所以废旧木材的循环利用成为一个主要的问题。

5.3.1 直接利用

通常意义上，直接利用是指对使用过的板材及木制成品经过加工修整后重新利用。对于大尺寸废弃木材如梁柱、门框架，除去木材外周的腐朽或涂饰层后，可直接加工成实木板材、实木家具和实木制品（如门板，床板）。废弃实木地板，可以再加工成地板或门板、台面板（桌椅台面板）；木质托盘、木质包装箱和实木门窗料等可用来生产木质包装箱。另外，还可以按照自己的想法将废弃木材加工成为独特的艺术品应用在室内和建筑装饰当中。

5.3.2 能源利用

将废弃木材、木屑等生物质材料高温、高压等条件下制备成粒装或块状新型燃料——木煤。据测算，该类燃料燃烧效率与煤相差不大，但排放污染远小于煤、石油等化石燃料，燃烧后的有机物也可以用作肥料。废弃木材还可以用来直接燃烧发电和气化发电，气化发电比直接燃烧发电对木材的利用效率提高了约 30%。废弃木材通过热解可以获得液态的木焦油、气态的木煤气和固态的木炭。

5.3.3 废木料用于生产黏土—木料—水泥复合材料

相较于普通混凝土，木料-黏土-水泥混凝土具有质轻、导热系数小等优点，因而可以作为特殊的绝热材料使用。将废木料与黏土、水泥混合生产木材-黏土-水泥复合材料，可使复合材料的密度和导热系数进一步降低。

5.3.4　其他利用

在农业方面，废弃木材可直接作为堆积发酵料，广西农业科学院微生物研究所利用广西广泛分布的桉树与桑树制成木屑与棉籽壳按一定比例混合进行食用菌菌种生产，降低了食用菌的生产成本。废弃木材也可在热处理后产生木醋液，制备的木醋液能够有效促进植物的生长。另外，废弃木材制成锯木屑经筛分，以 50％的木屑，15％米糠，35％青饲料混合后加入丁香面，经酒曲发酵可制成环保经济的猪饲料，既经济又环保。在工业上，如通过削片、蒸煮和制浆等工序获得木纤维作为原料，可用于造纸行业，对其废液磺化后获得减水剂。利用生物质及木质素制备的木质素包膜尿素（一种缓释尿素），其最高的氮肥利用率比普通尿素提高了 12.49％。由废弃木材加工成的生物质油，将其加入到沥青混合料中可以明显降低沥青混合料的拌合温度，并能够改善沥青的高温性能；由废弃木材裂解产生的木焦油，在催化剂作用下可进一步生产出改性酚醛树脂泡沫塑料，相关强度指标均符合国家标准要求。

5.4　废旧塑料的循环利用

在现有的城市固体废弃物中，塑料的比例已达到 15％～20％，而其中大部分是一次性使用的各类塑料包装制品。塑料废弃物的处理已经不仅仅是塑料工业的问题。我国塑料工业是国民经济的支柱产业之一，已步入世界塑料大国的行列。塑料加工行业中大多数的生产企业的机械与模具的水平在不断提升，产品档次和产品质量有所提高，塑料制品品种和数量有明显的增加。塑料已成为人类社会生活中不可或缺的生产资料和生活资料，塑料制品生产与应用发展走势很好，增幅保持两位数。预测今后几年我国塑料制品品种和质量仍将进一步增加和提高。据报道，世界废旧塑料的年产量已达 2 亿 t，大量消费后，塑料的处理问题已成为当今地球环境保护的热点。

5.4.1　废旧塑料对环境的危害

废旧塑料对环境的破坏，主要是指由被丢弃的废旧塑料散落在农田、市区、风景旅游区、水利设施和道路两侧，对城市环境、人体健康、耕地土壤、石油资源消耗等方面产生的负面影响。

（1）对生物体的毒害性

在聚氯乙烯（Polyvinyl Chloride，PVC）中，添加剂邻苯二甲酸酯（PAEs）其使用量达到了 35％～50％，随着时间的推移，PAEs 可由塑料中迁移到环境中。研究表明，PAEs 具有一般毒性和特殊毒性（如致畸、致突变性或具有致癌活性），在人体和动物体内发挥着类雌性激素的作用，干扰内分泌，可以造成人体生殖功能异常、男性精子数量减少。而且其水解和光解速率都非常缓慢，属于难降解有机污染物，在大气、土壤和水体中均有残留。全世界每年向海洋和江河中倾倒的塑料垃圾已造成海洋生物的大量死亡。

（2）对土壤和大气环境的危害

1）废旧塑料属难降解高分子化合物，在自然条件下难以分解，混在土壤中，破坏土壤原来良好的理化性状，阻碍肥料的均匀分布，影响土壤的透气性，不利于植物根系生长，影响作物吸收养分和水分，从而导致农作物减产。

2）混入生活垃圾处理中的废旧塑料根本无法有效治理，卫生填埋及堆肥处理无法使其分解。塑料密度小、体积大，能很快堆积如山，降低填埋场处理垃圾的能力；而且，填埋后的场地由于地基松软，垃圾中的细菌、病毒等有害物质很容易渗入地下，污染地下水，危及周围环境。

（3）浪费大量不可再生资源

对于每年大量产生的废旧塑料，如果不采取积极的循环利用措施，将对日益紧缺的不可再生资源煤、石油和天然气等造成巨大的浪费。

（4）视觉污染

废旧塑料散落在城市各处，严重破坏了城市的整体美感，影响市容，有碍观瞻。

5.4.2 国内外废旧塑料回收利用技术

（1）填埋法

填埋法是将废旧塑料作为垃圾送入垃圾场填埋，此方法仅将废旧塑料当作垃圾进行处理，虽然简单易行，但无法再利用，是对资源的巨大浪费。选择填埋法处理废旧塑料，易浪费土地资源并影响土壤结构，甚至造成地下水污染。目前填埋法仍然是各国经常使用的方法，在我国则是主要采用的方法。

（2）焚烧法

利用焚烧法可减少废旧塑料的体积，同时回收其热能。焚烧前不需经过预处理，尤其适用于较难分选的混杂型废旧塑料，操作方便，成本低，效率高。

美国的废旧塑料制作垃圾固形燃料技术即 RDF 技术应用广泛，这种技术在废旧塑料中加入石灰、木屑、纤维等添加剂，经过混合、干燥、加压、固化，压制成直径为 20～50mm 颗粒，这样便于运输、保存和燃烧。如果用于发电，其发电效率也会提高到 30% 以上，与直接燃烧相比高 50%。

德山公司水泥厂先将不含氯的废旧塑料进行粉碎，再利用空气送入水泥窑，进行了回转窑喷吹废旧塑料试验。结果显示废旧塑料的平均发热量比煤粉高，并且在试验的过程中无需特殊措施，对水泥的质量无任何影响。随后，该厂建设了产量 1 万 t 的废旧塑料制备装置，在水泥回转废旧塑料回收利用方面获得了较好的效果。与填埋法相比，焚烧法虽然能回收部分能源，但是会造成大气污染。

（3）化学回收法

1）热解：热解是指在无氧或缺氧的条件下进行的不可逆热化学反应，将有机固体废弃物热解后最终生成可燃气、热解焦油和焦炭。

废旧塑料油化技术原料来源丰富，可以处理混杂的废旧塑料，减小了塑料分拣的工作量，应用前景广泛，在美国、日本等国已得到应用。比如日本利用催化裂解装置，成功地将废旧塑料裂解生成汽油。国内也有该技术成功应用的实例，如北京双新技术交易公司利用农膜、饮料瓶、食品袋等废旧塑料，运用废旧塑料油化技术生产出 90 号汽油和 0 号柴油，转化率为 70%，具有较高的经济效益。

城市废塑料中经常混有其他物质，运用共热解法可以同时处理废旧塑料和其中包含的其他物质，在废旧塑料回收处理上具有很大的优势。E. Jakab 等研究了聚丙烯（PP）塑料与木头粉末、木质素及木炭等的共热解反应。结果表明，在这些添加物尤其是在木炭类物质能够很好地促进废旧塑料中单体和二聚体的产生，并且也使得废旧塑料降解温度有所降低。H. S. Yang 等不仅对木质纤维素与废旧塑料的共热解进行了研究，而且还研究了煤、非木质生物质与塑料的共热解，研究表明，在进行热解反应时塑料的热稳定性都有所下降，从而使得废旧塑料的降解温度有所降低。但是含有氮、氯等元素的热塑性塑料和部分热固性塑料并不适合作为热解原料。另外，热解时通常需要很高的温度，反应设备的要求高，工艺流程复杂，增加了处理成本和回收难度。

2）醇分解/水分解：对于一些在热解时会产生有害气体的塑料，如尼龙、丙烯腈-丁二烯-苯乙烯塑料等含有氯、氮等元素的塑料，不宜热解回收，则可以使用醇分解或水分解技术来降低回收难度，提高回收效率。

日本帝人公司研究了利用乙二醇将废弃聚对苯二甲酸乙二酯（PET）瓶分解为苯二甲酸二甲酯（DMT）和乙二醇（EG）的循环利用工艺。在乙二醇沸点和 0.1MPa 的条件下，把粉碎后的 PET 瓶溶解在乙二醇中，此时 PET 瓶就会解聚为对苯二甲酸双羟基乙二醇酯（BHET）。过滤后，在甲醇沸点和 0.1MPa 的条件下，BHET 与甲醇通过酯交换反应，就会生成 DMT 和 EG。

部分塑料的分解工艺 表 5-1

塑料品种	分解后生成的单体	分解工艺
尼龙	己内酰胺	加水分解
PET	DMT/EG	甲醇/乙二醇分解
聚氨酯	多元醇	乙二醇分解
聚碳酸酯	双酚 A	加水分解

3）生物降解：生物降解是指在自然条件下，通过土壤中的微生物和酶的作用分解废旧塑料。如果塑料本身不具有被微生物降解的组分，可以将生物可降解的物质添加到塑料中。生物降解塑料的研究开发中还有许多问题尚未解决，技术成熟性较低，还不能进行大面积的推广应用。但目前仍有不少学者致力于生物降解的研究，如中国科学院微生物研究所利用淀粉水解糖发酵生产聚羟基丁酸（PHB），PHB 的熔融温度为 180℃ 左右，是一种生物降解性优良、可完全分解的热塑性塑料，并且其分解产物可全部为生物利用。

塑料垃圾对海洋生物的危害十分严重，因此开发使用于水域环境中的生物降解材料也尤为重要。日本催化剂公司经过研究，将碳酸盐引入到聚丁二酸丁二醇酯（PBS）中，成功地开发出了耐水可降解性塑料。

（4）回收再生法

1）简单再生：简单再生法指不经改性，将废旧塑料经过分选、清洗、破碎、熔融、造粒后，直接用于成型加工的回收方法。简单再生技术工艺简单、成本低、投资少，所加工的塑料制品应用广泛。但是简单再生法不适合制作高档次的塑料制品，其应用面受到一定的限制。早在 20 世纪 70 年代，该技术就被江浙一带所采纳，如将废软聚氨酯泡沫塑料按一定的尺寸要求破碎后，用作包装容器的缓冲填料和地毯衬里料；或将废旧的聚氯乙烯制品经过破碎及直接挤出后用于建筑物中的电线护管。

2）改性再生：改性再生技术是指将废旧塑料通过化学接枝或者机械共混进行改性后再成型加工，也可改性后生产新型材料。随着技术的发展，以废旧塑料为原料或者与其他材料混合生产新材料，已受到越来越多的关注，具有十分广阔的开发及应用前景。但该技术工艺复杂，需要专用的机械设备，投资较大，生产成本较高。

宋学君等利用废旧聚苯乙烯（PS）泡沫塑料通过改性制得了品质优良的涂料。该涂料常温下速干，漆面平整，其稳定性、防水性等指标均达到生产要求。莫志深以废旧热塑性塑料为原料，加入粉煤灰等添加剂，经过共混、熔融挤出，所制得的复合材料井盖坚固可靠，性能优越，其力学性能超过了国家标准所规定的指标。王新杰等利用废旧线路板中的回收塑料和PP制备了复合材料，结果表明回收塑料提高了复合材料的弯曲强度和阻燃性能。中国科学院兰州分院利用废旧PS泡沫塑料，经过化学处理，成功开发出水泥减水剂，其可以将混凝土拌制时的用水量大大减少，同时保持较好的流动性，从而将废旧塑料变成环保型产品。张智勇等利用废塑料改善道路沥青的性能，结果表明，在沥青中加入适量的废塑料，能显著改善沥青及沥青混凝土的高温稳定性能，降低沥青的温度敏感性。

G. Grubbstrom 等对废旧低密度聚乙烯/木粉复合材料的力学性能进行了研究，结果显示经过交联处理的复合材料，其弯曲强度提高了2倍，抗蠕变性、强度和硬度都有提高。A. Alireza 等利用废旧PP和废纸，添加适量的马来酸酐接枝PP（PP-g-MAH），采用热压成型工艺制备了纤维增强复合材料，结果表明，PP-g-MAH可以很好地改善纤维与塑料基体之间的界面相容性，复合材料的弯曲强度、拉伸强度、使用性能等都有所提高。

比较以上几种废旧塑料的回收利用技术，可以看出，回收再生法绿色环保、成本低，真正实现了资源的循环利用，提高了资源的利用效率，有利于我国实现资源节约型社会，并且将会带来较高的经济效益，是回收方法中的首选。回收再生法适合所有的热塑性材料和部分热固性材料，其回收效果越来越受到人们的重视，目前在欧美、日本等发达国家已实现商业化操作，在我国也有比较广泛的应用。尽管如此，回收再生法在应用时还存在以下问题：

① 利用回收再生法处理废旧塑料的过程中均需经过粉碎环节，粉碎过程会造成飞尘的飞扬、产生噪声、能量消耗较大、影响环境、工人劳动条件差。

② 粉碎后的废旧塑料体积大，运输时增加运输成本，储放时占用场地的空间位置大。

③ 在废旧塑料清洗过程中产生的废水容易造成环境问题。

5.4.3 废旧塑料循环利用的研究方向

在新常态下，废塑料循环利用技术的趋势将集中在4个研究方向。

① 废旧塑料分选、分离自动化技术装备研究。开发适合于各种废旧混合塑料的自动化分类分离装备，实行废旧塑料的高速高效自动化分离，解决传统靠人工和化学分离的低效率和高污染的问题。

② 废旧塑料生产合金材料、复合材料及功能材料关键技术设备研究。通过研究合金中的增容、增韧、原位增强、稳定化和快速结晶技术，开发出的再生塑料合金性能达到甚至超过原树脂的高质化产品，实现再生塑料合金的高质化。

③ 再生塑料产品质量控制关键技术及标准化体系研究。紧密跟踪国外废旧塑料高质利用的标准化，结合我国废旧塑料回收技术和再制造技术及其产品，制定相关的国家技术标准或技术规范。

④ 废旧塑料再生资源环境污染控制关键技术研究。改性再生塑料主要是使用废弃塑料与其他材料，通过填充、共混和增强等方法，加工生产的合金或复合材料等再生塑料产品。其加工过程中用到的再生塑料改性技术路线包含三个方面：废弃塑料与其他塑料生产合金；废弃塑料与填料生产填充塑料；废弃塑料与纤维生产增强塑料。目前再生塑料产品价值提升的应用示例，主要体现在家电、办公设备和个人电脑等领域。其中，家电领域包括电视机周边产品、音响、小家电 3 个细化领域。这些领域涉及 HIPS、FRHIPS、ABS、PC/ABS、PMMA/ABS 等材料，用于生产电视机部件、机顶盒、DVD、普通音箱和汽车音响外壳、吸尘器外壳、扫描仪、打印机和计算机的外壳等部件。

5.5　废旧钢筋的循环利用

钢铁工业是国民经济重要支柱产业，据钢铁工业协会统计数据，2009 年我国钢铁产能已达 5.68 亿 t，占目前世界总产能的 46.6%，每年要消耗大量的资源和能源。钢铁工业的主要原料有 2 个：铁矿石和废钢。前者是自然原生资源，具有不可再生和逐年衰减的特征，而后者是可回收的再生资源。废钢是在生产生活中由于到达使用年限或者技术更新而报废和淘汰的可回收利用的废旧钢铁，其碳质量分数一般小于 2.0%，硫、磷质量分数均不大于 0.05%。废钢铁产业，节能减排，循环利用，降低碳排放，发展前景十分可观。

所谓钢铁循环是指，由"废钢→炼钢→制品→废钢"构成的钢铁全生命周期循环体系。在这个闭路循环系统里，通过金属铁的无限循环使用和生命的延续，不断提高资源利用率，提高附加值，提高钢铁的潜能；节约能耗，减少"三废"排放；减少原生铁矿的开采，逐步形成钢铁生态工业体系，促进钢铁工业与自然的和谐。

5.5.1　废钢铁在低碳经济时期的应用价值

废钢铁是现代钢铁工业不可缺少的炼钢原料。废钢铁回收应用有着较高的环保、经济、社会效益，"逐步减少铁矿石比例和增加废钢的比重"实现钢铁循环，成为全国和世界钢铁行业追求的终极目标。

（1）废钢铁是一种载能资源

炼钢从生产工序的角度分为"长流程"和"短流程"。长流程一般指转炉炼钢，原料以铁矿石（生铁）为主，废钢为辅。短流程一般指电炉炼钢，原料以废钢为主，生铁为辅。

在大型的钢铁联合企业，从铁矿石进厂到焦化、烧结、炼铁、炼钢，整个工艺流程中能源消耗和污染排放主要集中在炼铁及铁前工序，一般占综合能耗的 60%。也就是说和铁矿石相比，用废钢直接炼钢可节约能源 60%，其中每多用 1t 废钢可少用 1t 生铁，按照我国高炉平均铁焦比 0.375，煤焦比 1.35 测算，加上高炉喷煤，可节约 0.4t 焦炭或约 1t 原煤。应用废钢炼钢可以大幅降低钢铁生产综合能耗。

（2）废钢铁是一种低碳资源

短流程和长流程相比可减少炼铁、焦化、烧结等铁前工序的废水、废渣、废气的产生，在一般钢铁企业可减少排放 CO、CO_2、SO_2 等废气 86％、废水 76％、废渣 72％。若加上铁矿石选矿过程所产生的尾矿渣，炼焦和烧结过程中产生的粉尘等可减少排放废渣 97％。换算成实物量，每用 1t 废钢可减少排放炼铁渣 0.35t，尾矿 2.6t，加上烧结、焦化产生的粉尘，约减少 3t 固体废物的排放。应用废钢炼钢可以大量减少"三废"产生，降低碳排放。

（3）废钢铁是一种可循环使用的再生资源

钢材→设备制造→使用→报废，每 8～30 年 1 个轮回，可无限循环反复使用，且自然损耗很低。大量应用废钢有利于减少原生资源的开采，有利于生态平衡，有利于人与自然的和谐发展。按我国平均 1.7～1.8t 精矿粉炼 1t 生铁，2.5t 原生矿选 1t 成品矿的水平测算，每多用 1t 废钢，可减少 1.7t 精矿粉的消耗，同时减少 4.3t 原矿的开采和 2.6t 钢铁尾矿渣的排出。

我国现行钢铁生产原料以铁矿石为主，长年依赖进口，对外依存度高达 70％。2001 年我国进口铁矿石 9230 万 t，到岸价 27.12 美元/t。2009 年进口铁矿石 6.3 亿 t 增长了 6.8 倍，占全国矿石用量的 71.23％，到岸价达 79.87 美元/t，增长 3 倍。海运费也同步上涨。钢铁成本大幅增加，利润空间越来越小。"多吃废钢，少吃铁矿石"则是缓解这一被动局面的重要举措。发展废钢铁产业，增加废钢铁供应能力是缓解对铁矿石依赖的重要途径。

（4）废钢铁是一种不可缺少的炼钢原料

2009 年我国废钢铁消耗总量为 8310 万 t，占粗钢产量的 14.6％，价值约 2500 亿元人民币，且逐年快速增长。2009 年全球废钢比平均水平为 37.6％，废钢消耗总量约 4.6 亿 t。废钢铁与废铜、废铝、废塑料、废纸等其他再生资源不同，不会随着循环次数的增加而降低理化性能指标，降低产品质量。炼钢从某种意义上讲就是钢水净化过程，正所谓"百炼成钢"。因此，废钢铁相对原生资源铁矿石而言，是一种优质的炼钢原料。原生矿将逐步走向枯竭，2007 年我国已探明保有铁矿资源储量 607 亿 t，可开采储量 210 亿 t，2009 年开采原矿 8.8 亿 t，可供开采 30 年左右，前景不容乐观。废钢铁是唯一可以逐步替代铁矿石的可持续发展的优质原料资源。

5.5.2　我国废钢铁供需体制改革发展状况

（1）废钢供需体制改革取得了长足进步

进入 21 世纪，我国钢铁工业进入了快速发展时期。废钢铁消耗总量从 2900 万 t 增长到 8300 万 t。对废钢的供应量、废钢的内在质量和清洁度提出了更高的要求。废钢加工配送体系的建设按照统筹、规划、分步实施的原则日新月异地快速发展。2004 年开始正式筹建专业化、规模化、机械化、现代化废钢加工配送中心，短短几年时间内，配送能力达 20～100 万 t 的大型专业化废钢加工配送公司约有 20 家。中国废钢铁应用协会计划用 5～10 年的时间在我国形成现代化、科学化、规范化的废钢铁"回收——加工——配送"产业体系。

（2）废钢加工处理技术和装备水平显著提高

行业装备水平迅速提升。大型废钢加工配送中心普遍安装有国内或世界最先进的剪切机、打包机、破碎机、抓钢机等废钢加工设备、装卸设备、防辐射设备、环保设备等，装备先进。废钢加工处理技术不断提升，废钢质量大幅提高。现代化机械化的废钢剪切、打包、粉碎等处理技术，取代了传统落后的氧气切割、落锤、爆破等加工工艺，废钢加工处理过程中的二次污染的防治，在规范的废钢加工中心逐步得到了有效的控制。废钢中的废有色金属、橡胶、塑料、纤维、渣土等夹杂物得到有效的综合利用和无害化处理。

（3）废钢铁交易市场机制逐渐规范成熟

在进一步规范完善传统的现货交易、定向配送的同时，正在加快废钢电子商务市场的开发。2009 年我国第 1 家废钢电子交易市场已成功上市，运行稳健。

（4）我国废钢铁供需状况及发展趋势

2000～2009 年我国废钢铁年消耗总量随着粗钢产量的增加而大幅提高，但增长速度远低于粗钢增长速度，废钢比逐年下降，一直处于低水平状态。国内废钢资源产生量每年均有很大增长，但仍不能自给自足，资源缺口较大。

5.5.3　废钢铁消耗量逐年大幅增长

（1）2000～2009 年我国废钢铁消耗总量大幅增加

随着钢铁工业的快速发展，对废钢铁原料的需求量大幅增长。2014 年，炼钢废钢铁消耗 8830 万 t，比 1994 年的 3120 万 t 增加 5450 万 t，增长 2.8 倍。从 1994 年中国废钢铁应用协会成立到 2014 年，全国炼钢消耗废钢铁约 11.66 亿 t，废钢铁产业为钢铁工业的发展做出贡献。2011～2014 年废钢比年平均约为 11.5%。废钢供应增长速度很快，但远低于粗钢产量的增长速度，造成资源供应不足，但增速差距正在逐步缩小。1994～2014 年我国粗钢产量见表 5-2，废钢铁消耗统计见表 5-3。

1994～2014 年中国粗钢产量统计　　　　　　　　　　　表 5-2

年份	粗钢产量/万 t	环比增长量/万 t	环比增长率/%
1994	9261.3	307.4	3.43
1995	9536.0	274.7	2.97
1996	10123.7	587.7	6.16
1997	10891.1	767.4	7.58
1998	11458.8	567.7	5.21
1999	12395.4	936.6	8.17
2000	12850.0	184.6	1.49
2001	15163.4	2313.4	18.00
2002	18224.9	3061.5	20.19
2003	22233.6	4008.7	22.00
2004	27279.8	5046.2	22.69
2005	35579.0	8299.2	30.42
2006	42102.4	6523.4	18.33
2007	48971.2	6868.8	16.31
2008	51233.9	2262.7	4.62
2009	57707.0	6473.1	12.63
2010	63874.3	6167.3	10.69
2011	70196.8	6322.5	9.90
2012	73104.0	2907.2	4.14
2013	82119.1	9015.1	12.33
2014	82270.0	150.9	0.18

1994～2014 年中国钢铁企业废钢铁消耗统计　　表 5-3

年份	废钢铁消耗量/万 t	环比增长量/万 t	环比增长率/%
1994	3120	−56	−1.76
1995	2900	−220	−7.05
1996	2800	−100	−3.45
1997	2800	0	0
1998	2750	−50	−1.79
1999	2670	−80	−2.91
2000	2920	250	9.36
2001	3440	520	17.81
2002	3920	480	13.95
2003	4820	900	22.96
2004	5430	610	12.66
2005	6330	900	16.57
2006	6720	390	6.16
2007	6850	130	1.93
2008	7200	350	5.11
2009	8310	1110	15.42
2010	8670	360	4.33
2011	9100	430	4.96
2012	8400	−700	−7.70
2013	8570	170	2.02
2014	8830	260	3.03

（2）国内废钢铁资源产量逐年大幅增长

我国废钢铁来源分 3 个部分：一是钢铁企业自产废钢，约占资源总量的 35％；二是社会采购废钢，约占 50％左右；三是进口废钢，约占 15％左右。钢铁企业自产废钢主要指钢铁生产线上产生的切头、切边、废次材、注余、跑漏、渣钢及设备检修报废产生的废钢总量。2009 年钢企自产废钢 3040 万 t，同比增长 6.3％。废钢的产生率却随着连铸比的增加和综合成材率的提高逐年下降，2000 年废钢产生率为 10.116％，2009 年降到 5.35％，减少了 4.78％，但下降幅度逐年减缓，基本进入 1 个相对稳定的阶段。社会采购废钢主要指钢企从国内市场上采购的社会城乡所产生的报废机动车、非机动车、农机具、家电、器皿等生活设施所产生的生活废钢，设备制造业、加工业、建筑业、运输业等在生产、施工、检修过程中所产生的边角余料和报废设备等工业废钢，军队报废的武器装备、设施等废钢。2000～2009 年，我国社会废钢采购量由 1788 万 t 增长到 4580 万 t，增长了 156％。平均每年以 310 万 t 的幅度递增。

2009 年我国共进口废钢 1370 万 t，同比增长 280％。居世界废钢进口国第 2 位（土耳其第 1），占世界废钢贸易量的 18％左右。进口海绵铁 177 万 t，同比增长 195％。2006 年以后，随着国际钢铁工业的回升，一些国家减少了出口或实施废钢出口的限制，造成资源萎缩，价格上涨，进口量减少，2000～2009 年国际废钢铁市场持续高价位运行。市场运行的诸多不确定因素，使每年的资源缺口都未能得到充分的补充。我国进口废钢主要来源于中亚、东亚、欧、美这些钢铁工业比较发达的国家和地区。

5.5.4　我国废钢铁产业规划目标

(1) 提高废钢加工供应能力。

(2) 加快废钢加工配送体系建设。

(3) 提高技术装备水平，加快新技术、新工艺、新设备的推广和应用，淘汰落后产能。

(4) 提高二次污染的防治水平，专业化废钢加工配送公司在废钢加工处理过程中，对废水、扬尘、噪声的防治必须达到国家环保标准。

(5) 提高废钢应用技术。组织科研院所、大专院校、钢铁企业、设备制造企业、废钢加工企业加大废钢应用技术攻关试验的力度，特别是破碎料废钢在转炉炼钢中的应用。

(6) 开拓境外市场。

(7) 行业技术培训。

5.5.5　废钢加工应用的研究方向

(1) 废钢净化处理技术的完善、研发和扩大应用。重点是破碎料废钢的提纯、制块、增加体密度的加工技术和应用技术的开发和研制。

(2) 废合金钢快速分析仪应用技术的研发和应用。重点是和废钢装卸加工设备配套自动识别、自动分离技术的研制。

(3) 对废钢中爆炸物自动识别、分离技术的研发和应用。

(4) 对超大超厚型废钢加工解体技术、设备的研发和应用。重点是对中间包、钢铁砣的解体技术、设备的研发。

(5) 废钢尾渣中有色金属、不锈钢自动分离技术的完善、研发和应用。重点是对分离系统的改造和创新。

(6) 对废钢尾渣的综合利用技术的研发和利用。重点是"渣土"的细选和制作燃烧块的研发和应用，实现"零排放"。

(7) 报废汽车、报废家电、报废电子设备的拆解技术的研发和应用。重点是拆解生产线的引进和研制，贵金属的回收，有毒有害污染物的无害化处理技术的研发。

(8) 废钢质量检验技术和监督技术的研发和应用。重点是验质设备的开发研究，逐步取代人工验质判级。

(9) 废钢应用技术的完善、研发和应用。重点是提高转炉废钢比，破碎料废钢在转炉炼钢中的应用技术的研发。

(10) 废钢科学配料和配送程序软件的开发研究和应用。重点是适应不同钢种及不同冶炼工艺的最佳配料控制系统的开发。

参考文献

[1] 袁文良.让建筑垃圾"变废为宝"[J].环境保护与循环经济，2015，35（12）：1-1.

［2］张玉山.世界当代公共环境艺术，陶艺［M］.湖南美术出版社，2006.

［3］陈飚，陈启宗.克服影响我国沥青路面再生机械发展的技术偏见［C］// 沥青路面材料拌合新技术及厂拌热再生新工艺应用发展研讨会.2011.

［4］孙照斌，田芸，庞方亮.废旧实木类木材回收利用途径探讨［J］.中国人造板，2008，15（1）：9-11.

［5］王珊珊，孙芳利，段新芳，等.废弃木质材料的循环利用技术及我国未来的研究重点［J］.西北林学院学报，2005，20（02）：187-189＋196.

［6］文美.日本岐阜县白川町木屑锅炉发电项目竣工［J］.世界林业动态，2004（25）：11-11.

［7］程瑞香，王炼.我国废旧木材的回收利用途径［J］.林产工业，2006，33（4）：07-10.

［8］姜洋，曲静霞，潘亚杰，等.生物质致密成型技术处理木材加工废弃物的应用［J］.中国人造板，2004，11（2）：13-14.

［9］刘一星.木质废弃物再生循环利用技术［M］.化学工业出版社，2005.

［10］李霞镇，任海青，徐明.回收木材废料进行重加工［J］.林产工业，2008，35（6）：20-23.

［11］叶克林，陈广琪，于文吉.废弃木质材料的利用［J］.木材工业，1996（2）：26-29.

［12］Yang X，You Z，Dai Q，et al. Mechanical performance of asphalt mixtures modified by bio-oils derived from waste wood resources［J］.Construction & Building Materials，2014，51（31）：424-431.

［13］汤健钊，容腾，容敏智，等.以生物质快速裂解液制备酚醛树脂泡沫塑料［J］.中山大学学报（自然科学版），2014，53（4）：94-100.

［14］酞酸酯对人与环境的危害［J］.上海环境科学，1997（12）.

［15］Clausen P A，Bille R L L，Nilsson T，et al. Simultaneous extraction of di（2-ethylhexyl）phthalate and nonionic surfactants from house dust. Concentrations in floor dust from 15 Danish schools.［J］.Journal of Chromatography A，2003，986（2）：179-190.

［16］莫测辉，蔡全英，吴启堂，等.我国城市污泥中邻苯二甲酸酯的研究［J］.中国环境科学，2001，21（4）：362-366.

［17］Fromme H，Thomas Küchler，Otto T，et al. Occurrence of phthalates and bisphenol A and F in the environment［J］.Water Research，2002，36（6）：1429-1438.

［18］包永忠，朱慧芳.废塑料的回收利用［J］.化工环保，2000，20（3）：11-15.

［19］钱伯章，朱建芳.废塑料回收利用现状与技术进展［J］.化学工业，2008，26（12）：33-40.

［20］颜晓莉，史惠祥，周红艺，等.废旧塑料的再生利用技术与展望［J］.环境工程学报，2003，4（11）：26-30.

［21］赵胜利，黄宁生，朱照宇.塑料废弃物污染的综合治理研究进展［J］.生态环境学报，2008，17（6）：2473-2481.

［22］Wagner J P，El-Ayyoubi M A，Konzen R B. Heavy Metals Emission from Controlled Combustion of Polyvinylchloride（PVC）Plastics［J］.Journal of Macromolecular Science：Part D - Reviews in Polymer Processing，2012，30（8）：827-851.

［23］吴自强，许士洪，刘志宏.废旧塑料的综合利用［J］.现代化工，2001，21（2）：9-12.

［24］马占峰.废旧塑料回收利用的必要性和可行性［C］// 2005'中国塑料工业与环境保护协调发展论坛.2005.

［25］Zhao H，Hou K，Lijuan Y I，et al. The Application of Power Tamp Method in Liquefiable Groundwork Treatment in Plastic Dam Project［J］.Yunnan Metallurgy，2007.

［26］黄发荣.高分子材料的循环利用［J］.上海化工，1998，20（20）：27-31.

［27］朱桂林.中国废钢铁应用协会第二届冶金渣开发利用工作委员会工作报告［J］.中国废钢铁，2013（4）：10-13.

［28］闫启平.钢铁循环——废钢铁产业发展的核心哲学理念——纪念中国废钢铁应用协会成立20周年

［J］. 中国废钢铁，2014（4）：35-36.

［29］ Wang R. Application of Intelligent MCC Based on Fieldbus in Steel Industry ［J］. Low Voltage Apparatus，2010，44（1）：154-168.

［30］ Singh R K，Murty H R，Gupta S K，et al. Development of composite sustainability performance index for steel industry ［J］. Ecological Indicators，2007，7（3）：565-588.

第6章 建筑垃圾的应用

6.1 改性再生混凝土应用的可行性分析

6.1.1 再生骨料混凝土简介

随着社会快速发展，伴随着大规模的改建和扩建工程，使得混凝土的需求也日益增大，面对处理大量被拆建筑废弃物的问题，势必给环境带来一定的危害。因此，提出了再生骨料混凝土的设想，希望通过再生骨料混凝土部分取代普通混凝土，在满足社会需求的同时又能降低对环境的危害，实现资源的循环利用，再生骨料混凝土的研究也就成了当今社会研究的重点。然而，由于再生骨料中存在大量的旧砂浆，致使其在各项力学性能方面相比普通混凝土都存在一定的缺陷，并且目前对于再生骨料混凝土技术的加工机制还不够完善，对于提高各项力学性能指标也还有许多亟需突破的瓶颈。这些都在很大程度上限制了再生骨料混凝土的发展。将废弃混凝土块体经过回收、破碎、筛分后，按一定的比例与级配混合形成再生骨料，它可部分或全部代替天然骨料制成再生混凝土，它是符合可持续发展思想的一种绿色混凝土。到目前为止，再生骨料混凝土大多应用于一些非承重构件或道路的路面。关于再生骨料混凝土破坏机理与改性方法的研究，对提高再生骨料混凝土的破坏性能、加强其在工程中的应用具有重要的意义。

由于再生骨料表面附着水泥砂浆，新、旧砂浆界面过渡区是再生混凝土薄弱部位，导致再生骨料混凝土的基本力学性能差于天然骨料混凝土。根据相关研究发现，不管是再生骨料混凝土的受拉破坏还是受压破坏，都表现为旧砂浆的断裂和界面过渡区的破坏，并且破坏过程中往往在界面过渡区最先出现初始微裂缝，然后再向砂浆区域延伸和扩展。因此，界面过渡区就是再生骨料混凝土的最薄弱环节，而旧砂浆的存在是造成这种现象的主要因素。旧砂浆在很大程度上影响界面过渡区在数量、分布和性能上的不同。

6.1.2 再生骨料混凝土研究内容

（1）研究背景

已有大量研究表明，再生骨料混凝土在抗压强度、抗拉强度和抗劈裂强度等方面相对于普通混凝土来说存在着一定的性能缺陷。通过试验发现再生骨料混凝土的抗压强度比普通混凝土要低，降低幅度为8%~24%，这在一定程度上限制了再生骨料混凝土的应用。

由于再生骨料混凝土与普通混凝土唯一的区别就是骨料不同，再生骨料在很大程度上决定着再生混凝土的性能。再生骨料含有大量的旧砂浆，而旧砂浆又比天然骨料疏松、强度低，有高的吸水率和压碎指标。再生骨料混凝土的界面过渡区由于存在旧砂浆，也会致使新旧砂浆的结合不稳定、不密实，容易出现界面过渡区的破坏，这些都是再生骨料混凝土相比于普通混凝土的不足之处。利用废旧混凝土制备出高品质的再生骨料混凝土，不仅可以节省天然骨料资源，而且还可以减少废旧混凝土对环境的污染，符合可持续发展的国策。

（2）研究思路

通过对再生骨料混凝土力学性能、破坏机理等方面的研究，就再生骨料混凝土受拉破坏和受压破坏的破坏形态与断面情况来研究其破坏的一般规律。找到再生骨料混凝土相对普通混凝土性能低的原因，从而达到改善其力学性能的目的。

（3）研究内容

1）再生骨料混凝土破坏机理

破坏机理的研究主要包括破坏形态的分析、破坏区域观察与微观结构分析、微裂缝的开展与发展轨迹研究等。由于再生骨料混凝土和普通混凝土最大差别就是旧砂浆的存在，所以目前强化再生骨料混凝土大都从旧砂浆入手，认为通过除去再生骨料表面的旧砂浆就可以很好改善再生混凝土性能。显然这些方法都是有效的，但不够严谨，这就是研究再生骨料混凝土破坏机理的主要原因，希望通过再生骨料混凝土的破坏机理找到其破坏的一般规律，抓住其真正意义上的薄弱环节，然后通过合适的措施与技术手段来改善其缺陷，达到提高再生骨料混凝土破坏性能的目的。

2）再生骨料混凝土界面过渡区

越来越多研究表明，界面过渡区是混凝土最薄弱环节，破坏往往都是从界面过渡区开始，然后裂缝进一步扩展和贯穿，最终造成整个混凝土块的破坏。然而，对于再生骨料混凝土，界面过渡区更多更复杂，影响因素也更多。因此，为了强化再生骨料混凝土，需要弄清其界面过渡区微观结构，分析其各组分的性质与相互关系。

3）再生骨料混凝土水泥砂浆

相关研究表明，再生骨料混凝土中新旧砂浆含量（质量分数）占到75％，使再生骨料混凝土性能在一定程度上趋于砂浆。旧砂浆对再生骨料混凝土性能的影响是多方面的，它涉及到再生骨料的强度和界面过渡区的性能。因此，为了改善再生骨料混凝土的破坏性能，在水泥砂浆方面必须做出改善。

首先，提高再生骨料表面旧砂浆强度，减少孔隙率，增加密实度；其次，强化新水泥砂浆，增强新旧砂浆粘结性能，减少界面粘结破坏。另外，因为相关研究表明，再生骨料混凝土性能与再生骨料初始强度有关，普通混凝土中新水泥砂浆强度的提高对其应用于再生骨料混凝土也是有帮助的。

4）受拉破坏

已有研究表明，再生骨料混凝土的破坏形态与普通混凝土类似，但又存在一定差别，尤其是再生骨料混凝土内各项材料在破坏时表现出的形态有所不同。总的来说，再生骨料混凝土试块的破坏主要表现为受拉破坏和受压破坏。就其破坏形态来看，再生骨料混凝土的破坏面主要表现为砂浆的断裂，其次是天然骨料的断裂相对较少。现有研究表明，再生骨料混凝土的抗拉强度与再生骨料的配合比、水灰比等很多因素有关。

由于受压是混凝土的主要性能，关于再生骨料混凝土受压破坏和抗压强度的研究屡见不鲜。研究表明，再生骨料混凝土抗压强度与再生骨料水灰比、龄期等密切相关，而再生骨料混凝土的破坏面基本上始于粗骨料和水凝胶体的粘结破坏。通过对再生骨料混凝土力学性能的研究表明，再生骨料混凝土相比于普通混凝土弹性模量降低，峰值应变和脆性增加，水灰比对不同配合比的再生骨料混凝土抗压强度影响很大。纵观现有研究，再生骨料混凝土试块的受压破坏主要呈斜裂缝破坏，也有少数呈局部压溃现象。再生骨料混凝土大多数断裂面为旧砂浆断裂和界面过渡区破坏，即天然骨料与新砂浆或旧砂浆之间的界面过渡区。

从再生骨料混凝土试块的受压破坏和受拉破坏的破坏形态来看，其断裂面主要表现为旧砂浆断裂和界面过渡区破坏。这不但证实再生骨料中含有的旧砂浆是导致其性能劣于普通混凝土的原因，也在一定程度上肯定了再生骨料混凝土中旧砂浆和界面过渡区就是其薄弱区域的结论。再生骨料混凝土微观结构和破坏机理研究，表明再生骨料混凝土截面过渡区表现出疏松、孔隙率高等特点，是其破坏的薄弱区域，并认为在再生骨料混凝土力学性能中起决定性作用的是新硬化水泥砂浆。通过再生骨料混凝土单轴受压破坏机理试验研究证实了上述问题，说明初始微裂缝最先出现在新界面过渡区还是老界面过渡区与两者相对力学性能有关。

如果将混凝土看作粗骨料分散于砂浆中形成的复合材料，则再生混凝土内部界面至少包括再生骨料新砂浆界面、再生骨料旧砂浆界面及新砂浆旧砂浆界面三种。其中，再生骨料与新砂浆界面中富集了大量层板状发育良好的 $Ca(OH)_2$ 晶体和层状的 C—S—H 凝胶，为再生混凝土中最薄弱的环节。一些研究表明这一复杂的双层界面过渡区结构导致再生混凝土抗压强度要比天然混凝土低。而另一些研究则表明再生混凝土的抗压强度不低于甚至高于天然混凝土。试验结果差异存在的原因，与再生集料加工工艺、含水率、坚固性以及混凝土的配合比设计等因素有关。因此，通过改变制备工艺来改善再生混凝土的界面过渡区结构是目前众多学者的研究热点。

5）主要研究内容与方法

针对再生混凝土技术存在的关键问题，通过试验研究和理论分析，从宏观和微观两个层面上研究再生集料改性及制备工艺对再生混凝土性能的影响并分析了改性机理。主要研究内容包括以下几个方面：

① 对再生骨料混凝土破坏机理有一个科学的认识，能详细了解其破坏过程和破坏发展趋势。

② 通过分析建立再生粗骨料裹浆改性理论体系，研究不同种类的改性浆液及裹浆厚度对再生骨料和再生混凝土的改性效果。

③ 研究再生细骨料替代率对再生细骨料砂浆力学性能包括抗折强度及抗压强度的影响。

④ 开展了改性再生细骨料砂浆的抗渗、抗硫酸盐侵蚀性能研究，分析细骨料改性浆液对其性能的影响，包括不同压应力水平下的再生砂浆的渗水深度以及抗侵蚀下的抗弯强度和抗蚀系数。

⑤ 提出一种新的针对再生混凝土的三次制备工艺，分析再生骨料改性、矿物掺合料以及制备工艺对再生混凝土性能的作用机理，并研究再生混凝土的抗冻性能。

⑥ 找到适合的再生骨料强化方法和提高水泥砂浆强度的方法，加强其在工程中的应用。

⑦ 探讨废弃混凝土回收再利用的综合效益，为再生混凝土的开发利用提供理论依据。

6）再生骨料的发展途径

再生骨料是能够从技术上真正解决废弃混凝土出路的问题，但再生骨料混凝土尚需进一步研究。再生骨料混凝土与普通混凝土产生差别的最大原因是：在破碎时再生骨料会产生细小裂缝与空洞，从而导致微观结构上的不同，如果能改进优化再生混凝土破碎工艺，从再生混凝土的微观结构入手，就能提高再生混凝土的各种性能。因此，如果能研究提高其强度、耐久性、磨耗性能、力学性能和结构性能的方法和材料，使之向高性能方面发展，再生混凝土将会真正的应用在各类建筑中并发挥其优势。大力发展建筑垃圾再生骨料，能有效降低环境污染，特别是拆除的旧建筑物和构筑物的废弃物混凝土，达到部分代替或全部代替天然砂石料的目的，有效降低对天然砂石资源的消耗。加强绿色混凝土产品配套技术的研究开发，提出"绿色功能性混凝土概念"，扩大绿色混凝土产品的应用范围。混凝土行业推出具有可操作性的政策措施和绿色标准，相关部门加强环保监控力度，促进绿色混凝土在全社会的推广。

6.1.3　改性再生砂浆和混凝土的性能及改性效果

（1）实验方案

实验通过浸泡等方法对再生骨料进行改性处理，以改性再生骨料、硅酸盐水泥、硫铝酸盐水泥、水玻璃、有机硅防水剂以及矿物掺合料等为原料，研究不同种类的处理浆液及裹浆层厚度对改性再生骨料性能的影响。

（2）改性骨料的制备

改性骨料的制备即对骨料进行浆液处理。浆液处理是指用事先调制好的指定浆液对再生骨料进行浸泡、搅拌及干燥等处理，以提高再生骨料的结构和性能。试验分别制备了水灰比为 0.5、0.6、0.7、0.8 以及 42.5 普通硅酸盐水泥浆、水灰比为 1.0 的纯硫铝酸盐水泥浆以及水灰比为 1.2 的硫铝酸盐水泥分别外掺粉煤灰和硅灰的浆液，对粒径为 5～20mm 的再生粗骨料颗粒进行裹浆处理。骨料的浸泡时间设定为 5min，待浸泡处理后，取出骨料自然风干即可。改性后的再生粗骨料及再生细骨料分别由代号 PC-RCA（precoated RCA）及 PC-RFA（pre-coated RFA）表示。

（3）改性再生粗骨料的研究及分析

1）改性再生粗骨料的裹浆模型

将直径为 16mm 再生骨料摆出 100mm×100mm 的正方形时，假定每个骨料颗粒有 1/3 的表面积接触底面，则再生骨料的表面积记为 S_0。

16mm 再生骨料表面水的质量：

$$m_0 = m_2 - m_1 = 117.8 - 116.1 = 1.7(\text{g}) \tag{6-1}$$

5～20mm 再生骨料表面水的质量：

$$m_0' = m_2' - m_1' = 1030.4 - 1015.7 = 14.7(\text{g}) \tag{6-2}$$

设 5～20mm 再生骨料的总表面积为 S_0'，则：

$$\frac{m_0}{S_0} = \frac{m_0'}{S_0'} \tag{6-3}$$

计算可得：

$$\frac{1.7}{10 \times 10 \times 3} = \frac{14.7}{S_0'} \Rightarrow S_0' = \frac{14.7 \times 10 \times 10 \times 3}{1.7} = 2.594 \times 10^3 (\text{cm}^2) \tag{6-4}$$

即 1kg 5～20mm 再生骨料的表面积约为 0.25m²，这一结果与文献中基于分形理论计算所得的再生骨料的表面积值 0.2685m²/kg 一致。

将粗骨料的表面积 S、裹浆处理增加的质量 m 和水泥水灰比 x 代入公式计算裹浆厚度 t：

$$\frac{C}{3.08 \times 10^3} + \frac{x \times C}{1000} = 1\text{m}^3 \tag{6-5}$$

$$S \times t \times \rho_{\text{浆}} = m \tag{6-6}$$

$$\rho_{\text{浆}} = \frac{(C + x \times C)\text{kg}}{1\text{m}^3} \tag{6-7}$$

采用水灰比为 0.5～0.8 的纯硅酸盐水泥浆体对 5～20mm 的再生粗骨料进行处理，处理后的浆体厚度为 0.035t/mm～0.20t/mm，随着浆体厚度的增加，水灰比从 0.8W/C 下降至 0.5W/C，实际增加质量从 9.4m/g 增加至 49m/g，回归直线质量从 7.08m/g 增加至 47.37m/g。绘制出裹浆厚度与水泥水灰比之间的回归直线，结果表明，裹浆厚度与水泥水灰比的相关性较高，可以把抽象的水泥水灰比这一参数用形象的厚度这一参数来表征，以便对改性后再生骨料的性能和再生骨料混凝土的力学性能、耐久性和微观结构结果进行合理解释，为再生骨料的改性提供一定的理论依据，对骨料改性的研究具有重要的理论和实践意义。

2）改性再生粗骨料的物理性能

根据国标 GB/T 14685—2011 测试不同水灰比的纯硅酸盐水泥改性后再生粗骨料的吸水率、表观密度和压碎指标等物理性能，结果见表 6-1。

改性后再生粗骨料的物理性能　　　　　　　　　　表 6-1

物理性能	天然石子	再生粗骨料					
		未处理	W/C0.5	W/C0.6	W/C0.7	W/C0.8	W/C1.0
吸水率/%	0.7	4.1	3.5	3.4	3.1	2.5	3.0
表观密度/kg·m⁻³	2730	2650	2670	2660	2660	2680	2650
压碎指标/%	10.1	14.2	12.1	11.6	11.5	11.0	11.7

W/C0.5：水灰比为 0.5 的硅酸盐水泥改性再生粗骨料。

因为环境侵蚀、内部存在微裂纹、表面附着砂浆等原因，使制备的再生骨料与天然骨料相比强度低。

表 6-1 显示，对比改性前的吸水率值 4.1%、表观密度 2650kg/m³ 及压碎指标 14.2%，经不同水灰比浆液改性后再生粗骨料的吸水率、压碎指标均有不同程度降低，表观密度有所升高；对比水灰比 0.5～1.0 的浆体对骨料的改性效果，水灰比为 0.8 时效果最好，此时对应的裹浆厚度为 0.035mm，表明裹浆过薄或过厚对再生骨料的改性效果均不好。再生粗骨料的物理力学性能与天然骨料相比有较大差异，表现为表观密度低、吸水率高、含泥量高、压碎值低。随再生粗骨料掺量增加，混凝土的抗渗性能及收缩性能均有下降趋势。

3）改性再生粗骨料混凝土的抗压强度

利用 30％的再生粗骨料代替天然石子，并加入矿渣（掺合料）代替 20％的水泥制备再生混凝土，养护至规定龄期测试其抗压强度，分析改性浆液对再生混凝土力学性能的影响可以得出结论：对比不同水灰比 0.5～1.0 的硅酸盐水泥浆液改性结果发现，随着浆液水灰比的增大改性效果先增大后减小，水灰比为 0.8 的水泥浆液改性效果最好，再生混凝土 28d 抗压强度增幅达 16％。对比两种水泥及其外掺矿物掺合料浆液改性效果发现，硫铝酸盐水泥外掺粉煤灰效果最好。

6.1.4　改性再生细骨料的研究及分析

（1）改性再生细骨料的物理性能

物理研磨强化方法，能够提高再生骨料密度，显著降低吸水率，而化学强化的方法也能改善再生骨料，但其作用效果不如物理强化的方法。物理强化方法最大的缺陷是在对骨料进行机械力冲击时，再生骨料部分颗粒破碎，使骨料总体粒径变小，尤其是细骨料大量增加，这样就导致同一批次的再生骨料经过物理强化之后会产生不同的筛分结果，而在设计沥青混合料时，不同的筛分结果会产生不同的级配，级配的变异性对沥青混合料性能影响很大，因此物理强化改观后的再生骨料应用于沥青混合料具有一定的局限性。

与再生粗骨料改性相比，对再生细骨料利用研究较少，一般仅用于路面抹平砂浆，为了扩大再生细骨料的利用范围并提高再生细骨料砂浆的力学性能和耐久性，在再生粗骨料改性研究的基础上研究了再生细骨料改性。使用改性效果较好的硫铝酸盐水泥外掺粉煤灰对粒径范围为 0.16～5mm 的再生细骨料进行处理，测试再生细骨料的物理性能。

对比再生粗骨料的压碎指标 14.2％，再生细骨料压碎指标达 22％，其原因是再生细骨料中含有太多的水泥细粉，降低了其强度。改性后压碎指标降至 16％，同时吸水率也有很大程度下降，说明该浆液可以改善再生细骨料的孔结构，提高其物理性能。

再生粗骨料与再生细骨料的掺量对混凝土的流动性均较大，由于再生骨料吸水率很大，添加附加水的预拌并不能起到很好的效果，在以后拌制再生骨料混凝土前可将再生骨料预先浸泡来解决再生骨料吸水率大的问题。由于配置混凝土的用水量需要控制，根据再生骨料吸水率大的特点，可以考虑在配置再生混凝土时加入适量的减水剂，以达到减少用水从而提高其强度的目的。

（2）改性骨料浆液对砂浆力学性能的影响

利用 100％的再生细骨料代替天然砂制备水泥砂浆，养护至规定龄期测试其抗折强度及抗压强度，如图 6-1 所示。

由图 6-1 看出：采用硫铝酸盐水泥外掺 30％粉煤灰浆液改性再生细骨料效果最好，其 28d 抗压强度增幅达 34.8％，同时水玻璃改性后增幅也达 32.4％。说明矿物掺合料粉煤灰发挥了它的稀释效应、成核作用和二次水化反应效应，有效改善了再生细骨料与水泥砂浆的界面结构，提高再生细骨料砂浆的力学性能。同时水玻璃硬化时析出的硅凝胶能堵塞再生细骨料的孔隙，改善再生骨料孔隙结构，从而提高再生细骨料砂浆的强度。

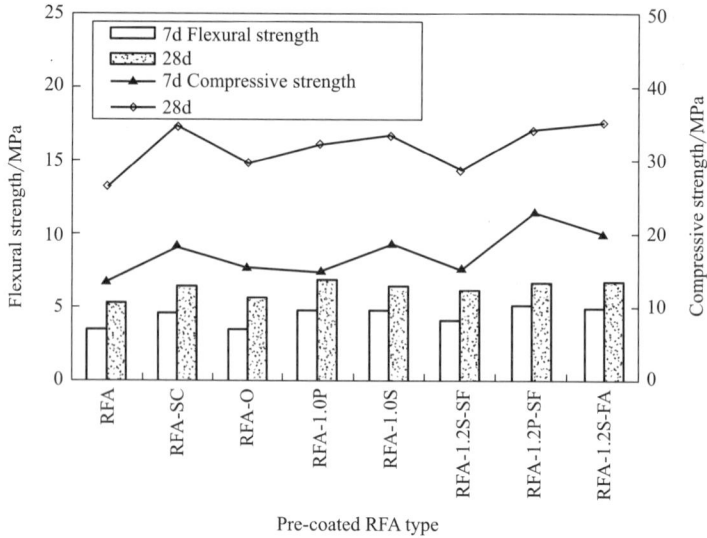

图 6-1 改性浆液对砂浆力学性能的影响

（3）改性再生细骨料砂浆的抗硫酸盐侵蚀性能

将再生细骨料砂浆试块放在淡水和硫酸盐溶液中养护至规定龄期，以抗折强度及抗蚀系数来表征其抗硫酸盐侵蚀性能，实验结果为：淡水中养护的再生细骨料砂浆试块的抗弯强度为 5.5MPa，最大弯曲力为 0.073kN，而改性再生细骨料试块的抗弯强度为 7.0MPa，最大弯曲力为 0.094kN；在硫酸盐溶液中养护的再生细骨料砂浆试块的抗弯强度为 4.4MPa，最大弯曲力为 0.058kN，而改性再生细骨料试块的抗弯强度为 6.8MPa，最大弯曲力为 0.090kN；抗腐蚀系数从 80.0% 提高到 97.1%。

未处理细骨料砂浆在硫酸盐溶液中的抗弯强度比淡水中下降 20%，而处理后的细骨料砂浆仅下降了 2.9%，改性后强度损失率明显降低。说明水泥浆与粉煤灰可能与再生细骨料旧砂浆中的 $Ca(OH)_2$ 发生反应生成凝胶，消耗了大量的 $Ca(OH)_2$，使其与 SO_4^{2-} 反应生成的钙矾石含量降低，减小了因体积膨胀而导致的结构破坏，提高了砂浆试块的抗侵蚀能力。当再生骨料取代率小于 40% 时，再生混凝土的抗硫酸盐侵蚀性与普通混凝土基本相同。随着再生骨料取代率增加，再生混凝土的抗硫酸盐侵蚀性降低，但差别不大。

6.2 道路用再生混凝土

在道路工程领域中，混凝土是用量最多、同时也是应用最广泛的建筑材料之一。近几年来，随着高速公路及城市公路的建设，带来了一系列关于自然能源、资源、可持续发展和环境保护等问题。主要表现在两个方面：首先，混凝土的需求量越来越大，势必要大量开采砂、石及消耗各种资源；其次，随着新道路的建立和旧道路的改造，大量废弃混凝土产生，并且要占用一定的空间来处理，这就会对周围环境造成很大影响，只有循环再生利用这些废弃建筑垃圾，才能避免对自然资源的开采和破坏，这才是道路工程可持续发展的根本。

6.2.1 国外建筑垃圾在道路工程领域的研究现状

在国外，关于建筑垃圾在道路工程领域的研究主要集中在再生集料的基本性能研究上，而且主要应用于道路的基层或者底基层。美国、日本等一些国家对再生集料方面进行了相关研究，已有成功应用于刚性路面的实例。

据美国联邦公路局统计，美国已有超过 20 个州在公路建设中采用再生集料，将再生集料应用于基层或底基层。堪萨斯州交通厅研究认为，将旧混凝土再生集料用于新建水泥路面面层或基层，可以满足大多数道路对混凝土集料的规范要求。尽管再生集料与天然集料存在差异，可通过修改设计方法增强再生混凝土性能，改善其不足。

美国巴克尔大学研究了纤维增强稳定路面基层材料的弯曲疲劳特性，得出稳定基层材料以再生集料为主体，外掺 4％的水泥和 4％的粉煤灰（按质量计算），其疲劳强度和耐久性能可以完全满足高等级公路稳定基层材料的要求。如果掺加 4％的钢纤维，可以很大程度地提高基层材料的抗疲劳性能。

新墨西哥州立大学做了关于掺入再生集料基层的弹性模量和疲劳特性，得出再生集料可以用在道路基层，但是掺量达到 25％就会使得动弹性模量出现破坏。

日本对建筑垃圾的处理方法是将其分类，其破碎成直径约为 40mm，采用 300℃的高温加热，使粒料相互混合、摩擦，集料及集料外围黏附的水泥组分变成粉末完全分离，所产生的水泥组分用于地基的改进材料，分出的集料可与天然集料一样用于结构物，达到 100％的回收利用。

代夫特理工大学对再生集料掺入基层中做了大量试验，得到结论：压实度、级配和混合料组成等因素对掺有再生集料的道路基层试验结论有强大影响，包括粘结力、弹性模量、抗永久变形能力，其中压实度影响最大，级配影响最小。

汉城国立大学探讨了再生混凝土集料掺入混凝土路面基层和底基层的性能和特性，通过调整干、湿再生混凝土集料的水分密度、颗粒级配、细集料棱角度测量其稳定性、抗剪切能力、再生集料断裂能、抗压性能，得到再生集料代替天然集料用于基层完全满足规范要求的结论。

阿尔及利亚米迪尔大学探讨了利用破碎砖块粗、细集料制作新混凝土的可能性，得到了以下结论：①破碎砖块集料相比于天然碎石，具有低体积密度和高吸水率的特点。②抗压强度和无损测试方法的相关性与普通混凝土相似。为了减少含水量，推荐使用塑料添加剂。③弹性模量和抗压强度一样，随着破碎砖块集料的取代率增加而减小。因此再生混凝土的性能低，最好应用在低性能混凝土中，比如人行道上。

6.2.2 国内建筑垃圾再生集料在道路工程领域的研究现状

（1）路基填筑方面

1）试验研究

左富云将建筑垃圾应用于路基填筑并做了相关的试验研究。路基用原材料以废旧砖块为主，加入一定量的砂灰和渣土。再加入不同剂量的生石灰或者水泥作为胶粘剂。对废旧混凝土和砖块采用颚式破碎机破碎，最大粒径 37.5mm，渣土为拆迁现场取样。研究得出建筑废渣经破碎后可直接用于道路路基回填材料，其中骨料所占的比例不应低于 30％。

2）现场试验

齐善忠等采用建筑垃圾对徐州市某鱼塘段进行路基填筑，并且做了碾压以及弯沉试验。首先按要求进行鱼塘排水，然后分3层进行填筑压实。第1层填筑60～70cm的石块、混凝土块进行地基挤淤，然后用碎石块和塘渣嵌缝，粗料与细料比为4∶1。回填厚度高出淤泥30cm。第2层填筑材料为粒径在30cm以下石块、塘渣、土，比例为3∶4∶3。虚铺厚度50～60cm，压实厚度40cm。第3层填筑方案同第2层。碾压试验结果显示建筑渣土的压实度与碾压沉降量呈线性关系，压实度越大，沉降量越小。建筑渣土填筑路基弯沉试验现场结果显示建筑渣土作为路基填筑材料稳定性较好，沉降量和工后沉降量远小于软土路基的允许值。

3）实际应用

西禹高速其中一段道路的路基采用建筑垃圾填筑。西禹高速采用的建筑垃圾中砖石、废弃混凝土碎块占70％，土占30％。试验段结果表明采用建筑垃圾用于路基填料比砂砾路基工程费可节省约90万元/km，可见利用建筑垃圾作为路基填料具有可观的经济效益；当松铺厚度≤40cm，碾压次数≥8次时，沉降差＜5mm，孔隙率＜20％，符合压实质量检测标准。

（2）基层或底基层方面

1）试验研究

陈朝金进行了水泥稳定再生废砖块集料性能研究。通过对比规范中各级公路对水泥稳定碎石7d无侧限抗压强度要求，在水泥剂量为5％，集料级配接近中值，严格控制掺入比例的情况下，碎砖块集料可应用于各等级公路基层或者底基层。

左富云进行了以建筑垃圾作为基层材料制作的试块的7d无侧限抗压强度和7d室内回弹模量的试验研究。道路底基层用原材料以废弃混凝土为主，加入一定量的废砂灰、废旧砖块。再加入不同剂量的水泥作为胶粘剂。对废旧混凝土和砖块采用颚式破碎机破碎，最大粒径37.5mm。研究得出建筑垃圾在经破碎后可直接用于道路底基层材料，其中集料所占比例不低于50％。

焦建伟进行了再生集料混凝土在道路工程中的试验研究。再生集料混凝土是以破碎后的4.75mm以上、40mm以下的混凝土块以一定的百分率代替天然碎石再加入一定量的水泥、水、碎石形成的混合料。通过对再生集料混凝土的一些基础性研究得出如下结论：当再生粗集料按照一定的比例与天然粗集料结合使用，其强度变化不大，可以完全满足工程需要。

石义海进行了废弃混凝土再生集料道路基层试验研究。着重研究了再生集料附着砂浆对再生混凝土抗压强度的影响以及用再生集料替代天然集料用于道路二灰碎石基层的可行性，研究得出以下结论：再生集料二灰碎石的主要力学性能指标满足高等级公路对基层材料的要求，用再生集料替代天然集料用于道路二灰碎石基层是可行的。

2）工程应用

虽然我国对再生混凝土技术研究较晚，但在再生混凝土的应用开发方面也取得了非常多的成果，并在实际建设工程中得到应用。2002年，在新江湾城的公路基层建设中就使用了再生骨料，原材料来自于原上海江湾机场的废混凝土；2003年和2006年，同济大学和复旦大学分别使用再生混凝土在校园内新建了一段路面，见图6-2和图6-3；2007年，南京市青年支路西段在建设中用废混凝土块加工而成的再生骨料取代天然骨料作为公路基层材料；2007 年，武汉王家墩将再生骨料用于道路路基和基层中，同时也在路面和步行道砖中应用。此外，上海虹桥机场的路面也是利用再生混凝土铺设的，昆明理工大学新校区的道路中也利用了废弃混凝土进行铺设。

图 6-2　同济校内刚性路面

图 6-3　复旦校内刚性路面

某机场的路面基层施工采用建筑固体废弃物再生集料配制水泥稳定层，代替原设计的水泥碎石稳定层。工程实践表明，采用再生集料配制的水泥稳定层，在保证道路工程质量的同时，降低了工程成本，实际节约成本 9.07 元/m^3，而且处理了建筑垃圾，为建筑垃圾的再生利用开辟了另一条渠道。

孙丽蕊等人主要针对建筑垃圾再生无机混合料在道路基层中的应用进行了研究。采用的建筑垃圾无机混合料配合比为石灰：粉煤灰：再生集料＝8：17：75。该道路施工效果良好，各项技术指标达到道路设计和行业施工规范要求。应用结果表明，建筑垃圾再生集料是可以作为道路材料在道路工程的基层中应用的。

（3）建筑垃圾再生混凝土路面施工

徐宝龙分析了建筑垃圾土的组成及工程特性，简述试验路段采取分层碾压填筑后再进行强夯加固的施工方案，其中重点阐述采用强夯法对路基进行加固处理的施工方案。经过施工质量检测，表明强夯法对建筑垃圾土填料的路基加固效果良好。

樊兴华和唐娴结合西禹高速公路试验段介绍建筑垃圾填筑路基的施工工艺，分别从建筑垃圾加工与堆放、基底处理、运输、布料与整平、碾压进行研究，介绍采用压实沉降差和孔隙率这两个指标作为控制压实质量的评价指标。得出建筑垃圾在高速公路路基工程应用中切实可行。

6.3　水泥生产中的应用

6.3.1　建筑垃圾的构成与化学成分

（1）建筑垃圾的构成

建筑垃圾来源多样化，其成分也比较复杂。建筑物和构筑物的主要成分是废弃混凝土，拆除后的混凝土可以加工成粒径不同的再生骨料，用来搭配垫层混凝土、再生混凝土、道路基层材料与其他混凝土制品。砌体结构的主要成分是砖、瓦与混凝土，但因为其成分包含较多的瓦、土、砖、砂浆，成为生产水泥熟料的最佳手段。

（2）建筑垃圾的化学组成

建筑垃圾主要含有钙、硅、铝、铁等成分，这些成分恰是硅酸盐水泥必不可少的成分。但是在新型干法水泥生产线中，建筑垃圾用于生产水泥熟料，对建筑垃圾的化学成分要求不能波动太大。为了进一步研究建筑垃圾的化学成分，在三个拆迁工程中随机取样做了建筑垃圾化学成分的分析，不同地方的建筑垃圾，其化学成分的总体差异不大。

6.3.2 建筑垃圾生产水泥

（1）实验原料、方案及步骤

1）生产原料

原料分别为石灰石、建筑垃圾、黏土、碳酸钙、铁粉、铝粉、石膏。其中石灰石、铁粉、氧化铝粉、石膏取自山东水泥集团；建筑垃圾取自某建筑工地；黏土取自某厂黏土矿；碳酸钙为金山枫泾吉利工试剂公司生产的化学纯试剂，含量≥99.0%，符合 GB/T 15897-1995。

2）实验方案

本实验为建筑垃圾作原料组分煅烧水泥熟料的研究。将配好的原料进行成型，将料饼置于 1450℃下进行煅烧试验，然后是净浆试体的成型与养护。通过力学性能研究分析建筑垃圾的掺入量对水泥强度的影响，通过 f-CaO 的测定分析建筑垃圾对水泥安定性的影响，通过 XRD 分析、SEM 分析和 EDS 分析对熟料和水化矿物进行物像结构、微观形貌及微区定性分析等研究，从而选出水泥熟料的最佳组成方案。

3）实验步骤

① 原料的制备

本实验的主要原料包括：石灰石、黏土、建筑垃圾、碳酸钙、铁粉、铝粉、石膏。块状原料先经 PEJ60×90mm 型颚式破碎机破碎，再经过 ϕ500×500mm 试验球磨机粉磨至 200 目筛筛余小于 10%；粉状原料直接粉磨至 200 目筛筛余小于 10%。

② 配料计算

本实验为建筑垃圾作原料组分煅烧水泥熟料的研究，即以建筑垃圾取代部分常规原料煅烧水泥熟料。熟料率值设定为 KH=0.89±0.02、SM=2.3±0.1、IM=1.5±0.1。根据率值公式可计算出其理论熟料成分及矿物组成。

在满足率值的情况下共设计了 5 组配料方案，其中一组为不含建筑垃圾的对比试样，其余 4 组配料中分别掺入了质量分数为 10%、15%、20% 和 25% 的建筑垃圾。5 组生料的原料比例见表 6-2。

生料中各原料比例/% 表 6-2

编号	石灰石	建筑垃圾	铁粉	氧化铝粉	碳酸钙	黏土
A	80	0	1.6	0.2	0	18.2
B	77.8	10.4	2.7	0.5	0	8.6

编号	石灰石	建筑垃圾	铁粉	氧化铝粉	碳酸钙	黏土
C	77.1	15.1	3.2	0.6	0	4
D	76.3	19.8	3.2	0.7	0	0
E	0	24.7	3.6	0.6	71.1	0

③ 试件制作

将称量好的各原料组分混合均匀，并加入 10% 的水，在特制的磨具内加压制成 $\phi 50 \times 8mm$ 的试饼，在室温条件下干燥 24h。然后置于 HZK-30 高温炉内在 1450℃（升温速率为 5℃/min）下煅烧，保温 0.5h 后于空气中急冷至室温。用锤子将烧好的水泥熟料破碎成粒径小于 1cm 的小块，加入质量分数为 4% 的石膏，再使用密封式制样粉碎机粉磨 10min，熟料全部通过 0.08mm 方孔筛。按水灰比 0.3 的比例成型净浆试样，净浆制备后立即进行成型到 20mm×20mm×20mm 试模内，插捣密实后放在振动台上振实，分两次加料，每次振动 30 次，取下刮平，在 20℃、恒温 95% 的 YH-408 型标准恒温养护箱内养护 24h，脱模后放入 20±1℃ 水中分别养护至 3d 和 28d。

（2）实验结果与分析

1）熟料的 f-CaO 含量

将煅烧并冷却后的 10 个试体一起研磨至全部通过 $80\mu m$ 筛，按乙二醇-乙醇法测定 f-CaO 的含量。一般来说，当 f-CaO%＜1.0%，易烧性为优；f-CaO%＝1.0%～1.5%，易烧性为良；f-CaO%＝1.5%～2.5%，易烧性为一般；f-CaO%＞2.5%，易烧性为差。实验结果为当 f-CaO 含量由 0.9% 增加至 1.6% 时，标准稠度用水量由 129ml 增加至 132ml，初凝时间由 135min 上升至 145min，终凝时间由 185min 上升至 200min，安定性均为合格。熟料的 f-CaO 含量随建筑垃圾掺入量的增大而增加。

实验数据表明：各组试样的 f-CaO 含量接近 1.5%，符合生产要求。熟料的 f-CaO 含量随建筑垃圾掺入量的增加而呈增大的趋势，当建筑垃圾掺入量为 25% 时熟料的 f-CaO 含量最高，当掺入量过大时会引入大量的低活性 SiO_2，这种 SiO_2 难以与 CaO 结合生成熟料矿物，致使 f-CaO 含量有所增大。建筑垃圾的引入还使熟料的标准稠度需水量增大。以建筑垃圾为原料组分煅烧水泥的易烧性较好且安定性良好。

2）水泥熟料的 XRD 测定结果与分析

煅烧水泥熟料的 XRD 图谱如图 6-4 所示。

由图中主要矿物 C_3S、C_2S 的衍射峰尖锐程度和衍射强度情况可看出，5 组熟料中，各组中矿物 C_3S、C_2S 的主要衍射峰最为尖锐，矿物形成最好，相比之下，C_3A、C_4AF 的衍射峰无论是尖锐程度还是衍射强度都明显较弱。对比各组熟料的衍射峰尖锐程度和衍射强度情况可知，D 组中 C_3S 和 C_2S 的衍射峰明显高于 A 组、B 组、C 组、E 组。

由上图所知，以建筑垃圾为原料组分煅烧的水泥熟料，其主要矿物有：C_3S、C_2S、C_3A、C_4AF。说明在相同煅烧条件下，掺加 20% 的建筑垃圾能够促进 C_3S 和 C_2S 的形成，而 E 组中 C_3S 和 C_2S 的衍射峰低于 A 组，说明掺加 25% 建筑垃圾不利于熟料中 C_3S 和 C_2S 两种矿物的形成，降低了熟料中主要矿物的比例，则熟料中主要矿物的量降低。综上可知，熟料中生成了水泥的主要矿物 C_3S 和 C_2S，同时有 C_4AF 以及 C_3A 生成，其矿物组

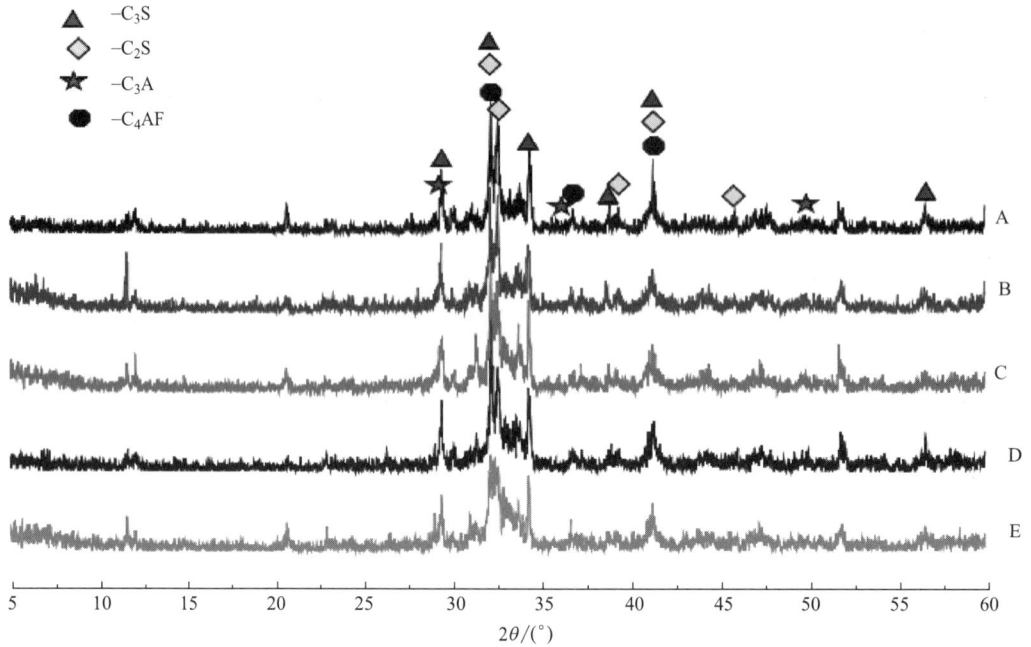

图 6-4　熟料的 XRD 图谱

成与普通硅酸盐水泥熟料相同。这说明在硅酸盐水泥熟料的常规煅烧温度下，建筑垃圾作为原料完全可以获得发育完善的水泥熟料。

① 水泥熟料的 SEM 测定结果与分析

从各组熟料试样的 SEM 测定结果中可以看出，各组熟料的主要矿物均为六方板状的 C_3S 和圆球形的 C_2S。不含建筑垃圾的试样中含有发育相当完善的 C_3S 和 C_2S，晶体颗粒界面非常清晰；而掺加建筑垃圾的水泥熟料中 C_3S 和 C_2S 发育不完全，随着建筑垃圾掺入量的增大，C_3S 和 C_2S 的发育状况越来越差，晶颗粒界面变得模糊不清，且存在大量的中间相。这说明建筑垃圾的掺入不利于 C_3S 和 C_2S 等熟料矿物的形成。原因可能在于所采用的建筑垃圾主要是废弃黏土砖和废弃混凝土，其中废弃黏土砖会引入大量的低活性 SiO_2，这种低活性 SiO 在煅烧过程中很难与石灰石反应生成熟料矿物，因而导致 C_3S 和 C_2S 发育不完全。

② 水泥水化试样的 XRD 测定结果与分析

图 6-5 表示了水泥 3d 水化试样的 XRD 测试结果，各组水泥试样的 3d 水化样的主要水化产物为 AFt，$Ca(OH)_2$，水化硅酸钙（C-S-H 凝胶，组成不确定）。由图中主要矿物 C-S-H、$Ca(OH)_2$ 的衍射峰尖锐程度和衍射强度情况可看出，5 组水化试样中，各组中矿物 C-S-H、$Ca(OH)_2$ 的主要衍射峰最为尖锐，矿物形成最好，相比之下，AFt 的衍射峰无论是尖锐程度还是衍射强度都明显较弱。对比各组熟料的衍射峰尖锐程度和衍射强度情况可知，各水泥试样的水化产物 AFt 的含量最多的 A 组试样，C 组试样最少；$Ca(OH)_2$ 的含量 B 组试样最多，其次是 A 组，E 组试样最少。一般来说，如果 $Ca(OH)_2$ 的含量不是太多，对强度是有积极影响的，可以预测 B 组的强度最好。而 E 组中各矿物的衍射峰均低于 A 组，说明掺加 25% 建筑垃圾不利于水化矿物的形成。

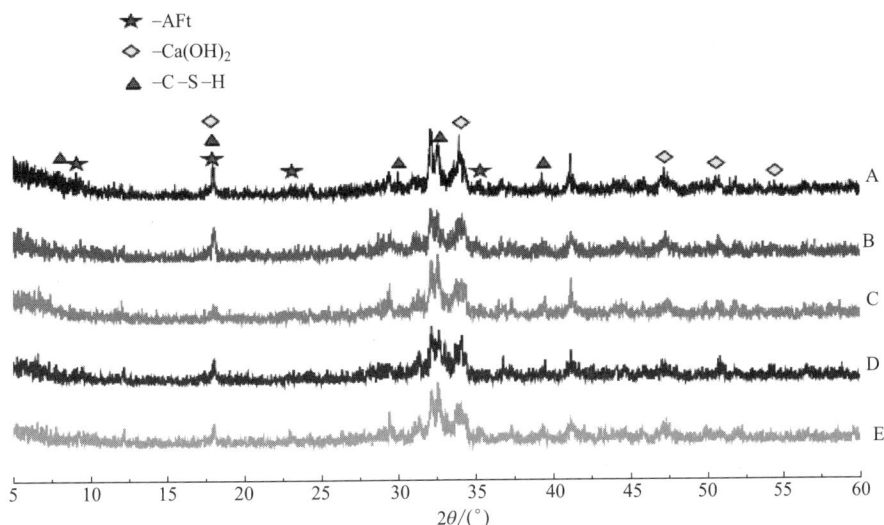

图 6-5　水泥熟料水化 3d 的 XRD 图谱

综上可知，3d 水化试样的主要矿物 C-S-H、$Ca(OH)_2$，同时还有 AFt 生成，其矿物成分与普通硅酸盐水泥的 3d 水化试样矿物相同。这说明以建筑垃圾为原料组分煅烧的水泥熟料，其水化进程与矿物结构同普通硅酸盐水泥基本相同。

③ 水泥水化试样的 SEM 及 EDS 测定结果与分析

选取了各组试样的 3d 水化样进行 SEM、EDS 观测。

a. A 组试样水化 3d 的 SEM、EDS 分析结果可知：A 组试样比较密实，表面生成了片状的 $Ca(OH)_2$、絮状的 C-S-H 凝胶和针状的 AFt，水化产物主要是絮状 C-S-H 凝胶、片状的 $Ca(OH)_2$ 和针状 AFt，颗粒间的孔隙被 AFt 填充。由 A 组的各种化合物百分比可以推测，A 组的 3d 水化产物主要为 $Ca(OH)_2$、C-S-H 凝胶和 AFt。从 A 组试样每点的化学组分中还可以推测出 3d 水化产物中还存在未水化 C_3S 颗粒，说明熟料中 C_3S 含量很高，熟料煅烧质量较好。

b. B 组试样水化 3d 的 SEM、EDS 分析结果可知：B 组试样表面较为密实，表面生成了 C-S-H 凝胶和较多的针状 AFt，水化产物主要为絮状 C-S-H 凝胶和片状的 $Ca(OH)_2$ 和针状 AFt，含量均比 A 组试样多。

由 B 组的各种化合物百分比可以推测，B 组的水化矿物主要为 $Ca(OH)_2$、C-S-H 凝胶和水化铝酸钙及水化铁酸钙的固溶体。从 B 组试样每点的化学组分中还可以推测出 $Ca(OH)_2$ 含量很多，而熟料的 3d 水化产物中 $Ca(OH)_2$ 主要是 C_3S 的水化产物，因此可以推测 B 组的熟料矿物中 C_3S 含量较高，熟料的煅烧质量较好。

c. C 组试样水化 3d 的 SEM、EDS 分析结果可知：C 组试样表面有孔洞，密实度不是很好，表面生成 C-S-H 凝胶和针状 AFt，水化产物主要为片状的 $Ca(OH)_2$、絮状 C-S-H 凝胶和较多针状 AFt，但含量均比 B 组少。

由 C 组的各种化合物百分比可以推测，C 组熟料的水化产物与普通硅酸盐水泥基本相同。从 C 组试样每点的化学组分中还可以推测出存在未水化的 C_2S 颗粒，原因可能在于随着建筑垃圾掺入量的增大，熟料矿物中 C_3S 含量降低，C_2S 含量提高。

d. 样品水化 3d 的 SEM、EDS 分析结果可知：D 组试样表面孔洞明显增多，密实度不好，C_3S 水化不完全，表面生成 C-S-H 凝胶和针状 AFt，水化产物主要为片状的 $Ca(OH)_2$、絮状 C-S-H 凝胶和较多针状 AFt，但含量均比 C 组少。

由 D 组的各种化合物百分比可以推测，D 组熟料的 3d 水化产物主要为 $Ca(OH)_2$、C-S-H 凝胶等。结合 SEM、EDS 分析结果可以看出 D 组熟料的水化速度缓慢，可以明显看到未水化的 C_2S 和 C_3S 颗粒，原因可能在于随着建筑垃圾出入量的增大，熟料煅烧质量下降，导致熟料水化活性降低，水化速度减慢。

e. 试样 E 水化 3d 的 SEM、EDS 分析结果可知：E 组试样表面孔洞进一步增多，密实度不好，AFt 针状粗大且未能连续分布在孔洞和棉絮状的 C-S-H 凝胶之中，与凝胶组分结合的不是很好，水化产物主要为片状的 $Ca(OH)_2$、絮状 C-S-H 凝胶和较多针状 AFt，但含量均比 D 组少。

由 E 组的各种化合物百分比可以推测，水化产物中存在较多的未参与反应的 f-CaO，这说明 E 组的熟料煅烧质量不好，原因可能在于建筑垃圾掺入量过大，引入过多的惰性 SiO_2，不利于熟料矿物的形成。从 E 组试样每点的化学组分中还可以推测出水化产物有 AFt 和 $Ca(OH)_2$，同时还有未水化的 C_2S。原因可能在于一方面 C_2S 的水化速度较慢，另一方面随着建筑垃圾掺入量的增大，熟料矿物中 C_3S 减少，C_2S 增多，因而导致存在未水化的 C_2S。

各组水泥试样水化 28d 的 SEM 分析可知，各组试样的表面密实程度均有明显提高。A 组可以清晰地看到絮状的 C-S-H 凝胶组分连续的填充在孔隙之中，AFt 由针状发育为粗大的柱状，结构密实，可以推测强度比较高；B 组水化产物发育也比较完善，絮状的 C-S-H 凝胶包裹着针状 AFt 连续的分布在表面，C-S-H 凝胶组分比 A 组略有增多，表面均匀致密；C 组水化产物发育良好，表面可以明显看到絮状的 C-S-H 凝胶和粗大的针状 AFt，局部地区 C-S-H 凝胶未能完全包裹住针状的 AFt，表面存在微小的孔隙，相比前面两组密实程度略有下降；D 组水化产物较前几组发育良好，表面均匀密实且覆盖有大量的絮状 C-S-H 凝胶，几乎没有孔隙；E 组水化产物与前几组相比发育最差，表面孔洞和裂纹较多，密实程度较差，C-S-H 凝胶组分过少以至于未能完全包裹住针状的 AFt，结构疏松，表面尚存在大量层片状的 $Ca(OH)_2$。

3）抗压强度的试验及结果分析

由 A 组到 E 组的熟料水化 3d 抗压强度分别为 27.7MPa、23.5MPa、24.7MPa、28.8MPa、19.5MPa，由 A 组到 E 组的熟料水化 3d 抗压强度分别为 66.3MPa、60.5MPa、49.8MPa、68.4MPa、42.8MPa。由实验结果可以看出，以建筑垃圾为原料组分煅烧的水泥熟料其 3d、28d 的抗压强度与对比试样相比偏低，但是降低的幅度不大；对于水化 3d 龄期的水泥试体，其抗压强度随建筑垃圾掺入量的增加而呈现先增大后减小的分布趋势，其中在掺入量 10% 左右达到最大值，随后强度逐渐降低；对于水化 28d 龄期的水泥试体，其抗压强度随建筑垃圾掺入量的增加而呈现先增大后减小随后又增大再减小的分布趋势。

所采用的建筑垃圾的主要成分为废弃混凝土和废弃黏土砖，主要用于取代部分黏土质原料。水化试样的 XRD 及 SEM 图谱都反映出：C_3S、C_2S 水化产物多是长且细的纤维状 C-S-H 微晶，$Ca(OH)_2$ 结晶细化，浆体结构较为致密，尤其是掺加少量的建筑垃圾，早后期水化程度均大于 A 组矿物的水化程度，水化 C-S-H 凝胶搭接成良好的骨架，微晶 $Ca(OH)_2$ 嵌入 C-S-H 结构之中，所以强度高。但当掺入量过大时，废弃黏土砖会引入大量的惰性 SiO_2，这种 SiO_2 反应活性较差，难以与 CaO 反应结合生成熟料矿物，不利于矿物的形成，造成强度指标降低。

6.4　复合地基中的应用

6.4.1　建筑垃圾在地基处理中应用

钢筋混凝土碎块在经过破碎筛分后，其强度高和稳定性好，在提高地基承载能力，减少不均匀沉降方面效果显著。夯扩桩是指在埋设的护筒内逐步夯击填料，使填料反复挤压密实，最后在桩头处浇筑混凝土形成混凝土桩和密实填料的复合桩体受到巨大的夯击能量而对周围的土体挤密明显，土体间孔隙和沉降量减小，提高地基的力学指标。而夯扩桩的填料可以采用建筑垃圾中的钢筋混凝土碎块及碎砖等替代石料，针对平原地区石料匮乏，一方面采用建筑垃圾替代石料作为良好的夯扩桩填料可以节约工程造价，另一方面还可以减少建筑垃圾堆放占用的面积，真正意义上实现变废为宝，也保护了自然环境。

地基的换填处理中，换填深度在 3 至 5 米之间，主要是挖出力学性质差的土体，分层回填良好的填料并压实，一般选择强度高，水稳性好，容易压实的填料。然而钢筋混凝土块经过破碎，按级配筛分后具有比表面积小，孔隙率大，透水性能良好的特点，在施加荷载时可以加速土层的排水固结，在换填机理方面与实际的碎石填料等并无差异，只是用建筑垃圾替代砂、碎石、素土、矿渣等作为换填的填料。

建筑垃圾可以被利用在灰土桩中，灰土桩是利用一定重量的重锤冲孔，灰土桩主要是通过挤密、固结、置换等作用机理来加固地基，提高地基的承载能力，在桩中分层回填夯实建筑垃圾，使得建筑垃圾不断密实向四周土体扩充，对软弱土体起到良好的挤密效果，针对淤泥质土体还可以压缩淤泥质土体的孔隙，增加孔隙水压力并使其排出，土体得到有效固结，起到置换和固结的作用。建筑垃圾灰土桩结合换填、挤密、强夯和排水固结的机理，通过灰土桩的置换挤密，形成建筑垃圾灰土桩与土共同作用的复合地基，并以施工机械及施工流程、施工期短、施工成本低达到了地基处理范围广，具有良好的经济、社会效益。

在高速公路建设中，路基填筑材料最常使用的是砂砾。由于砂砾路基自重大，而且透水性强，如果砂砾路基填筑在湿陷性黄土地基上，即使采用强夯等手段处理地基，也会由于砂砾地基的强渗透性使水进一步深入到黄土地基中去，造成地基由于失稳沉陷和向两侧推移，引起砂砾路基产生不均匀沉降。

建筑垃圾具有相当好的强度、硬度、耐磨性、冲击韧性、抗冻性及耐水性等特性，即强度高、稳定性好，其性能优于黏土、粉性土，甚至砂土和石灰土。建筑垃圾透水性好，遇水不冻胀、不收缩，是道路工程难得的水稳定性和冻稳定性好的建筑材料。建筑垃圾还具有颗粒大、比表面积小、含薄膜水少、不具备塑性的特点。透水性好能够阻断毛细水上升，在潮湿环境下，建筑垃圾作为基础持力层，强度变化不大，是理想的强度高、稳定性好的路用材料。

6.4.2　用建筑垃圾再生材料处理特殊地基

（1）建筑垃圾再生材料的特殊地基处理方法

湿陷性黄土的地基处理首先是消除其湿陷性，其次是提高承载力，主要处理方法有垫层法、强夯置换法、挤密桩法等；湿软地基处理主要是提高承载力和减小变形，处理方法有粉喷桩和碎石桩等。以上方法都可以全部或部分使用建筑垃圾。在此主要介绍挤密桩法和换土垫层法。

1）挤密桩法

通常在湿陷性黄土地区使用较广，用冲击或振动方法，把圆柱形钢质桩管打入原地基，拔出后形成桩孔，然后进行素土、灰土、石灰土、水泥土等物料的回填和夯实，从而达到形成增大直径的桩体，并同原地基一起形成复合地基。特点在于不取土，挤压原地基成孔；回填物料时，夯实物料进一步扩孔。纯建筑垃圾挤密桩需要进行浸水载荷试验确定其适用性，或是添加细粒透水性较差的黏土或灰土材料组成混合填孔材料。

2）换土垫层法

当软弱土地基的承载力或变形满足不了建筑物的要求，而软弱土层的厚度又不是很大时，将基础地面下处理范围内的软弱土层部分或全部挖去，然后分层换填强度较大的砂或其他性能稳定、无侵蚀性等材料，并压实至要求的密度为止。当湿限性黄土的厚度小于3m时，可以挖掉部分或全部湿陷性黄土，然后换填建筑垃圾再生材料。

（2）运用在不同公路地基部位处的形式

公路路基的路堑段、路堤段和桥梁段，对地基的要求不一样，在满足水稳定性的同时主要强调承载力，而有的荷载本身就不大，主要强调的是水稳定性。对于高路堤段和桥梁的地基，为了提高承载力，可采用CFG桩或孔内深层强夯法，填料使用建筑垃圾再生材料；对于一般的路基段，为了消除黄土的湿陷性且适当提高承载力，可采用强夯置换法、挤密桩法，填料全部或部分使用建筑垃圾再生材料。

6.4.3　建筑垃圾再生材料的作用机理

（1）建筑垃圾桩施工作用机理

建筑垃圾桩施工过程与灰土挤密桩基本相同，建筑垃圾再生材料做为填料与碎石的性质类似，其作用机理主要包括挤密作用和桩体置换作用等，具体分析如下。

1）土体侧向挤密作用。建筑垃圾桩挤压成孔时，桩孔位置原有土体被强制侧向挤压，使桩周一定范围内的土层密实度提高。根据Vesic圆孔扩张理论，当采用冲击或沉管成孔时，将在孔周形成一个半径为R_p的塑性挤密区，区内土体结构被破坏，密实度增大；区外仍然为弹性区，土的密度和结构基本不变，保持自然状态。

挤密影响半径通常为$1.5 \sim 2.0d$（d为桩直径）。相邻桩孔间挤密效果试验表明，在相邻桩孔挤密区交界处挤密效果相互叠加，桩间土中心部位的密实度增大，且桩间土的密度变得均匀，桩距越近，叠加效果越显著。

2）桩体置换作用。由于桩的强度和抗变形性能均优于周围土体，所以桩与桩间土共同组成的复合地基的性能也得到了改善，沉降量比天然地基小，从而提高了地基的整体稳定性和抗破坏力。

3）桩体应力集中作用。由于桩的变形模量大于桩间土的变形模量，荷载向桩上产生应力集中，从而降低了基础底面以下一定深度内土中的应力，消除了持力层内产生大量压缩变形和湿陷变形的不利因素。

4）桩体吸水作用。建筑垃圾材料具有较好的吸水性，可吸收桩周土体的部分水分，降低土体的含水量，使土体更密实。

（2）建筑垃圾垫层法的作用机理

垫层法是处理湿软型地基的一种有效方法，建筑垃圾渣土或经过适当加工处理而成的再生材料可作为换填材料使用，垫层法作用的机理包括抛石挤淤、应力扩散和吸排水作用。

1）抛石挤淤作用。由于一些常年积水的洼地排水困难，软黄土常呈流动状态，当其厚度较薄、表层无硬壳时，建筑垃圾再生材料垫层可以起到部分类似抛石挤淤的效果，将部分软黄土挤出，置换为强度较高的建筑垃圾材料。

2）应力扩散作用。建筑垃圾土由碎砖块、混凝土块、石块组成，在道路回填基层中进行夯打、振动或碾压后，其强度力学指标大于普通回填土，因而形成一种上硬下软的地基模式；外荷载向下扩散传递，使其下卧软土层界面的附加应力比按传统方法计算出来的值要低，且分布的范围更大、更均匀。

3）吸排水作用。含有砖块的建筑垃圾再生材料的吸水率较高，在碾压过程中部分建筑垃圾可以嵌固到土层中，吸收水分使得土层不再出现橡皮土的现象，密实度得到提高；另外建筑垃圾垫层整体渗透性好，可以起到很好的排水作用，加速下部土层的固结和沉降。

6.5　其他方面的应用

6.5.1　绿色建筑环境设计中的应用

建筑垃圾并不是真正的垃圾，稍加处理，就能变废为宝，一般对建筑垃圾可以用下面两个办法进行处理。首先将拆除建筑物、房屋装修和改造道路中产生的建筑垃圾用车运到处理场所，然后，用人工的办法将建筑垃圾中的可直接再生利用的物质，直接供给相应的公司进行处理。其次对建筑垃圾中的大块废混凝土、废砖、大理石等物质，利用大型破锤或破碎机破碎至粉碎机所能粉碎的尺寸，然后将上述混合物用多层分级筛分级成符合建筑标准的粗石子、细石子、粗砂子、细砂子，以及泥砂等再生材料。生产用水采用活性炭反渗透净化生活污水并循环使用，既可节约用水又可防止污水的再次排放污染环境。

建筑垃圾的成分中，除了金属材料外，绝大部分为混凝土、砖瓦、木料、玻璃、塑料制品等，其中大多可以直接利用或者转化利用，如木料、砖块、钢筋等；混凝土、砖瓦等经过破碎、筛选，可直接应用到建筑表皮的设计中，或者进行次级资源化可作为原料，用于制作砌块、砖及墙板，将建筑垃圾加工制成生态水泥，用废旧建筑材料作为水泥的代替材料的方法是合理的生态再利用再循环的科学方法。因此，建筑垃圾是一种再生利用率很高的资源。建筑垃圾组成及其再运用于绿色建筑环境设计中的具体方法如表 6-3 所示。

建筑垃圾组成及其再运用于绿色建筑环境设计中的具体方法　　　　表 6-3

垃圾种类	垃圾组成比例			再生利用方法
	砖混结构	框架结构	框架-剪力墙结构	
碎(砌)砖	30~50	15~30	10~20	砌块、墙体材料、路基垫层
砂浆	8~15	10~20	10~20	砌块、填料
混凝土	8~15	15~30	15~35	再生混凝土骨料、路基料、碎石桩、行道砖、砌块
桩头	—	8~15	8~20	再次使用
包装材料	2~5	5~20	10~20	燃烧发电、填埋
屋面材料	2~5	2~5	2~5	
钢材	1~5	2~8	2~8	再次使用、回炉
木材	1~5	1~5	1~5	复合板材、燃烧发电
玻璃	—	—	—	高温熔化、路基垫层
塑料	—	1~2	1~2	粉碎、热分解、填埋
沥青	1~2	—	—	再生沥青混凝土
开挖泥土	—	—	—	回填、绿化
其他	10~20	10~20	10~20	填埋

（1）用作回填材料

建筑垃圾回填在一般的建筑垃圾处理中较为常见，通常占到垃圾处理总量的一半。相比较而言，回填是较为低级的建筑垃圾处理办法，处理量大，技术成熟，且费用低，一般用于低洼渗水道路填埋和地基铺设。在利用建筑废弃物进行回填的时候应注意到：对建筑垃圾进行异物剔除后的分类和分拣，均质性和密实度较好的建筑垃圾可以用于持力层；控制好建筑垃圾的粒径，尽量把建筑垃圾粒径破碎至小于 150mm；调整好建筑垃圾的级配，分层铺平压实；在压注复合水泥浆时控制好压力和压注深度，最大程度的减少对水质、土壤及环境的破坏。

（2）加工制成骨料

建筑中的一些废料在进行挑选、分拣和再加工处理后，可以制成不同规格骨料。粉碎性的竹木材料可进行制作人造木材，制成各种不同规格的密度板，也可用于制作家具、室内装修材料、隔音板等，从而减少了森林开采砍伐。废渣土、废混凝土和各类废砖石粉碎后可用于建筑的水泥砂浆原料，还可以加工成广场砖、花格砖、铺道砖和砌块砖。例如，0mm~5mm、5mm~8mm、8mm~12mm 的砖瓦和混凝土再生骨料可用于做各式各样的环保砌块砖。这些再生骨料根据设计需要合理利用于新的建筑环境设计中，可以大量节约黏土、灰石、石膏和矿粉等多种材料的开采利用。

最大限度的对建筑垃圾进行合理利用，实现"三化"——"减量化、资源化、无害化"。融合设计应用到新的建筑环境中。可将废旧建筑垃圾原级资源化，直接应用到建筑表皮的设计中，或者进行次级资源化，将建筑垃圾加工制成生态水泥，水泥是建筑材料中应用最广泛和最为基础的材料之一。生态水泥几乎不使用天然资源，大量的使用废旧建筑材料、尾矿和垃圾等。石灰石作为水泥的重要原料，以我国每年水泥产量不变的情况下，目前我国储存的石灰石只够 40 年左右的使用。用废旧建筑材料作为水泥的代替材料的方法是合理的生态再利用再循环的科学方法。

6.5.2　墙材生产中的应用

建筑垃圾中可再生的资源主要包括渣土、废砖瓦、废混凝土、废木材、废金属、废塑料等。废钢筋、废电线和各种废钢配件等金属经分拣、集中、重新回炉后可再加工制造成各种规格的钢材；木材则可用于制造人造木材砖、石、混凝土等硬质废料，经破碎筛分后可替代砂和石子用于制作混凝土墙材。

国内已有不少科研机构和生产企业研究和开发以废旧混凝土、砖瓦为主的硬质建筑垃圾再生料代替砂石料生产混凝土砌块、砖等新型墙材。由于再生集料属于二次加工物料在加工生产过程中集料内部存在许多空隙和裂纹，集料四周还有砂浆包裹，所以本身强度有所损失，吸水率大。为保证新型墙材产品的生产质量，用建筑垃圾再生料替代砂石料生产混凝土砌块、砖等产品时要对生产工艺进行改进，将建筑垃圾再生料进行预湿处理，在配合比中掺加外加剂、粉煤灰等以改善再生物料的性能修复再生集料的强度损伤，提高产品的质量性能。因此，用建筑垃圾再生料生产混凝土砌块砖的成本相对高于普通砂石料的成本，这也导致了新型墙材企业投资建筑垃圾综合利用项目的积极性普遍不高，从而制约了建筑垃圾在墙材生产中的综合利用。

6.5.3　道路基层材料的应用

（1）建筑垃圾作为道路基层材料的应用

建筑垃圾经机械碾压作用混合后，刚开始会具有一定的强度，类似于土壤颗粒的固结，这种强度主要来自于物料间的内摩擦力，还有垃圾颗粒间原始黏聚力及颗粒与薄膜水间的吸附力。随着时间的推移，混合料间会发生复杂的物理化学作用，生成各种铝酸盐、硅酸盐、硅铝酸盐或熟石灰类的具有胶结作用化合物，混合料颗粒逐渐粘结固化，形成具有一定强度的一个整体。

建筑垃圾中的砖石砌体、混凝土块，与天然岩石相比，具有吸水性大、孔隙率高、强度低等特征，这些特点导致再生集料铺筑的道路基层与天然集料的道路基层在性能上有很大差异。所以再生集料在道路基层中的应用，必须根据再生集料的自身特点，对基层混合料的配比进行系统专门的研究。

肖田等研究了用石灰粉煤灰稳定建筑垃圾后材料的路用性能，以《公路沥青路面设计规范》为标准，根据其对于基层、底基层材料强度的要求，对材料的路用性能进行测试，就抗压强度而言，试验中石灰粉煤灰稳定建筑垃圾的强度均能满足轻交通底基层材料的要求，混合料的 7d 抗压强度均大于 0.8MPa，满足设计规范中各种交通条件下公路基层材料的强度要求，可作为公路的底基层材料。试验中还测试了不同配比的石灰粉煤灰稳定建筑垃圾混合料的劈裂强度，经标准养护 180d 后，建筑垃圾混合料的劈裂强度值较高，与石灰土碎石相当。试验测得的不同配比石灰粉煤灰稳定建筑垃圾的抗压回弹模量也介于石灰土与石灰土碎石之间，能达到公路的底基层材料的要求。试验中还根据《公路工程无机结合料稳定材料试验规程》JTG E51—2009 的相关方法进行了冻融测试，结果表明，石灰粉煤灰稳定建筑垃圾具有较高的抗冻性能，适用在中冰冻寒冷区以上地区的公路基层或底基层材料。

（2）建筑垃圾作为道路基层材料的社会效益

建筑垃圾再生利用在很大程度上解决了垃圾的处置问题，也减少了由于运输造成的交通压力、尾气排放、油耗、扬尘等问题。此外该方案的实施可以加快城市建筑垃圾资源化的管理进程。据统计，现在全国每天产生几百万吨建筑垃圾，如果将这些建筑垃圾都加以适当的处理并再次利用，每年将会节约上千亩的填埋用地，同时可增加大量的就业机会，创造非常大的社会效益。建筑垃圾在城市中的就地处理、就地利用可以极大减少建设过程中对天然砂石及土的消耗，保护城市周边的生态环境。

6.6　典型工程案例

6.6.1　砖石

砖石是我国大量使用的传统建筑材料之一，正是由于历史的原因，目前废弃砖石在建筑垃圾中占有相当的比重，而且量大面广。随着我国经济建设步伐的进一步加快，废弃砖石在我国的一些地区会大量存在，而其造成环境污染的压力日益突出，如果能有效地将砖石回收利用，一方面可以解决废弃黏土砖的处理问题；另一方面可以节约天然砂石资源，对减少能源和资源浪费将起到积极作用。

事实上，近百年来废弃砖石在北京民宅中已大量应用，旧时北京一般的民宅建筑用砖多为粗制条砖（砖长9寸，宽4.5寸，厚2寸）和碎砖头。民宅墙体除四角用整砖先砌好外，中间部分全用碎砖头与泥砌成，四周的新砖，整砖如同一个坚实的框子，把碎砖头牢牢地卡在里面。所以，北京有句俗话："北京城内有件宝，碎砖头垒墙，墙不倒"。近年来，我国在旧砖石再利用方面亦不断探索实践，根据废旧砖石材料特点的不同，将其应用于挡墙、花池改造、园林铺路及历史建筑保护修复等实例中。

例如，2007年3月，在地处奥运场馆周边的首钢老山小区环境改造方案中，为实现小区环境改善和节约工程资金的目标，施工中，他们将小区路面换下来的九格砖收集起来再利用作为该小区内拦墙的砌筑材料，从而，降低了工程施工购买红砖的费用。除此之外，施工人员还将这些九格砖再利用于完成老山南路等地的挡墙及花池改造砌筑，共计519.1m³，节约资金8万余元。又如，近几年来杭州大地园林绿化工程有限公司在园林设计中，考虑山林野趣和自然古朴风格，结合废旧石块、石板、碎瓦等材料特点，设计出用破石板做冰裂纹路面、六角块路面、方块插花路面，用碎裂瓦拼图案或用碎瓦结合卵石的运用做几何图形，用旧石板、石块拼做乱纹块图案路面，用旧砖和卵石构成不规则几何图案路面等。这样一来，既利用了旧材料，又形成古朴自然，和风景、古建筑融为一体的良好效果。另外，目前一些开发商已开始请专业人员在旧房拆迁工地，甄别、采集、储藏近百年历史的旧砖和其他建筑材料，以利将其再应用到必须"修旧如旧"的建筑项目中去。而这些旧砖的再利用带来的不仅是经济效益，将在历史建筑的保护修复中起到重大意义。其他国家对砖瓦的使用相对较少，但仍有一些成功的案例可以借鉴。例如，黏土实心砖是澳大利亚传统建筑材料，至今应用范围和应用量仍然很大。当地生产的黏土砖比我国的标准砖长、宽稍小一些（220mm×105mm×60mm），砖体密实，质地上乘，不少城镇用黏土砖铺筑人行道，经久耐磨。基于对土地资源的保护，澳大利亚鼓励旧砖再利用，有许多经销商专门回收、出售二手砖。二手砖的大量应用，说明砖的强度高，质量好，回收率高。

6.6.2 混凝土

相对而言，混凝土材料的直接再利用技术发展缓慢。虽然很久以前，西方国家已研究将废弃混凝土压碎成砾石用于铺筑公路，却是以消耗大量燃料为代价。德国作为世界上最早从事于建筑材料循环利用研究的国家之一，目前，已开展一种叫做"元素回收（Elemental Recycling）"革新技术的研究应用，保留了整个"Plattenbau"建筑板材并将其用于新的住宅建筑中。

"Plattenbau"是欧洲及前苏联 20 世纪 60 年代大量建造的一种大型预制混凝土住宅，近年来，随着城市结构调整及住宅标准的不断提高，德国政府计划在 2000～2010 年间，拆除约 35 万座"Plattenbau"公寓。同时，对"Plattenbau"材料资源的合理再利用高度重视。2005 年，致力于"Plattenbau"资源再利用研究的德国建筑师赫维·比勒（Herve Biele），经过 3 年的努力，完成他的第一个作品，一座位于柏林东北郊边界之外的梅赫劳（Mehrow）小镇，面积为 202㎡ 的两层平顶式住宅，从而证明了此项技术的可行性。建造过程中，建筑师首先选定附近一座即将摧毁的"Plattenbau"建筑，将其中一些建筑板材取出，切割成一定规格后运往基地，随后仅用 7 天时间将新建筑主体装配完成。

研究表明，这种对"Plattenbau"板材的再利用具有安全、经济、生态及美学等价值。首先，在新建住宅中，对"Plattenbau"要素的循环使用可比一个全新的建造节省 30％～40％的费用；其二，在材料置换过程中，"Plattenbau"板材能够被切割成任意尺度以满足新建筑自由的形式变化，亦可将原建筑材料的外表面覆以新的装饰，从而获得新的建筑形态；其三，由于原"Plattenbau"中混凝土质量非常好，随着时间的推移混凝土不断硬化，而其本质将保持不变，使得新住宅建筑具有耐久性与低造价的特征。如今，混凝土循环利用理念在德国政府的支持下得以实现，但仍需要尽快地普及与推广，同时"Plattenbau"建筑材料又是一种有限的资源，需要给予重视并得到节约使用。

尽管目前这种预制混凝土构件的直接再利用并不广泛，许多国家也将以同样的理念对混凝土建筑材料进行资源化再利用。最终这一理念将赢得更大的吸引力。虽然我国在混凝土再生利用方面已有较大发展，但对于混凝土材料直接再利用的理论及技术方面，仍处于落后阶段。因而，更需要不断的学习、借鉴与探索。

6.6.3 木材

木材作为一种典型传统建筑材料，其生长受自然环境的影响，大量砍伐破坏生态环境，如何实现木材资源化再利用正为人们所关注。根据所采取的方式不同，旧建筑木材的直接再利用包括回收复用，或应用于室内及建筑装修等方式。对于质量较好的废旧木材经分类后可按市场需求加工成各种可用木料，这种废旧木材的回收复用最直接也是应首选的途径；另外，目前更多是采用一些风格独特的设计方法，将废旧木材应用到室内及建筑装修当中，可向人们展示一种极具亲和力的环保新概念。这些废旧木材经过风吹日晒，看起来很有历史的凝重感，它们身上的一些"缺点"，如虫眼、木节、裂纹，具有一种与新材料不同的性格和灵魂。

欧美等国家对废旧木材再利用有广泛研究。早在 1922 年，现代主义建筑大师格罗庇乌斯在萨默菲尔德别墅设计中，将沉船上卸下来的旧木料用作建筑的柚木大梁，创造出令人称奇的作品。在美国，废旧的木材也常被用来重造新屋。美国建筑师爱德华用了 20 年的时间尝试把废旧木材应用到室内和建筑装饰当中，他采用一些风格独特的方法，将那些被称之为"被拯救的木材"的废旧木材，进行除虫、熏蒸、打磨后，涂上保护漆，或保留原样，用做为装饰梁木、地板或家具。在设计中最广泛的应用是作为梁木，但是若像真正的梁木结构一样来利用，会增加一些技术上的难度，因而，通常只将其用于装饰，不直接用于结构。如果大量地采用梁木还必须有工程师的安全设计。

又如，在日本村井正诚美术馆设计中（Masanari Murai Art Museum），建筑师库马（Kuma）巧妙地将原建筑的大量木材抢救出来，加入到新建筑之中，实现一种真正意义的建筑保护与修复。原建筑是一座"村舍形式"的木构架结构建筑，始建于 1938 年，作为艺术家村井正诚（Masanari Murai）的生活及办公用房。至 1999 年艺术家逝世，这座房子已经成为一个火灾隐患之地，而不得不将其拆除。如今，库马（Kuma）设计的美术馆建筑，其设计核心是对艺术家的原工作室进行忠实的修复。因而，原建筑中的旧木壁板、门框子，木地板材及主要结构木料成为新博物馆建筑的生动要素，与艺术家的作品一同构成了展区中的拼贴艺术。在新建筑的立面处理上，建筑师将其表面覆盖有从老房子中拆下的零散而不规则的厚木板条。由于数量有限，旧木板条呈间隔地排布，而这种富有韵律的图示表达，恰恰与库马（Kuma）通常在建筑设计中采用的百叶窗板的样式，有着极为相似的意义。

目前，将废弃木材直接再利用作建筑材料的案例在我国尚属罕见，据了解，我国每年因危房改造和家具更新淘汰下来可开发利用的废旧木材资源多达数千万立方米，长期以来仅将其处理为一种建筑垃圾，浪费了大量的材料资源。为此，我国政府已开始对废旧木材的再利用高度重视，并在政策法规上加以强化。

6.6.4 建筑实例

（1）"圆亭"（Circular Pavilion）建筑

Encore Heureux 建筑事务所设计的名为"圆亭（Circular Pavilion）"的建筑，如图 6-6 所示，采用了大量的回收再利用材料。外立面由 180 个橡木门集合而成，木门取材自巴黎一座拆迁的老公寓楼。房屋的木结构用的是从一座养老院的建筑工地里找来的木材。进门前踏上的木质铺道来自巴黎沙滩。地板和墙用的是二手的木头展板。室内保温系统里使用的岩棉材料，来自一家家超市在屋顶的剩余材料。屋里的 50 张木椅子原来躺在巴黎垃圾场里，后来经过修复和涂漆才重新利用起来，而天花板上那 4 盏吊灯，原本是被弃置的街灯。

（2）中国美术学院象山校区

中国美术学院象山校区的整个校园建筑设计，如图 6-7 所示，选用大量的回收旧砖瓦，并充分利用这里的手工建造方式，将这一地区特有的多尺寸旧砖混合砌筑传统和现代建造工艺相结合，屋顶材料采用了一种环保中空混凝土现浇厚板，并与回收旧砖瓦的屋面做法结合。这种厚墙与厚板的结合所形成的一种有效保温隔热的围护体系能有效减少空调用电的损耗。整个校园建筑和景观共使用多达 700 万片回收旧砖瓦，很好的节约了资源，

图 6-6　"圆亭（Circular Pavilion）"建筑

图 6-7　中国美术学院象山校区

减少了能源损耗。

（3）云南腾冲手工造纸博物馆

云南腾冲手工造纸博物馆建筑，如图 6-8 所示，采用了从当地村庄回收到的杉木、竹子、手工纸等低能耗、可降解的自然材料，减少对环境的影响。将回收到的竹子、铁皮、卵石等建筑材料进行切割、打磨、镀锌等加工，博物馆的整个建造过程都是生态环保的，建筑适应当地气候，充分利用回收到的材料和当地的技术、工艺，结合了传统木结构体系和现代构造做法，全部由当地工匠完成建造，使项目建设本身成为地域传统资源保护和发展的一部分。

（4）上海世博会宁波滕头案例馆

中国浙江宁波滕头村，如图 6-9 所示，是全球唯一入选上海世博会的乡村实践案例。案例外观为一座上下两层、古色古香的江南民居。滕头馆的黑白相间的民居风格的外墙是用 50 多万块废瓦残片堆砌的。它们是建筑单位的员工历经半年时间，奔走于象山、鄞州、奉化等地的大小村落，从废弃的工地里收集来的，其中包括元宝砖、龙骨砖、屋脊砖等，年龄全部超过百年。展馆内墙同样有看头。在厚厚的水泥墙上，凸显的纹理竟是竹片肌

图 6-8 云南腾冲手工造纸博物馆

理，仿佛是排排并列的圆竹从中剖开后固化在了墙上。这是宁波工匠采用独有的竹片模板制作技艺制成的"竖条毛竹模板清水混凝土剪力墙"。

图 6-9 上海世博会宁波滕头案例馆

参考文献

[1] 卢钵，刘炳康.改性再生混凝土抗压强度试验研究及数值模拟 [J].安徽建筑工业学院学报，2013，21（2）：49-52.

[2] 张世民，王社良，张明明，等.改性再生混凝土梁抗弯性能测试与分析 [J].硅酸盐通报，2017，36（10）：3392-3397.

[3] 肖绪文，冯大阔，田伟.我国建筑垃圾回收现状及建议 [J].施工技术，2015，44（10）：6-8.

[4] 韩忠龙，高笃顶.浅谈我国建筑垃圾再生利用的现状 [J].城市建设理论研究，2013（32）：78-84.

[5] 李少康.建筑垃圾在公路路基中的应用研究 [D].西安：长安大学，2014.

[6] 闫天亮.建筑垃圾在软土路基处理中的应用研究 [D].郑州：郑州大学，2017.

[7] 刘伟.建筑垃圾再生骨料在绿色混凝土中的应用推广 [J].江西建材，2015，12：27-32.

[8] 杨锐，宁培淋，阮广雄.建筑垃圾再生骨料复合地基的应力应变分析与探讨 [J].中国水运，2010，10（6）：201-202.

[9] 王复星.建筑垃圾再生骨料表面改性及其对砂浆性能影响的研究 [D].济南：济南大学，2015.

[10] 禤炜安，周胜波，张树芬.旧水泥混凝土再生骨料改性技术研究进展 [J].中外公路，2017，37：89-92.

[11] 张涛.再生骨料改性及其在沥青混合料中的应用 [D].武汉：武汉理工大学，2010.

[12] 肖建庄.再生混凝土 [M].北京：中国建筑工业出版社，2007.

[13] 宋玉普.多种混凝土材料的本构关系和破坏准则 [M].北京：中国水利水电出版社，2002.

[14] 陈志波，朱俊高，王强.宽级配砾质土压实特性试验研究 [J].岩土工程学报，2008，30（3）：446-449.

[15] 张清峰，王东权，姜晨光.建筑渣土作为城市道路填料的路用性能研究 [J].公路，2006（11）：157-160.

[16] 张志刚.高强度再生骨料混凝土的回收工艺及性能研究 [D].哈尔滨：哈尔滨工业大学，2009.

[17] 鲁飞.建筑渣土作为路基填料的应用研究 [J].路基工程，2005，23（3）：50-54.

[18] 王凤.再生混凝土制备技术及主要性能试验研究 [D].大庆：东北石油大学，2010.

[19] 朱东风.城市建筑垃圾处理研究 [D].广州：华南理工大学，2010.

[20] 蒋业浩，姜艳艳，吴书安，等.建筑垃圾再生骨料清洁生产及工程应用研究 [J].施工技术，2014，43（24）：37-39.

[21] 周文娟，陈家珑，路宏波.我国建筑垃圾资源化及对策 [J].建筑技术，2009（8）：741-744.

[22] 肖开涛.再生混凝土的性能及其改性研究 [D].武汉：武汉理工大学，2004.

[23] 张学兵.再生混凝土改性及配合比设计研究 [D].长沙：湖南大学，2015.

[24] 姚磊.建筑垃圾的再生利用及其产业化研究 [D].西安：长安大学，2012.

[25] 李清海，孙蓓.国内外建筑垃圾再生利用的研究动态及发展趋势 [J].中国建材科技，2009（4）：33-35.

[26] 陈莹，严捍东，林建华，等.再生骨料基本性质对混凝土性能影响的研究 [J].再生资源研究，2003（6）：34-37.

[27] 陈刚，苏磊，陈杨，等.国外建筑垃圾再生骨料的应用情况及在国内市场的应用前景分析 [J].中国环保产业，2005（7）：39-41.

[28] 许佼.再生混凝土骨料改性研究及其应用 [D].安徽：安徽理工大学，2017.

[29] 许颖，刘杰，唐天佑.高强再生骨料混凝土的耐久性能及影响因素研究 [J].混凝土与水泥制品，2017（2）：1-8.

[30] 吴正光，王二飞，杨钊.再生细骨料取代率对再生混凝土抗压强度的影响 [J].价值工程，2015（10）：92-94.

[31] 陈树亮.混凝土碳化机理、影响因素及预测模型 [J].水利电力科技，2010，36（2）：13-23.

[32] 柯国军，张育霖，贺涛.再生混凝土的实用性研究 [J].混凝土，2002（4）：47-48.

第7章　建筑垃圾的管理及相关的法规

7.1　再生骨料和再生混凝土的应用技术规范

随着建筑行业的不断发展，全球每年消耗约 10 亿 t 的天然骨料。与此同时，每年都会产生大量的建筑垃圾。据不完全统计，仅 2005 年一年我国建筑垃圾（建筑施工废物和旧建筑拆除废物之和）总量多达 21000 万 t。其中废混凝土总量（混凝土生产过程中的废混凝土和建筑拆除废物中的废混凝土之和）至少达 10000 万 t，约占建筑废物总量的 50%。而这些建筑垃圾，绝大部分直接就被施工单位运往郊外或乡村，采用露天堆放或填埋方式进行处理。这种处理方式不仅耗费大量征用土地费、垃圾清运费，还会造成严重的环境污染。

随着世界各国环保意识的不断提升，各国都在不断加强废旧混凝土的再生技术研究。日本、美国、德国等发达国家都依靠自身的经济实力和科技优势发展了许多再生骨料和再生混凝土的应用技术。各国也制定了相应的技术标准并进行推广和应用。通过对国外废混凝土再生利用概况以及再生混凝土的技术标准进行文献调查，分析研究国外再生混凝土的发展趋势，可以为我国再生混凝土技术的推广应用及相应规范的制定提供参考依据。

第二次世界大战后，发达国家相继开展了建筑垃圾循环利用技术的研究工作，迄今为止已召开了多次有关废弃混凝土再利用的专题国际会议。再生混凝土的利用已成为发达国家共同的研究课题，有些国家还采用了立法形式来保证此项研究和应用的顺利开展。近几年，日本、韩国、荷兰、丹麦、德国等发达国家在再生混凝土有效利用方面取得了显著成效。

（1）日本

由于日本国土面积小，资源相对匮乏，因而十分重视废旧混凝土的资源再生化以及有效利用，多年来将建筑废弃物视为"建筑副产品"。日本对建筑垃圾再生混凝土的吸水性、强度、配合比、收缩、耐冻性等进行了一系列系统性的研究。

日本对再生混凝土的研究始于 20 世纪 70 年代，早在 1977 年，日本建筑业协会（BCS）就制定了《再生骨料和再生混凝土使用规范（案）·同解说》，其中规定再生粗骨料的吸水率为 7% 以下。1992 年，日本建设省提出了《建筑副产物的排放控制以及再生利用技术的开发》5 年发展规划，并于 1994 年制定了《不同用途下混凝土副产物暂定质量规范（案）》，1996 年推出了《资源再生法》，为废旧混凝土等建筑副产品的再生利用提供了法律和制度保障。2003 年，日本开始启动了对再生骨料以及再生混凝土的国家标准的制定工作，并分别于 2005 年制定了《混凝土用再生骨料 H》（高品质）的国家标准（JIS A 5021）、于 2006 年制定了《使用再生骨料 L 的混凝土》（低品质）的国家标准（JIS A 5023）、于 2007 年制定了《使用再生骨料 M 的混凝土》（中品质）的国家标准（JIS A 5022），为再生骨料的推广应用提供了必要的技术支持和技术保障。

据统计，2005 年日本全国建筑废物资源总利用率达到 85%，其中废混凝土的排放量约为 3200 万 t，废混凝土再生利用 3100 多万 t，再资源化率高达 98％。但其中大部分用于公路路基材料中，作为再生骨料所使用的比例不足 20％。

（2）韩国

韩国是继日本之后，较早着手研究废混凝土的处理与再生利用的亚洲国家之一。韩国国家标准（KS）针对废混凝土再生骨料、道路铺装用再生骨料以及废沥青混凝土再生骨料制定了相关技术标准。韩国交通部制定了《建筑废弃物再利用要领》，根据不同利用途径对质量和施工标准做了规定。韩国环境部制定了《再生骨料最大值数以及杂质含量限定》，对废混凝土用在回填土等场合的粒径、杂质含量做了限定。

韩国 2001 年全国建筑废物资源利用率为 86％，其中废混凝土的排放量约为 2410 万 t，占建筑废弃物整体的 61％。

（3）荷兰

荷兰拥有先进的废弃混凝土回收利用技术并且仍然在不断的完善相关技术，有健全的法律法规做保障，并形成了完整产业链网，产业的发展逐渐趋于成熟。荷兰是最早开展再生骨料混凝土研究和应用的国家之一，其建筑废物资源利用率位居欧洲第 1 位。1996 年荷兰全国建筑废物排放量约为 1500 万 t，其中废混凝土的再资源化率高达 90％以上。自 1997 年起，规定禁止对建筑废弃物进行掩埋处理，建筑废弃物的再利用率几乎达到了 100％。1995 年和 1997 年，分别颁布了《填埋税》、《禁埋令》，其中规定废弃混凝土这类可回收的废弃物禁止送往填埋场，必须进行回收利用，这为回收利用企业提供了大量的生产资源。此外，荷兰还参考国际材料与结构研究实验联合会（RILEM）关于再生骨料的相关技术标准，制定了自身的再生骨料国家标准。其中规定了再生骨料取代天然骨料的最大取代率（质量计）为 20％等。

（4）英国

英国国土面积相对狭小，因此新建建筑垃圾掩埋场地比较困难。为了降低建筑废弃物的排放，减少环境污染，促进建筑废弃物的再生利用，英国政府于 1996 年设置了建筑垃圾掩埋税，并对建筑垃圾加工企业进行了政策及资金方面的援助，同时大力支持对再生骨料的研究以及再生骨料标准的制定工作等。

据统计，英国全国建筑废物资源利用率为 45％，其中废混凝土的排放量约为 2800 万 t，再生利用 1480 万 t，废混凝土再资源化率为 52％。但其中大部分用在路基材上，用于混凝土的再生骨料所占比例为 10％左右。再生骨料标准则参考国际材料与结构研究实验联合会（RILEM）关于再生骨料的相关技术标准，将再生粗骨料分为 3 个等级，并指出再生粗骨料中掺加天然骨料会改善再生骨料的性能。

（5）丹麦

丹麦是建筑废弃物有效利用技术比较成熟的国家之一，最近 10～15 年间，其建筑废弃物再利用率达到 75％以上，超过了丹麦环境能源部门于 1997 年制定的 60％的目标。最近，丹麦政府的政策目标从单纯的废弃物再利用开始向建筑材料的全生命周期管理模式的方向发展。

丹麦 1997 年全国建筑废物资源利用率为 75％，其中废混凝土的排放量约为 180 万 t，再生利用 175 万 t，再资源化率高达 97％。1989 年 10 月，丹麦混凝土协会制定了再生骨料技术标准，将再生粗骨料分为 2 个等级，并对再生骨料的饱和面干表观密度、轻骨料含量、杂质含量以及粒度分布等做了详细规定。

（6）德国

德国是较早开始对废混凝土进行再生利用研究的国家之一。1997 年德国实施再生利用法，1998 年 8 月制定了《混凝土再生骨料应用指南》，在再生混凝土开发应用方面稳步发展，取得了一系列的成果。

德国 1994 年全国建筑废物资源利用率为 17%，其中废混凝土的排放量约为 4500 万 t，再生利用 870 万 t，再资源化率为 18%。而其中大部分用在公路路基材上。根据再生骨料技术标准，将再生粗骨料分为 4 个等级，并对再生骨料的最小密度、矿物成分、沥青含量、最大吸水率等做了详细规定。

（7）欧洲其他国家

法国 1990～1992 年全国建筑废物资源利用率为 15%，其中废混凝土的年排放量约为 1560 万 t。但其中大部分用在公路路基材上，并且再生利用限制在道路工程和掩埋工程。再生骨料标准参考国际材料与结构研究实验联合会（RILEM）关于再生骨料的相关技术标准，并与西班牙、比利时共同计划制定《混凝土再生骨料的应用指南》。

比利时 1990～1994 年全国建筑废物资源利用率为 94%，其中废混凝土的排放量约为 640 万 t，再生利用 620 万 t，再资源化率为 97%。再生骨料标准参考国际材料与结构研究实验联合会（RILEM）关于再生骨料的相关技术标准，并与法国、西班牙共同计划制定《混凝土再生骨料的应用指南》。

瑞典 1996 年全国建筑废物资源利用率为 20%，其中废混凝土的排放量约为 112 万 t，再生利用 22 万 t。再生骨料标准参考国际材料与结构研究实验联合会（RILEM）关于再生骨料的相关技术标准。

（8）美国

美国是较早提出环境标志制度的国家，政府制定的《超级基金法》规定："任何生产有工业废弃物的企业，必须自行妥善处理，不得擅自随意倾卸"。1982 年，在混凝土骨料标准 ASTM C-33-82 中已规定废混凝土块经破碎后可作为粗骨料、细骨料来使用，但没有制定再生骨料技术标准。美国陆军工程协会（SAME）在有关规范和指南中鼓励使用再生混凝土骨料。美国明尼苏达州运输局标准（MDOT）和俄亥俄州运输局标准（MDOT）规定了再生混凝土作为道路铺装材料时的使用条件和试验方法。美国 1996 年全国建筑废物资源利用率为 20%～30%，根据国内加工设备能力推算其废混凝土的再生利用量约为 5000 万 t（含沥青混凝土）。

7.2 我国的《再生骨料应用技术规程》

7.2.1 《混凝土再生骨料应用技术规程》更名

在我国，再生骨料主要用于取代天然骨料来配制普通混凝土或普通砂浆，或者作为原材料用于生产非烧结砌块或非烧结砖。例如，采用再生粗骨料部分取代或全部取代天然粗骨料配制混凝土，已经在很多工程中得以成功应用，有些商品混凝土搅拌站已经专设储存库将再生骨料作为固定原材料；采用再生细骨料部分取代天然砂来配制砂浆也已经有不少工程实例。利用废弃砖瓦含量较高的低品质再生骨料生产非烧结砌块和非烧结砖能够消纳更多的建筑垃圾，见图 7-1、图 7-2，是我国目前建筑垃圾资源化利用的主力军，全国已经拥有数十条生产线，相关产品已经广泛用于各类建筑工程。例如邯郸某建材厂采用建筑垃圾生产各种再生砌块、再生砖，广泛用于民用建筑围护结构（图 7-3）、市政工程等领域，效果良好；北京某建材公司利用建筑垃圾生产的再生仿古砖用于建造仿古建筑，见图 7-4。

图 7-1　建筑垃圾再生砖生产厂家

图 7-2　建筑垃圾生产的各种再生砌块、再生砖

图 7-3　采用建筑垃圾再生砖作为围护结构
的邯郸市金世纪国际商务中心

图 7-4　采用建筑垃圾再生仿古
砖建造的北京民居

　　我国过去砖瓦建筑较多，在相当长一段时间内旧建筑拆除产生的废弃砖瓦将会持续保持高排放量，这类建筑垃圾地有效利用十分重要，目前已经有较为成熟的技术和企业在支持这类建筑垃圾的资源化利用。编制组经过认真讨论一致认为，原标准名称《混凝土再生骨料应用技术规程》将再生骨料来源局限于废弃混凝土，排除了来源于其他建筑垃圾（例如废弃砖瓦等）的再生骨料，不利于促进我国建筑垃圾资源化利用。所以，编制组建议将《混凝土再生骨料应用技术规程》更名为《再生骨料应用技术规程》。

7.2.2　《再生骨料应用技术规程》主要技术内容对再生骨料混凝土的主要规定

　　（1）规定了不同级别的再生粗骨料和再生细骨料所适用的混凝土类别。例如，Ⅰ类再生粗骨料可用于配制各强度等级的混凝土；Ⅱ类再生粗骨料宜用于 C40 及以下强度等级的混凝土；Ⅲ类再生粗骨料可用于 C25 及以下强度等级的混凝土，但不能用于有抗冻性要求的混凝土。

（2）规定了再生混凝土所用原材料的性能要求，包括对再生骨料的要求。

（3）规定了再生混凝土的性能要求和结构设计取值原则。

（4）再生混凝土的拌合物性能、力学性能、长期性能和耐久性能、质量控制、抗压强度及耐久性检验评定等均应按照普通混凝土的规定执行。只在粗骨料中掺用Ⅰ类再生粗骨料配制的再生混凝土，其受压和受拉弹性模量 E_c 按照现行国家标准《混凝土结构设计规范》GB 50010—2010 的规定执行。其他情况下配制的再生混凝土，其弹性模量宜通过试验确定。

（5）给出了再生混凝土配合比设计方法：

1）先根据现行行业标准《普通混凝土配合比设计规程》JGJ 55—2011 进行计算，求得基准混凝土配合比；

2）以基准混凝土配合比参数为基础，根据已有技术资料或混凝土性能要求确定再生粗骨料取代率、再生细骨料取代率，求得再生骨料用量；

3）通过试验确定外加剂和掺合料的品种和掺量；

4）确定其他参数；

5）通过试配、调整确定再生混凝土最终配合比。

（6）规定了再生混凝土制备和运输、浇筑和养护以及施工质量验收等。

7.2.3 对再生骨料砂浆的主要规定

（1）规定了不同级别的再生细骨料所适用的砂浆类别，例如"Ⅰ类再生细骨料可用于配制各种强度等级的砂浆；n类再生细骨料可用于配制不高于 M15 砂浆，m类再生细骨料不宜用于配制强度等级大于 M10 的砂浆"。

（2）规定了再生砂浆所用原材料的性能要求，包括对再生细骨料的要求。

（3）规定了再生砂浆的性能要求，例如规定：

1）专业生产厂生产的再生砂浆应符合 GB/T 25181—2010 的相关规定。

2）现场拌制的再生砌筑砂浆、抹灰砂浆和地面砂浆的性能应符合表 7-1 的规定。

现场拌制再生砂浆性能指标　　　　表 7-1

砂浆品种	强度等级	稠度（mm）	保水率（%）	14d 拉伸粘结强度（MPa）	抗冻性 a	
					强度损失率（%）	质量损失率（%）
再生砌筑砂浆	M5、M7.5、M10、M15	50～90	>82	—	<25	<5
再生抹灰砂浆	M5、M10、M15	70～100	>82	>0.15	<25	<5
再生地面砂浆	M15	30～50	>82	—	<25	<5

（4）给出了再生砂浆配合比设计方法：

1）按现行行业标准《砌筑砂浆配合比设计规程》JGJ/T 98—2010 的规定进行计算，求得基准砂浆配合比；

2）以基准砂浆配合比参数为基础，根据已有技术资料或砂浆性能要求确定再生细骨料取代率，求得再生细骨料用量；

  3）外加剂、添加剂、保水增稠材料和掺合料等的品种和掺量应通过试验确定；

  4）通过试配和调整，选择符合要求且水泥用量最低的配合比作为最终配合比；

  5）规定了再生砂浆制备、施工以及质量验收等。

7.2.4　对再生骨料砌块和再生骨料砖的主要规定

  （1）规定了再生砌块和再生砖的强度等级分类、规格尺寸、原材料要求等；

  （2）规定了再生砌块和再生砖的外观尺寸、抗压强度、耐久性等技术性能要求以及生产要点、进场检验、施工和质量验收等。

7.3　我国建筑垃圾的管理规范

7.3.1　建筑垃圾处理

  据了解，在国外，北美洲一年要生成大约 1.15 亿 t 建筑垃圾，其中 75% 被回收利用，有许多建筑商甚至回收建筑垃圾的 90%。而在国内，近年来，邯郸市利用建筑垃圾制砖，不仅解决建筑垃圾围城的顽疾，还为城市发展节约了大量土地和能源。邯郸市使用建筑垃圾制砖，每年可消纳拆迁类建筑垃圾约 40 万 t，节约因放置垃圾而占用的土地 160 余亩；可节省取土 24 万立方米，节省耕地约 180 亩。两项合计，一年可节约土地 340 亩。建筑垃圾做成的免烧砖，每年还可节省标准煤 1.5 万 t。对于建筑垃圾，政府应该从减量化、资源化、无害化和循环经济角度出发，制定法律法规，把回收利用建筑垃圾写入开发商房地产开发、城中村改造、房屋拆迁的责任合同中；鼓励和支持企业加强建筑垃圾回收利用的技术研发投入；鼓励和支持拆迁企业对建筑垃圾进行现场科学处理、回收、利用建筑垃圾生产商品砖、板等新型建筑材料；鼓励建筑施工企业使用这些新型建筑材料。

7.3.2　建筑垃圾源头管理

  （1）建筑垃圾减量应从源头抓起，源头减量应遵循如下要求：

  1）通过提高设计和施工质量，保证建筑物耐久性，延长使用年限；

  2）通过改进和采用先进施工工艺，减少建筑垃圾产量；

  3）通过规定合理的拆迁拆除程序化制度，切实有效的提高建筑垃圾的分类利用程度，减少不必要的建筑垃圾的产生；

  4）应优先考虑建筑垃圾的就地利用和回收。

  （2）建筑垃圾产生单位应预先向当地建筑垃圾主管部门申报建筑垃圾处置手续，主管部门应及时予以审核。并应符合如下要求：

  1）建筑垃圾产生单位自行安排处理场地的，应在申办处置手续时，提交受纳场地管理单位同意受纳的证明和该受纳场的受纳能力等资料；

  2）建筑垃圾需分批运输处理的，除申报总处理计划外，还应当在每批处理前申报相应处理计划；

3）临时变更处理计划的，应当补报调整后的处理计划。

（3）各地区建筑垃圾主管部门可根据实际情况规定适当的收集方式：

1）定时定点收集：运输单位按照当地主管部门规定的作业时间到指定的地点收集建筑垃圾；

2）依申请上门收集：运输单位根据建筑垃圾产生者的要求，在约定时间到约定地点收集建筑垃圾。

3）建筑垃圾运输管理，建筑垃圾运输单位必须经当地建筑垃圾管理部门核准，并应满足如下要求：

① 运输车辆、船舶应有合法的行驶证，并通过年审；

② 运输单位应具有当地主管部门颁发的准运证或营运证；

③ 具有建筑垃圾经营性运输服务资质。建筑垃圾运输车辆应按核准的路线和时间行驶，并到核准的地点处理处置建筑垃圾。具体要求如下：

（a）建筑垃圾运输车运行时间安排应避开交通高峰时段，以减少对交通的影响；

（b）建筑垃圾运输车辆的运输路线，应由当地建筑垃圾主管部门会同交通管理部门规定；

（c）运输单位将建筑垃圾倾倒在核准的处理地点后，应取得受纳场地管理单位签发的回执，交送当地建筑垃圾主管部门查验。

（4）建筑垃圾处理处置管理

1）将建筑垃圾用于回填、堆山造景、围海造田等工程的单位，应向建筑垃圾管理部门提出申请，由管理部门审批和统一调度安排，同时应编制环境影响报告书（表）报当地环保部门审批。

2）建筑垃圾受纳场应按选址、建设、运行、关闭、封场、跟踪监测、场地再利用等程序进行管理，具体如下：

① 建筑垃圾受纳场的管理单位应配备人员实施现场管理，并如实填报《建筑垃圾处置日报表》；

② 建筑垃圾受纳场达到预定受纳量时，应提前一个月向管理部门申报停止受纳；

③ 建筑垃圾受纳场封场工程应报请主管部门审核批准后方可实施。

3）建筑垃圾资源化再生产品应符合相应产品标准的要求，并经相应行业主管部门审核合格后方可进入市场。

4）建筑垃圾收集时严禁生活垃圾和有害垃圾混入。

（5）建筑垃圾陆上运输原则

1）建筑垃圾运输车辆形式和载重量选择应遵循如下原则：

① 工程渣土运输宜采用载重量大于 8t 的密封式货车；

② 装修及拆迁垃圾运输宜采用载重量 5～15t 的密封式货车；

③ 工程泥浆运输宜采用载重量大于 8t 的密封罐车。

2）建筑垃圾运输车厢盖应采用机械密闭装置，开启、关闭时动作应平稳灵活、无卡滞、冲击现象。

① 厢盖与厢盖、厢盖与车厢侧栏板缝隙不应大于 30mm；

② 厢盖与车厢前、后拦板缝隙不应大于 50mm；

③ 卸料门与车厢栏板、底板结合处缝隙不应大于 10mm。

3）建筑垃圾运输车辆应容貌整洁、外观完整、标志齐全。

① 车辆车窗、挡风玻璃、反光镜、车灯应明亮，无浮尘、无污迹；

② 车辆车牌号应清晰、无明显污渍，距车牌 15m 处应能清晰分辨车牌上的字迹；

③ 车厢厢体、厢盖外表面应光滑平整，无明显的凹陷和变形。车厢外部锈蚀或油漆剥落单块面积不得超过 0.01 平方米，总面积不得超过 0.05 平方米；

4）车辆底盘无大块泥砂等附着物，轻轻敲打时，应无块状泥砂等污渍脱落。

5）建筑垃圾装载高度应低于车厢栏板高度，装载量不得超过车辆额定载重量。

6）车辆装载完毕后，厢盖应关闭到位，并检查车厢卸料门锁紧装置，保证锁紧有效、可靠。

7）车厢液压举升机构及厢盖液压、启闭机构的液压部件各结合面无明显渗漏。

8）运输单位应定期对车辆进行维护和检测，保证车况完好。

（6）建筑垃圾陆上运输原则

1）建筑垃圾水上运输宜采用集装箱运输形式，不具备条件的可采用散装运输形式。

2）船舶长度、宽度、吃水、船舶最高固定点距水面高度等技术参数应满足水运航道的限制条件。

3）采用集装箱运输形式，集装箱的环保应达到如下要求：

① 集装箱的造型设计应该美观大方，外表应该保持整洁；

② 集装箱在制造工艺中要求做到后盖门能够紧密闭合，防止垃圾散落；

③ 集装箱内箱应保持平整，减少垃圾残余量，便于清洁。

4）采用散装运输形式，建筑垃圾表面应有效封盖，垃圾不得裸露和散落。

5）建筑垃圾运输船舶应容貌整洁、外观完整、标志齐全。

（7）建筑垃圾中转调配原则

1）中转调配场选址应符合城市总体规划，宜设置在建筑垃圾产量较大的区域附近或设置在城市近郊区。选址处应交通便利，易于收集和转运。

2）中转调配场建设规模应根据服务区域内建筑垃圾产生量、场址自然条件、地形地貌特征、服务年限及技术、经济合理性等因素综合确定。

3）中转调配场内宜设置分选区、分类堆放与转运区、生产管理区等。

4）分选系统可根据末端处理要求和现场实际条件设置机械及人工分选设备。

5）分类堆放与转运区应符合下列要求：

① 建筑垃圾可采取露天或室内堆放方式，露天堆放的建筑垃圾应及时苫盖，避免雨淋和减少扬尘。

② 建筑垃圾堆放区应至少保证 3 天以上的建筑垃圾临时贮存能力。如无专用提升设施，建筑垃圾堆放高度不宜超过 3m。

③ 建筑垃圾堆放区地坪标高应高于周围场地不小于 15cm，堆放区四周应设置排水沟，满足场地雨水导排要求。

④ 堆放区应设置明显的分类堆放标志。

6）生产管理区应布置在生产作业区的上风向，并设置办公楼等设施。Ⅱ类、Ⅱ级以上规模的中转调配场还应设置维修车间等设施。

7）中转调配场应配备装载机、推土机等作业机械。

8）中转调配场内道路应符合《厂矿道路设计规范》GBJ 22 的要求。

9）中转调配场总平布置及绿化应满足《工业企业总平面设计规范》GB 50187 的要求。

10）中等以上规模的中转调配场可根据实际情况增设资源化利用设施。

（8）建筑垃圾回填细则

1）回填地点选择应符合当地城市建设总体规划要求。

2）回填前应将低洼地内的杂物、积水等清理干净。

3）回填水田、沟渠、池塘或含水量大的地段，根据地块的规划用途可以考虑采取排水、疏干、挖去淤泥、换土、抛填片石、填砂砾石、翻松、掺石灰压实等处理措施，以利加固基底土体。

4）雨季作业时，应采取措施防止地面水流入回填点内部，避免边坡塌方。

5）在回填现场主要出入口设置洗车台，出入车辆宜冲洗干净后进入城市道路。建筑垃圾受纳细则：

① 建筑垃圾受纳场在选址前应收集规划、周边情况、地形地貌、水文、地质、气象、道路、交通运输、给水排水及供电条件等基础资料。

② 建筑垃圾受纳场选址不应设置区域参照《生活垃圾卫生填埋处理技术规范》GB 50869—2013。

7.4 我国建筑垃圾循环利用的对策

随着我国经济社会快速发展和城镇化的不断推进，在各类建筑工程中产生了大量建筑垃圾。建筑垃圾通常表现为种类多、成分复杂、回收困难，因此长期以来我国的建筑垃圾多集中运输到郊外或农村采用露天堆放、直接填埋等方法简单处理，这不仅造成了资源浪费，还带来环境污染、空间占用等直接问题或间接隐患。近年来，建筑垃圾的循环利用逐渐得到社会各界越来越多的关注。但是我国建筑垃圾循环利用之路仍存在许多问题。在新建、改造、拆除等建筑工程中，不可避免会产生大量建筑垃圾。我国建筑垃圾总体呈现出规模不断增长、组成越来越复杂的态势。目前我国对建筑垃圾的处理主要有露天摆放、简单填埋、直接回收、改造再用等方式，但仍以初级处理方式为主，新技术的发展与应用比较滞后。

7.4.1 我国建筑垃圾处理现状的原因分析

（1）对建筑垃圾的认识不足

很多人对建筑垃圾的认识还停留在"垃圾"上，认为其是一种没有利用价值了，可随意丢弃的东西，而没有意识到垃圾的可资源化和其中的经济和社会效益，所以很多管理部门对建筑垃圾的认识还只是停留在随便找地填埋一下的初级阶段。在很多城市的发展规划中没有对建筑垃圾处理对策的考虑，更别说对建筑垃圾的资源化处置的考虑了。因此，很多城市的建筑垃圾难以处理，越来越多，造成垃圾围城现象的发生。

（2）相关的法律法规不完善

当前虽然我国对建筑垃圾资源化处置的必要性已有所认知，但民众和政府对其的重视度还不够。目前我国关于建筑垃圾管理的法律法规还不多，并且大部分的法律法规还都只是原则性的规定，缺乏具体的技术标准和规范，还没有完善的相关法律法规。在已有的法律法规中，对建筑垃圾的管理工作还没有相关的固定标准，对环境污染管理控制方面的标准以及建筑垃圾资源化处置的效率标准也有不足，从而大大增加了具体管理工作中的困难。

（3）科研投入不足，创新不足

我国对建筑垃圾的资源化处置的研究开始较晚，人力、物力和财力投入较少，虽然目前取得了部分成效，但距发达国家的水平能力还有较大差距。目前我国相关方面的人才不足，新工艺、新技术的研究发现能力较弱，而且设备与发达国家相比落后较多，所以距资源化处置技术的大范围推广还有很长的路要走。目前我国还尚未建立再生产品相关的技术指标，民众对垃圾再生产品的质量持有怀疑态度，对建筑垃圾的再生产品的使用持有观望态度。

7.4.2 我国建筑垃圾的处理方式

（1）露天摆放

露天摆放是长期以来我国处置建筑垃圾的一大方式。大多是将建筑垃圾转运到市郊或农村空旷处安置。该方法简单易用，技术含量低，但是带来的效益也很低，不但占用土地，还有可能对空气、水、土地等资源造成污染。

（2）简单填埋

对建筑垃圾进行填埋也是我国长期使用的一大传统方式。该方法的优点是简单，技术含量低，但是需要挖开土地或寻找合适的壕沟、洼地、废弃的采砂坑等场地才能进行填埋，并且对于一些特定的建筑垃圾必须在专门的垃圾填埋场填埋，所以相对于露天摆放的难度略有增加。此方法使用的土地还可以做其他用途，因此不会大量占用土地，对空气的污染也大大减少，但仍可能对水、土地等资源造成污染。综上所述，此方法的效益较露天摆放法略有提高，但由于同样没有摆脱把建筑垃圾当垃圾的老路，所以仍属于低效益的方法。

（3）直接回收

直接回收法把建筑垃圾当作资源，试图进行重新利用，大大提高了建筑垃圾的处理效益。但是由于建筑垃圾的成分复杂、分拣困难，直接回收法只能循环利用一小部分易于分拣、回收价值高的建筑垃圾。

（4）改造再用

改造再用法结合先进技术将建筑垃圾转换为资源，进行循环利用，更大程度地提高了建筑垃圾的处理效益。但是此法需要建立在对建筑垃圾进行源头分拣的基础之上，对处理设备的要求也高，因此处理难度大大增加。

7.4.3 我国建筑垃圾的处理对策

（1）政策导向与公众参与

政府应该推行建筑垃圾集中处理的原则，在行政上管理执法上对建筑垃圾处理企业给予一定便利帮助。推出并落实对建筑垃圾处理产业和企业有利的相关政策。政府要出面协调各相关部门之间的权力范围，为建筑垃圾处理产业提供更多的方便，避免过度管理或无人管理和因此致使企业的不知所措，也有利于企业制订长远的发展计划。环境的维持和保护是一项公众事业，只依赖政府和企事业单位是难以做到的，必须有大众的积极参与并发挥作用。因为建筑垃圾的资源化再生产品没有打开市场，群众的认可度不够，必须在政府政策的引领下，提高公众对垃圾再生产品的认知度。通过举办社会宣传活动，提高大众对垃圾再利用和节约的意识，政府在一些市政工程中应该优先使用建筑垃圾再生产品，对普通消费者起到引领的作用。政府部门还应对率先主动使用再生产品的企业进行奖励，并可以给予适当的补助。做好宣传工作，使公众对建筑垃圾有更深的了解和认识，打消人民群众对建筑垃圾再生产品的疑虑。

加大宣传力度，改变固有观念加大宣传力度，通过公益广告、科普宣传栏、微信微博公共服务平台等方式，在民众中普及关于建筑垃圾的构成、回收价值、不当处理的危害等科学常识。努力改变民众把建筑垃圾当垃圾的传统观念，转而树立建筑垃圾资源化的新观念，让绿色环保深入人心。引导建筑垃圾再生品企业建立自己的品牌和良好的企业形象。打消民众对建筑垃圾再生品质量、性能上的疑虑，建立消费者对于建筑垃圾再生品企业的信任和品牌忠诚。

（2）建立健全相关法律法规体系

法律是国家强制力保证实施的，所有公民都必须遵守的行为规范，也是减轻建筑垃圾对环境影响破坏和保证其资源化的重要手段。要尽快建立完善相关的法律法规，对建筑垃圾对环境的影响不仅要有定性的指标，还要对垃圾的产生量和再生利用率有定量的标准，加强对建筑垃圾源头的管理，禁止对建筑垃圾随意处理，规定建筑单位对新工程的建设或旧建筑的拆除前，做好建筑垃圾的处理方案，并提交至有关部门，得到许可后方可开工。各城市可根据本地的实际情况，颁布相关法规政策，对建筑垃圾处理企业在税收等方面给予一定优惠与扶持。对颁布的建筑垃圾资源化处理的法律要严格执行，加强监督执法力度，对违法行为一经发现，要严肃处理。从国家层面推进建筑垃圾资源化处置的发展和普及。

（3）建立并逐步完善建筑垃圾资源化标准和规范

要推广普及建筑垃圾的再生产品，首先要有关于再生产品的一套标准规范，比如产品的力学性能，强度特征和结构参数等。只有这样，企业才能规范优化产品的生产，有对产品验收的标准，公众才能了解各再生产品的优劣，有了选择的标准。同时企业和高校还要加强在建筑垃圾再生利用方面的科研投入，使建筑垃圾的再生产品有更高的质量保证。

目前，我国由于缺乏相应的技术标准和质量标准，普通民众对于建筑垃圾再生品的品质很难鉴定。因此，亟需出台相关的标准，让建筑垃圾的循环利用在有据可循的基础上健康发展，为建筑垃圾再生品提高性能与质量提供依据。建筑垃圾再生品的进入门槛较高，具有初期投入高、固定成本高的特点，同时由于原材料为规模庞大、价格低廉甚至可以免费获取的建筑垃圾，该类产品又具有可变成本低的特点。因此，应该着力打通原料采购→生产→销售→售后的链条，争取发挥建筑垃圾再生品的规模优势与价格优势，形成建筑垃圾再利用的良性循环。

（4）做好源头分类，加强配套建设

从技术上看，从源头对建筑垃圾进行分类可大大提高建筑垃圾的利用率。因此，针对目前我国源头分类欠缺的现状，关键在于尽快建立规范的建筑垃圾源头分类制度并付诸实践。将建筑垃圾与生活垃圾、有害垃圾分类投放，避免交叉污染；在市区各社区建立一定量的建筑垃圾临时堆放点，对来不及清运的建筑垃圾进行临时管理；建设配套齐全的建筑垃圾处理场，进一步对建筑垃圾进行分类，为建筑垃圾的循环利用奠定良好基础。派专人实行 24h 管理，确保环境整洁，无安全隐患。

7.4.4　典型城市建筑垃圾资源化利用的案例分析

（1）上海

据了解，上海市近两年拆房和拆违垃圾年产量在 3000 万 t～4000 万 t 之间，装修垃圾年产量 200 万 t～300 万 t。上海在 2018 年 1 月 1 日正式实施《上海市建筑垃圾处理管理规定》。该规定从法律制度层面落实建筑垃圾分类处理、全程管控等要求，还重点体现了上海市对于建筑垃圾源头减量减排和资源化利用的引领和导向作用。新规将装修垃圾（按照国家规定无需实施施工许可管理的房屋装饰装修产生的废弃物）归类为建筑垃圾，并新增了对于装修垃圾的管理。装修垃圾投放管理责任人应当设置专门的装修垃圾堆放场所，保持其整洁，采取措施防止扬尘污染，并明确装修垃圾投放规范、投放时间、监督投诉方式等事项。至于客观条件有限的地方，如果无法设置装修垃圾堆放场所，应告知所在地乡（镇）人民政府、街道办事处，由其负责指定装修垃圾堆放场所。

新规还规定，委托物业服务企业实施物业管理的小区业主或单位，除了要将装修垃圾投放至指定的堆放场所外，还必须将装修垃圾和生活垃圾分别收集、将装修垃圾进行袋装、将装修垃圾中的有害废弃物另行投放至有害垃圾收集容器。新规还很重视建筑垃圾的源头减量减排，明确上海将实施建筑垃圾资源化利用产品的强制使用制度，让建设单位、施工单位按规定使用建筑垃圾资源化利用产品。截至目前，上海市已经有 56 处区级或街镇级装修垃圾分拣设施、18 处建筑垃圾资源化利用设施投入运转。

（2）深圳

2009 年，深圳市出台全国第一部建筑废弃物减排与利用地方性法规《深圳市建筑废弃物减排与利用条例》，深圳的建筑垃圾立法走在了全国的前列。2016 年深圳市固体废物污染环境防治信息公告显示：2015 年深圳建筑垃圾产量 4200 万方。除工程回填交换和运往市外处理外，约 2300 万立方米通过受纳场填埋和资源化利用。深圳市 6 座建筑垃圾综合利用厂，年处理能力 263 万方，生产再生建材产品 300 万方。在资源化上面，深圳市鼓励企业进行现场就地处理和利用，对资源化企业给予政策优惠，包括在租赁用地方面，象征性的收取低额费用；再生建材产品补贴，政府工程优先采购。

（3）青岛

青岛市城乡建设委地方建筑材料管理处资料显示，青岛已有多家建筑废弃物资源化利用企业。2013 年以来，全青岛市累计资源化利用建筑废弃物 4500 万 t，节约建筑垃圾填埋土地 4500 余亩，减少对周边近 1.5 万亩土地和地下水源的污染，减少二氧化碳排放量 30 余万 t，创造产值 25 亿元。其中，2016 年利用建筑废弃物 1500 万 t，再创历史新高，约占全青岛市建筑废弃物排放总量（2000 余万 t）的 70%。

青岛市自 2009 年开始探索改变传统以填埋为主的建筑废弃物处置方式，以"政府引导、社会参与、市场运作"为原则，力求统筹解决好"资源短缺"和"环境污染"两大发展难题。2013 年 1 月 1 日，《青岛市建筑废弃物资源化利用条例》正式实施，这是山东省第一部、全国第二部关于建筑废弃物资源化利用领域的地方性法规，为推动建筑废弃物资源化利用提供了法律保障。该条例明确要求，政府和发展改革部门在预算安排、政策制定上，要重点倾向于建筑废弃物资源化利用项目，鼓励企业投资该项目。与此同时，还提出"以建筑废弃物为原料从事生产经营活动的，按照国家有关规定享受税收优惠政策"，甚至在某些生产领域，硬性规定要使用一定比例的建筑废弃物再生原料。

为避免同行恶性竞争，青岛还积极引导各建筑废弃物资源化利用企业开展特色生产经营模式，增强企业自身竞争力。目前看来，各企业已根据所在区市不同特点，发掘出自身优势工艺和特色产品。青岛建一新材料科技有限公司研究利用建筑废弃物生产水泥添加剂，成功申请了国家专利；青岛城矿建筑废弃物资源化利用有限公司研发建筑废弃物分拣技术设备，效率提高 50％以上。全国范围内获认可。

(4) 北京

2011 年，北京出台《全面推进建筑垃圾综合管理循环利用工作意见》和相关规划方案，力争打造建筑垃圾资源化循环利用模式，先期规划建设 6 座建筑垃圾资源化处置厂。这些工厂既有垃圾的处理，又有垃圾的"重生"。垃圾运到工厂，先进入预分拣车间，由大块头挖掘机进行分拣；紧接着，进入一条固定式环保建筑垃圾破碎生产线，经过多道破碎、除杂和筛分工艺之后，形成建筑垃圾再生骨料，进入再生料仓。

据资料显示，最早建成的建筑垃圾资源化处置厂的设计产能是年处理 100 万 t 建筑垃圾，并具备每年 60 万方再生混凝土和 70 万 t 再生无机混合料的生产能力。这些再生无机料可以用到道路施工中的基层部分，而再生混凝土也可以用于填充之类的低强度、非结构施工中。

参考文献

[1] 马斌，魏昕，马腾飞，等.浅谈再生骨料混凝土研究现状及发展动态 [J].北华航天工业学院学报，2017，27 (5)：38-39.

[2] 裴振宇，孟琪.浅谈再生混凝土的研究与应用 [J].科技信息，2009 (11)：245-245.

[3] 赵霄龙，李秋义，张秀芳，等.混凝土再生骨料相关标准研究及编制 [C] //全国高强与高性能混凝土学术交流会.2010.

[4] 秦原.再生骨料标准研究及工程应用 [D].青岛理工大学，2009.

[5] 曹征模，曹鹏飞，王继春.再生骨料的潜在用途及工程应用实例分析 [J].四川建筑，2012，32 (3)：279-280.

[6] 吴祖达.再生骨料混凝土性能研究 [D].华侨大学，2014.

[7] 周文娟，陈家珑，路宏波.我国建筑垃圾资源化现状及对策 [J].建筑技术，2009，40 (8)：741-744.

[8] 刘登.我国建筑垃圾资源化管理现状及对策研究 [J].中小企业管理与科技 (上旬刊)，2009 (5)：121-122.

[9] 杨彬新，田竺鑫，李吉榆.我国的建筑垃圾资源化现状及对策研究 [J].住宅与房地产，2017 (17).

[10] 陈家珑，高振杰，周文娟，等.对我国建筑垃圾资源化利用现状的思考 [J].中国资源综合利用，2012，30 (6)：47-50.

[11] 石莹，徐仁崇，戴鹏.我国建筑垃圾资源化利用现状 [J].粉煤灰，2016，28 (1)：27-30.

［12］曹玉书，王海波，龚子亮.我国建筑垃圾资源化利用及相关试验研究现状［J］.中国建材科技，2015（4）：15-16.

［13］周民.我国城市建筑垃圾处理现状及其资源化利用研究［J］.中国城市环境卫生，2011（6）：25-29.

［14］王亚东，袁军培.关于城市建筑垃圾资源化利用的探索［J］.城市建设理论研究：电子版，2015（22）.

［15］左亚.中国建筑垃圾资源化利用的现状研究及建议［D］.北京建筑大学，2015.

［16］教奇枫，张瑜.建筑垃圾的危害和资源化利用［J］.建筑工程技术与设计，2015（5）.

［17］王天航.建筑垃圾资源化利用的发展与对策［J］.建筑工程技术与设计，2015（29）.

［18］颜建平.浅析加强建筑垃圾管理及资源化利用的措施与对策［J］.建筑建材装饰，2017（22）.

［19］李秋义，等.再生混凝土性能与应用技术［M］.中国建材工业出版社，2010.

［20］华小巧.建筑废弃物再生骨料强化与再生混凝土的研究［D］.昆明理工大学，2009.

［21］王程，施惠生.废弃混凝土再生利用技术的研究进展［J］.材料导报，2010，24（1）：120-124.

［22］刘莹，彭松，王罗春.再生骨料及再生混凝土的改性研究［J］.再生资源与循环经济，2005（1）：33-39.

［23］全洪珠.国外再生混凝土的应用概述及技术标准［J］.青岛理工大学学报，2009，30（4）：87-92.

［24］石莹，徐仁崇，戴鹏.我国建筑垃圾资源化利用现状［J］.粉煤灰，2016，28（1）：27-30.

［25］肖绪文，冯大阔，田伟.我国建筑垃圾回收利用现状及建议［J］.施工技术，2015，44（10）：6-8.

［26］高青松，雷琼嫦，何花.我国建筑垃圾循环利用产业发展迟缓的原因及对策研究［J］.生态经济，2012（12）：128-131.

［27］宋先哲.我国建筑垃圾处理存在的问题与对策［J］.内蒙古科技与经济，2016（7）：38-39.

［28］傅梅.我国城市建筑垃圾资源化法律制度研究［D］.山东师范大学，2017.

［29］张小娟.国内城市建筑垃圾资源化研究分析［D］.西安建筑科技大学，2013.

［30］秦月波.推进建筑垃圾资源化管理方法与相关法制保障研究［D］.南京林业大学，2009.